理财商学院

期货投资入门与实战精解

龙飞 编著

人民邮电出版社
北京

图书在版编目（ＣＩＰ）数据

期货投资入门与实战精解 / 龙飞编著. -- 北京 ：
人民邮电出版社，2019.1（2024.6重印）
（理财商学院）
ISBN 978-7-115-49597-6

Ⅰ．①期… Ⅱ．①龙… Ⅲ．①期货交易－基本知识
Ⅳ．①F830.9

中国版本图书馆CIP数据核字(2018)第229315号

内 容 提 要

本书共10章，主要内容有期货基础入门与实战、开设账户入门与实战，操作策略入门与实战、投资工具入门与实战、基本面分析入门与实战、技术面分析入门与实战、K线图分析入门与实战、日内交易入门与实战、产品攻略入门与实战和安全防范入门与实战。帮助读者了解期货投资知识，提高实战能力。

本书适合刚入门的期货投资者阅读，也可以作为证券、投资等公司用于培训、指导和与和客户沟通时的教材。

◆ 编　著　龙　飞
　　责任编辑　李士振
　　责任印制　周昇亮

◆ 人民邮电出版社出版发行　　北京市丰台区成寿寺路 11 号
　　邮编　100164　　电子邮件　315@ptpress.com.cn
　　网址　http://www.ptpress.com.cn
　　北京虎彩文化传播有限公司印刷

◆ 开本：700×1000　1/16
　　印张：15.5　　　　　　　2019 年 1 月第 1 版
　　字数：260 千字　　　　　2024 年 6 月北京第 6 次印刷

定价：49.80 元

读者服务热线：(010)81055296　印装质量热线：(010)81055316
反盗版热线：(010)81055315
广告经营许可证：京东市监广登字 20170147 号

　　随着我国金融投资市场的不断发展，越来越多的人进入金融投资市场，其中就有不少人选择投资期货。本书就旨在为投资了期货或者正准备投资期货的读者们讲解实用的期货理财技巧。

　　本书使用简洁的语言，以清晰的结构全面地讲解了期货这一投资理财方式的基础知识与实战内容，具体如下。

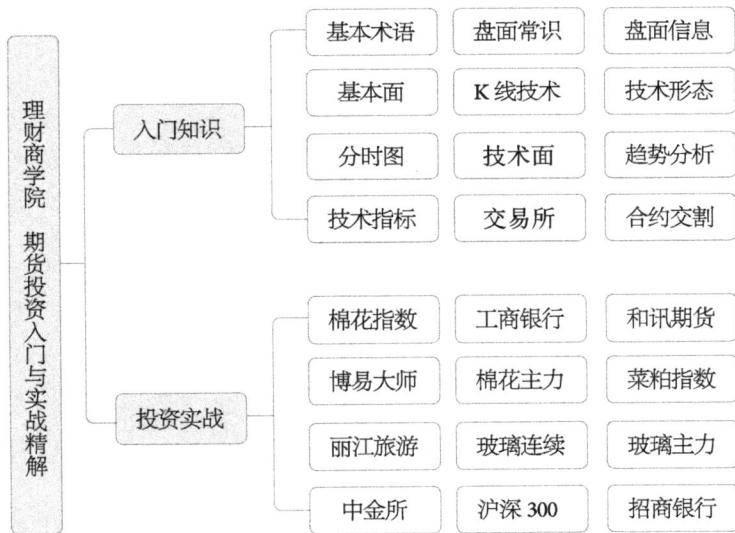

理财商学院　期货投资入门与实战精解		基本术语	盘面常识	盘面信息
	入门知识	基本面	K线技术	技术形态
		分时图	技术面	趋势分析
		技术指标	交易所	合约交割
	投资实战	棉花指数	工商银行	和讯期货
		博易大师	棉花主力	菜粕指数
		丽江旅游	玻璃连续	玻璃主力
		中金所	沪深300	招商银行

　　希望大家能够切实地学懂、学透本书中的全部知识，以尽快实现理财目标。由于编者知识水平有限，书中难免有错误和疏漏之处，恳请广大读者批评指正，**联系邮箱：157075539@qq.com。**

CONTENTS
目录

第3章　操作策略入门与实战 / 54

第5章 基本面分析入门与实战 / 118

第 7 章　K 线图分析入门与实战 / 152

第 8 章　日内交易入门与实战 / 174

第1章

期货基础入门与实战

学前提示 >>> 　　相比股票等投资方式，期货对于大多数人来说还是比较陌生的。想要进军期货的投资者，必须先了解期货市场的基本知识。这也是投资期货的必修课。

要点展示 >>> 　期货投资的入门知识
　期货市场的组成与功能
　期货交易需知会

1.1 期货投资的入门知识

正所谓"不积跬步，无以至千里"，投资者学习期货投资一定要从最为基本的概念开始。这就如同高楼大厦的地基一样，高楼大厦外表再好看、砌得再高，一旦其地基不稳，那么它终将倒塌。

1.1.1 什么是期货

期货（Futures）不是货，而主要是以某种大宗产品如棉花、大豆、石油等，以及金融资产如股票、债券等为标的的标准化可交易合约。也就是说，期货交易的标的物可以是黄金、原油和棉花等大宗商品，也可以是外汇、债券股票等金融产品。合约一般是由交易所同意而定制的，约定在未来某一特定的时间和地点交易某种特定数量的标的物。

> **专家提醒**
>
> 期货合约的买方，有义务在约定的日期买入合约对应的标的物；而期货合约的卖方，有义务在约定的日期卖出合约对应的标的物。

美国是期货市场的发源地。在 19 世纪初期，芝加哥是美国最大的谷物集散中心。当时，由于农业生产交通不便、信息传递落后、仓库稀缺、价格频繁波动而且剧烈，农产品供求失衡，市场一片混乱。为了解决这样的问题，人们采取了一系列的措施。

1848 年，多位商人发起组织了芝加哥期货交易所，其最主要的目的是改进运输与储存条件，为会员提供信息。这是现代期货交易的雏形。1865 年，交易所推出了第一张标准化合约，同时实行了保证金制度（不超过合约价值的10%）。这是具有历史意义的制度创新。1882 年，交易所允许以对冲方式免除履约责任，从而增加了期货交易的流动性。这也使得期货交易的制度得到了进一步完善。

至此，人们开始建立与培养一个相对健全的期货市场体系，通过一系列的措施，大致解决了以下问题。

（1）**标的物标准化**。期货的品种大多选用玉米、大豆等容易做到标准化又方便储存、运输的商品。

（2）**交易对象可靠**。在期货交易中，第三方机构可以减少交易双方出现信誉问题的概率。

（3）**参与买卖方便**。期货交易在专门的交易场所中进行。这解决了某一标的物参与人数不多的问题。只要是能按时执行合同的投资者，都可以按规定参与买卖。

1.1.2 期货的特征

期货是在依法建立的交易所内进行的交易，一般不允许在场外进行交易，所以期货交易具有高度的组织化和规范化特征。期货的特征可以从其标的物、期货投资、交易过程 3 个方面分析。

👉 **【技巧解析】期货标的物的特征**

并不是所有的商品都适合做期货标的物，只有具有图 1-1 所示特征的商品才能成为期货的标的物。

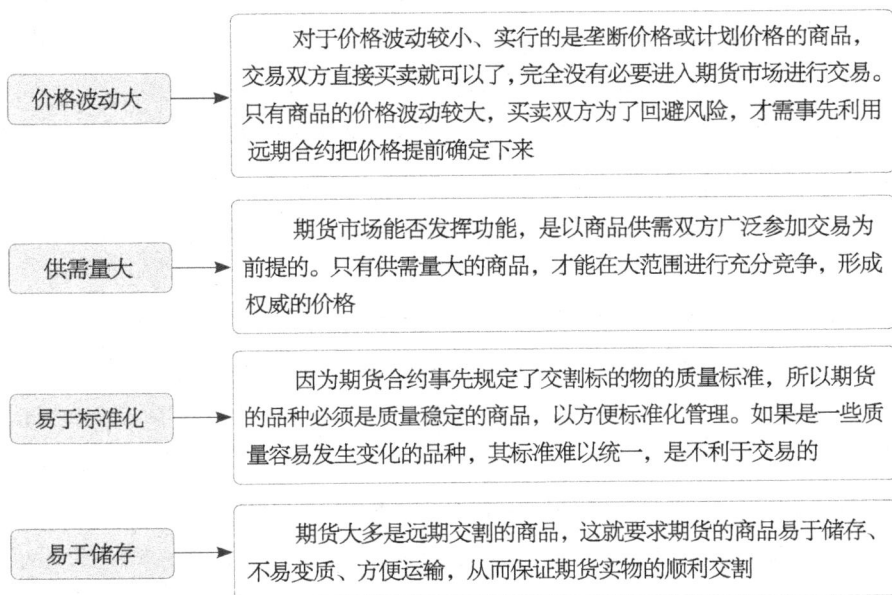

价格波动大	→	对于价格波动较小、实行的是垄断价格或计划价格的商品，交易双方直接买卖就可以了，完全没有必要进入期货市场进行交易。只有商品的价格波动较大，买卖双方为了回避风险，才需事先利用远期合约把价格提前确定下来
供需量大	→	期货市场能否发挥功能，是以商品供需双方广泛参加交易为前提的。只有供需量大的商品，才能在大范围进行充分竞争，形成权威的价格
易于标准化	→	因为期货合约事先规定了交割标的物的质量标准，所以期货的品种必须是质量稳定的商品，以方便标准化管理。如果是一些质量容易发生变化的品种，其标准难以统一，是不利于交易的
易于储存	→	期货大多是远期交割的商品，这就要求期货的商品易于储存、不易变质、方便运输，从而保证期货实物的顺利交割

图 1-1 期货标的物的特征

👉 **【技巧解析】期货投资的特征**

期货交易面向的投资群体非常广：从个人投资者到银行等机构都可以参与

期货交易。众多参与者的存在，使得期货投资形成了以下三种不同的投资方式。

（1）稳定性投资。期货投资的稳定性是指期货套利方式相对稳定。期货套利有跨市套利、跨月套利、跨商品套利等方式。这些套利方式是比较稳健的投资方式。

（2）风险性投资。期货投资的风险性表现在投资者进行单边买卖的交易上。有些投资者偏好杠杆交易，认为风险越大收益就越大。在期货市场上，投资者的任何交易操作，都是在进行风险投资。一般风险投资分为抢帽子交易、当日短线交易和长期交易等。

（3）战略性投资。战略性投资是投资者在对某种商品长期研究以后而进行的长期投资。这一般是大型金融机构采取的方向性投资方式。

【技巧解析】期货交易过程的特征

期货交易过程的特征如下。

（1）期货交易具有标准化和简单化的特征。期货交易是通过买卖期货合约进行的。这样的合约必须事先规定好交易标的物的数量、质量和品级等相关信息，否则，交易双方无法对某一不确定标的物进行估价。

（2）期货交易具有付款方向一致的特征。期货交易是由结算所专门进行结算的，投资者的每一笔款项都是交给期货交易所的，所有在期货交易所内达成的交易，必须送到结算所进行结算。经过结算处理后，相关交易才真正成为合法交易。

期货的交易双方只以结算所作为各自的交易对手，交易双方并无其他的关系，只对结算所负财务责任，所以双方实际上都是与结算所发生财务往来的。这种付款方向统一的交易方式，简化了交易手续和实物交割程序，也为投资者在期货合约中减少了付款环节的风险。

（3）期货交易具有集中性和高效性。集中性表现在期货交易由场内经纪人代表所有的买方与卖方投资者在期货交易所进行。高效性表现在投资者所有的交易指令都是由场内经纪人统一代为执行。

（4）期货交割必须在交易所指定的地方进行，即定点交割。期货市场上的实物交割只占一部分，其他多以对冲的方式了结。这种对冲的方式免除了投资者进行实物交割的责任。定点交割可以减少大宗期货的交割手续和耗时，并能在一定程序上保障交割安全，有助于期货管理的标准化。

（5）期货标的物都具有比较强的特殊性。许多适宜现货交易的商品并不能作为期货交易。一般来说，标的物应该满足价格波动大、便于储存和运输、规格易于划分等特征。

（6）期货交易的保证金制度体现了期货交易的高信用的特征。投资期货必须按照交易所的合约缴纳一定的保证金，并在交易过程中维持保证金的一个最低水平。保证金制度的实施，不仅使得期货交易产生"以小博大"的杠杆作用，而且为投资者在进行期货结算时提供履约的担保，确保交易的有序进行。

1.1.3 期货的基本种类

随着期货产品的推陈出新，期货合约的种类变得越来越多，但其大致可以分为两大类，即商品期货和金融期货：商品期货是期货市场最早的产品，它又可以分为农产品期货、金属期货、能源期货三大类；金融期货是用金融产品作为标的物的期货合约，是后起之秀，在 20 世纪 70 年代才被人们重视，分为外汇期货、利率期货、股票指数期货三大类。

👉 **【技巧解析】农产品期货**

农产品期货是世界上最早上市的期货品种。在期货市场产生之后的 100 多年中，农产品期货一度成为期货市场的主流。农产品期货主要以谷物、植物等大宗商品来进行交易。经过长时间发展，农产品期货形成了四大种类，分别如下。

1. 粮食期货

粮食是人们生活的根本，其主要品种包括：小麦、玉米、大豆、豆粕、豆油、绿豆、早籼稻、花生等。

2. 经济作物期货

经济作物指具有某种特定经济用途的农作物，主要分以下几个品种：糖类、咖啡、可可、棕榈油、油菜籽、菜粕、菜籽油、棉花等。

3. 畜牧产品期货

畜牧产品期货分为肉类制品和皮毛制品两大类：肉类制品包括猪油期货、鸡蛋期货等；毛皮制品包括皮革期货、羊毛期货等。

畜牧产品期货大多在芝加哥期货交易所才能进行交易，目前并不普遍。我国大连商品交易所于 2013 年 11 月上市的鸡蛋合约为我国首个畜牧产品期货。

4.林业产品期货

林业产品期货分为木材期货和天然橡胶期货两类。在我国上海期货交易所上市交易的期货品种中有天然橡胶期货。

【技巧解析】金属期货

金属期货又可以称为有色金属期货，是目前期货市场比较成熟的期货品种之一，其主要品种包括：铜、金、银、铂、钯、铝、铅、锌、锡、镍等。

> **专家提醒** 伦敦金属交易所（London Metal Exchange，LME）是世界上最大的有色金属交易所。LME 的价格和库存对世界范围的有色金属生产和销售有着重要的影响。从 21 世纪初起，LME 开始公开发布其成交价格并被作为世界金属贸易的基准价格，例如当今全世界的铜贸易基本就是按照伦敦金属交易所公布的正式牌价为基准进行的。

【技巧解析】能源期货

能源期货产生于 1978 年，目前它的交易量已经超过了金属期货的交易量，仅次于农产品期货和利率期货，是期货市场的重要组成部分。能源期货中最重要的品种是石油期货，其他的能源期货品种大多都是石油的下端产物。

能源期货具体可分为以下几类。

（1）化工原料：多数为石油的下端产物，包括 PTA（石油下端产品，是重要的有机原料之一）、甲醇、LLDPE（属于塑料的一种）、PVC（我国重要的有机合成材料）、石油沥青等。

（2）燃料类：多数为石油加工过程中的伴随产物，包括焦炭、焦煤、动力煤、轻原油、重原油以及燃油等。

（3）新兴品种：包括二氧化碳排放配额等。

【技巧解析】利率期货

利率期货是指以债券类证券为标的物的期货合约，最早诞生于芝加哥商业交易所集团。利率期货可以规避由银行利率波动所引起的证券价格变动的风险。

☞ 【技巧解析】股票指数期货

股票指数期货简称为"股指期货"，是以股票指数为标的物的期货合约。股指期货双方交易的是一定期限后的股票指数价格水平，通过现金结算差价来进行交割。股指期货是目前金融期货历史中存在时间最短、发展最快的金融产品。

☞ 【技巧解析】外汇期货

外汇期货又叫"货币期货"，是以汇率为标的物的期货合约，是最早的金融期货品种。外汇期货的实质是：在最终交易日，按照当时的汇率将一种货币兑换成另外一种货币的期货合约。

1.1.4 期货与相似投资产品的区别

期货与现货是相对应的概念，它主要不是针对"货"来说的，而是针对"合约"来说的，所以可以认为它是一种投资工具。与期货有一定相似性的投资工具有股票和期权，但它们之间也是有着一定差别的。

☞ 【技巧解析】期货与股票的区别

股票应该是广大投资者最了解的投资工具之一，其与期货的区别如表1-1所示。

表1-1 期货与股票的区别

不同点	股票	期货
交易资金	股票实行的是全额交易，买多少股票付多少款	期货只需要缴纳一定的保证金，即可进行以小博大的交易
交易方向	股票只能以先买入、再卖出的单向交易方式进行交易	期货可以进行先卖出、再买入的双向交易方式
持仓时间	理论上，股票持仓无时间限制	期货必须到期交割
盈利方式	股票可以通过市场差价和分红两种方式盈利	期货投资只能通过市场交易差价盈利
交易时间	在我国，股票实行"T + 1"的制度，第二天才能对买入的股票进行卖出操作	期货采用"T + 0"的制度，当日买入就能卖出
结算方式	股票在卖出后能一次性获得收益或者亏损	期货每日结算盈余，未平仓也能得到收益或亏损

总的来说，股票是有价证券；股票持有人（投资者）享有对应的权利和义务；

投资者买入某只股票，就成了股票发行公司的所有人。而期货投资者只拥有在未来特定时间、地点交割特定质量标的物的权利。在市场功能方面，股票的主要作用是投资，而期货的主要作用是帮助投资者规避市场风险。

👉 【技巧解析】期货与期权的区别

期货与期权的关系是最密切的，但是它们同样有一些区别，如表1-2所示。

表1-2 期货与期权的区别

不同点	期权	期货
标的物	期权交易标的物是一种物品合约选择的买卖权利	期货交易的标的物是物品的合约
投资的权利与义务	期权的买方只需选择行使权力与否，义务由卖方承担	期货是双向合约，交易双方都要按照合约按时交割
保证金缴纳	期权合约中只有卖方需要缴纳保证金	期货合约的双方都要缴纳保证金
现金流转	期权交易中买方支付卖方期权的价格，而且该价格会根据市场的变化而变化	在期货交易中，投资者有盈余可以提取多余的保证金，亏损则应追加保证金
盈亏特点	期权买卖双方的盈亏大多只在保证金的范围内波动	期货交易中盈亏会超过保证金的范围

1.1.5 期货交易所

我国的主要期货交易场所有中国金融期货交易所（简称中金所）、上海期货交易所、大连商品交易所、郑州商品交易所等。本小节将介绍我国以及国外的一些重要的期货交易所。

1. 郑州商品交易所

郑州商品交易所成立于1990年10月12日，是经国务院批准成立的国内首家期货市场试点单位，其在现货交易成功运行两年以后，于1993年5月28日正式推出了期货交易。

郑州商品交易所目前上市交易的有小麦、棉花、白糖、菜籽油、PTA、早籼稻、甲醇、玻璃、菜籽以及菜粕等期货合约。

2. 上海期货交易所

上海期货交易所是依照有关法规设立的，履行有关法规规定的职责。

上海期货交易所目前上市交易的有黄金、白银、铜、铝、锌、铅、螺纹钢、线材、燃料油、天然橡胶等期货合约。

3. 大连商品交易所

大连商品交易所（简称"大商所"）成立于 1993 年 2 月 28 日，是经国务院批准的期货交易所之一，是实行自律性管理的法人。自成立以来，大商所始终坚持规范管理、依法治市，保持了持续稳健的发展，成为中国最大的农产品期货交易所。

大连商品交易所目前上市交易的产品包括农业品、工业品以及指数等。

4. 中国金融期货交易所

中国金融期货交易所于 2006 年 9 月 8 日在上海成立，注册资本为 5 亿元人民币。中国金融期货交易所的成立，对于深化金融市场改革，完善金融市场体系，发挥金融市场功能等具有重要的战略意义。

中国金融期货交易所主要从事金融衍生产品交易，其目前上市交易的品种有股指期货和国债期货两种。

5. 国际期货交易所

国际上主要的期货交易所如下。

（1）芝加哥商品交易所（Chicago Mercantile Exchange Holdings Inc.，CME）：畜产品、短期利率欧洲美元产品以及股指期货比较出名。

（2）芝加哥期货交易所（Chicago Board of Trade，CBOT）：最成功的产品是指数期权和个股期权。

（3）纽约商业交易所（The New York Mercantile Exchange，NYMEX）：石油和贵金属最出名。

（4）纽约期货交易所（The New York Board of Trade，NYBOT）：交易棉花期货和期权。

（5）伦敦金属交易所（London Metal Exchange，LME）：主要交易基础金属。

（6）新加坡交易所（Singapore Exchange Limited，SGX）：主要交易离岸的股指期货，如摩根台指期货、日经 225 指数期货等。

（7）韩国期货交易所（KOFEX）：主要交易 KOSPI200 指数期货与期权。

（8）东京工业品交易所（Tokyo Commodity Exchange，TOCOM）：主要交

易能源和贵金属期货。

1.2 期货市场的组成与功能

期货市场有广义和狭义之分：广义上的期货市场包括期货交易所、结算所或结算公司、经纪公司和期货交易员；狭义上的期货市场仅指期货交易所。

1.2.1 期货市场的三大组成元素

买卖期货的场所叫期货市场。期货市场的三大组成元素为期货投资者、期货交易所和期货经纪公司组成的。本节将详细讲述期货市场的组成元素。

👉【技巧解析】期货投资者

期货投资者是通过期货经纪公司进行期货交易的单位或个人。期货投资者应具备完全的民事责任行为能力。没有民事行为能力或是民事行为能力被限制的人不得委托期货经纪公司进行期货交易。

👉【技巧解析】期货交易所

期货交易所是买卖期货的场所，是期货市场的核心，是一种不以营利为目的的第三方机构。期货交易所为投资者提供了公正、公开、公平的交易场所，可以有效监督期货买卖中的不正当行为。

👉【技巧解析】期货经纪公司

期货交易是采用会员制的，只有交易所的会员才能进场交易，所以许多的非会员投资者只能委托交易所会员才能进行交易，也因此产生了期货经纪公司。这些期货经纪公司主要分为两种，如图1-2所示。

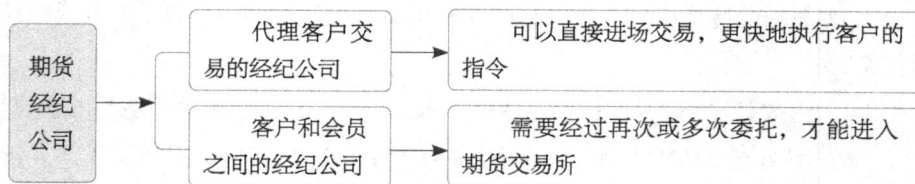

图1-2 期货经纪公司的种类

期货经纪公司是指依法设立的、接受客户委托、按照客户的指令、以自己的名义为客户进行期货交易并收取交易手续费的中介组织，其交易结果由客户承担。期货公司是交易者与期货交易所之间的桥梁。

1.2.2 期货市场的七大独特功能

期货市场也有其独特的功能，主要分为投资者风险管理功能、供求发现功能、价格发现功能、价格稳定功能、短线功能、成本节约功能和带动经济功能等。

1. 风险管理

成功的期货市场在吸引大量的投资者进入市场的同时，也能将风险转移到愿意承担更多风险的投资者身上，从而降低不愿承担风险的投资者的风险。这是期货市场最重要的功能之一。

价格风险是交易过程中时间作用的结果，它是无处不在的，市场上一切动向都直接影响商品的价格。这样的价格波动是无法抵御的。拥有大量某种商品的个人或机构很可能在这样的价格波动中损失惨重。这些个人或机构需要牺牲一定的收益来换取更小的风险，而期货的套期保值（"套期保值"的含义将在第 3 章详细讲解）就是一个很好的规避风险的方法。

套期保值是期货投资中常见的风险规避方式之一。这是指生产经营的一方通过在期货市场上进行套期保值业务，来规避现货价格波动带来的风险的行为。这样一来，生产经营一方能够锁定经营成本，实现预期利润。

例如，某农民预计 6 个月以后他种的玉米将丰收，但他又怕到时候卖不到当前的价格。在这个时候，他可以提前卖出预计产量的玉米期货。6 个月后，就算玉米的价格下跌，他也可以在期货市场弥补现货玉米因价格下跌而带来的损失。

套期保值可以认为是在期货市场上，买进或卖出与现货市场上数量相等但交易方向相反的商品，使得两个市场交易的损益相互抵消。同时，套期保值也是利用两个市场的关系，在一个市场出现亏损时，另一个市场能获取收益的风险规避方法。

2. 供求发现

期货市场交易的是未来一定时间履约的期货合约。此类合约能在生产周期开始前，就使商品的交易双方根据当前期货的价格，预期未来期货的需求与供给状况，以确定某一商品的产量。

3. 价格发现

价格发现是指期货市场通过运行机制形成预期价格的过程，并通过期货交易所把众多影响某一商品价格的因素集中体现在该期货的价格上。

期货之所以能被市场认可，也是因为期货是一个规范的市场，其价格是在专门的期货交易所内形成的。自期货交易产生以来，价格发现功能逐渐成为期货市场上重要的经济功能。

4. 价格稳定

生产方或销售方通过期货对供求的提前预期，指导某一商品的生产和需求，减少了生产与需求不确定性的风险，从而稳定了某一商品的价格。

5. 短线功能

经济体活动顺利运行的前提是商品的生产方与购买方有转嫁风险的工具，而期货正具备这样的功能，但缩减风险的同时收益也被缩减了。这就让一些精明的投资者有了短线投资的机会。

6. 成本节约

期货的投机功能可以降低市场参与者的交易成本。商品生产方与购买方在转移风险的同时，若觉得未来市场对自己有利，也可以进行反向操作以减少损失。这样，市场交易成本将大幅降低，交易规模也将被拉大。

7. 带动经济

期货作为一种重要的投资工具，有助于社会闲散资金的合理利用，并且能带动某一期货合约所在地第三产业的发展，从而起到带动当地经济发展的作用。

1.2.3 期货市场的八个基本制度

期货市场与大多数的投资市场一样，有一些基本制度，具体如下。

1. 会员制度

会员制度是国际期货市场普遍采用的制度，其为期货交易所有效控制与化解风险提供了制度保证。我国期货市场同样采取会员制度。会员组织体制是一种非营利性组织体制，其目的主要在于为会员期货交易提供场所、设施和相关服务。

交易所对于会员的定义是："根据有关法律法规、行政法规和规章制度，经过交易所批准，有权在交易所从事交易或者结算业务的企业法人或者其他经济组织"。会员交易制度是指只允许会员进行交易的制度，非会员必须委托会员代为交易。一般来说，期货经纪公司大多是交易所的会员单位，而广大非会员投资者只能委托期货经纪公司代为交易。

中国金融期货交易所借鉴国际成熟市场的经验，将结算会员分为 3 类，如图 1-3 所示。

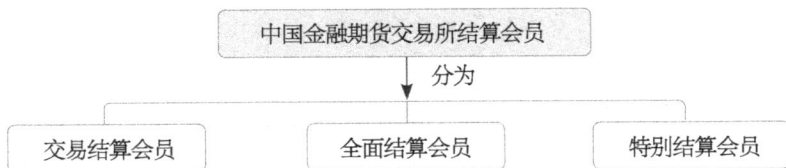

中国金融期货交易所结算会员

分为

交易结算会员　　全面结算会员　　特别结算会员

图 1-3 中国金融期货交易所结算会员的分类

这样分类有以下积极效应。

（1）**建立风险管理体系**。会员体制的选择是由整体期货市场的体制所决定的。国际期货市场的运行体制表现为层层分散风险、层层结算。在分层结算制度下，结算会员是交易会员，而交易会员则不一定是结算会员。只有资金实力雄厚、管理经验丰富的机构才能成为结算会员，而其他不具备结算会员资格的交易会员必须通过结算会员进行结算，从而形成多层次的风险管理体系，在结算会员这一环节就可以过滤掉一些风险。

（2）**保证避免系统性的风险**。期货市场的正常运行要靠体制运行来化解风险，而会员制度可以将市场风险分散化，减少在期货市场运行中出现系统性风险事件的概率。由于会员制度是层层担保的体制，一个结算层次对其代理结算的单位出现的风险要负有全部责任，所以风险不传递到再上一个结算层次。

（3）**强化交易所抗风险能力**。正常情况下，即使投资环节出了问题，也只影响到某一个公司，而不会影响到整个期货市场的正常运行。这使得交易所承担的风险容易得到控制，有利于交易所的正常运行和发展壮大。

（4）**保证行业稳定发展**。期货公司运行得规范与否以及是否盈利，对期货市场能否健康发展有着重要影响。会员公司为了保住其会员资格，非会员公司为了争取成为会员，都会强化经营管理，规范经营行为，提高经营效率，控制经营风险，从而促进整个行业稳定发展。

（5）**引导期货公司做大做强**。我国期货公司目前普遍发展得不好，而通过建立会员制度，期货交易所可以根据期货公司的实力建立多层次期货中介体系，这样既有利于各个期货公司进行市场定位、规范经营，也能引导部分有实力的期货公司做大做强。

（6）利于国家金融行业的稳固。 结算会员制度不仅有助于我国金融期货市场建立分级结算体系还有助于维护国家金融安全和深化金融资本领域改革。

但是，会员制度可能出现交易的不平等现象。如果不同种类的会员资格获取条件差异不大，就会使其权利和义务不对等，导致投入和产出失衡。

2. 涨跌停板制度

涨跌停板制度是对所有的期货价格实行涨跌的限制制度，不会让投资者瞬间成为"暴发户"，同样不会让投资者转眼就一无所有。与股票交易中的涨停板不同的是，期货交易中的涨跌停板幅度是变化的，不同期货的涨跌停板幅度也是不同的，一般为3%~10%。

3. 保证金制度

在进行期货交易时，交易双方需要根据不同的期货缴纳不同的保证金。保证金分为两种，如图1-4所示。

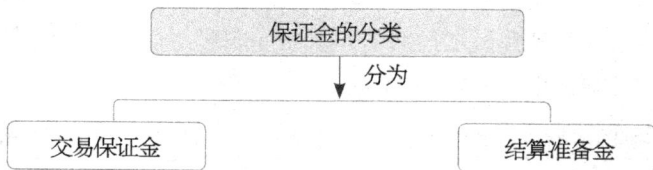

图 1-4 保证金的分类

一般来说，保证金是指会员在交易所专用结算账户中确保合约履行的资金。这些资金在合约生效时即被占用。当交易成交后，交易所按照持仓合约价值的比率向交易双方收取一定的佣金。

例如，投资者购买一手（"手"是期货交易中的单位，也就是一份合约所包含商品的数量）价值3万元的玻璃期货，若玻璃期货的保证金按每手6%计算，那么投资者应准备1 800元作为保证金。

根据每种期货的投资风险，交易所收取的保证金的费率是不一样的，对同一种期货也可能根据当前风险状况而收取与之前标准不同的保证金。总之，保证金会根据风险变化而变化。

例如，当某期货合约连续多个交易日出现单边市时，市场风险无疑会加大。此时，交易所有权根据市场的实际情况，采取单边或双边、同比例或不同比例、部分会员或全部会员提高交易保证金的措施。

4. 竞价交易制度

竞价交易制度的特征是：开市价格由集合竞价形成，随后交易系统会对投资者发出交易指令，按照价格与时间优先的顺序排列，将买卖指令配对竞价成交。按成交规则划分，竞价交易制度可分为连续竞价制度和集合竞价制度两种。

开盘价是在开盘前 5 分钟确定的，同时需满足 3 个条件的基准价格，如图 1-5 所示。

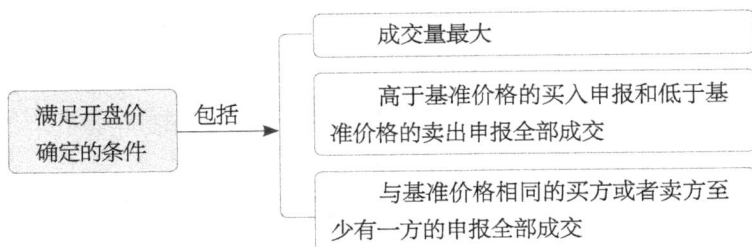

图 1-5 满足开盘价确定的条件

5. 强行平仓制度

强行平仓制度是期货市场风险控制的重要措施。投资者在进行期货投资时应该时刻关注自己是否满足强行平仓的条件，一旦发生强行平仓，投资者的损失通常会很大。强行平仓制度的规定可分 3 个层面来讨论。

（1）第一层面：我国《期货交易管理条例》。该条例规定："客户保证金不足时，应当及时追加保证金或者自行平仓。客户未在期货公司规定时间内及时追加保证金或者自行平仓的，期货公司应当将该客户的合约强行平仓，强行平仓的有关费用和发生的损失由该客户承担。"

（2）第二层面：《中国金融期货交易所风险控制管理办法》。该办法指出："强行平仓是指交易所按照有关规定对会员、客户持仓实行平仓的一种强制措施。"

（3）第三层面：期货公司《期货经纪合同》。投资者与期货经纪公司签订的合同上会详细列举强行平仓的执行条件与执行办法。

6. 限仓制度

限仓是指交易所规定会员或客户可以持有的，按照单边来计算的某一合约投资头寸（"头寸"指投资者拥有的资金数量）的最大数额。

交易所的限仓制度有以下基本表现。

（1）根据不同的期货品种，分别确定不同期货每一个月份合约的限仓数额。

（2）某一月份合约在其交易过程中的不同阶段，分别适用不同的限仓数额，进入交割月份的合约限仓数额会被从严控制。

（3）限制会员持仓和限制客户持仓相结合能够有效控制风险。

（4）套期保值交易头寸实行审批制度，其持仓不受限制。

7. 无负债结算制度

无负债结算制度是指每天交易结束后，交易所按照当日各个期货合约的盈亏状况，结算出每个合约应支出及获得的金额。所以，期货投资者在不卖出合约的情况下，也能将已有的收益落袋为安。

无负债结算制度实际上是对持仓合约实施的一种保证金管理方式，也是一种细化风险的制度，投资者不至于一次性追加其承受能力之外的保证金数额。

专家提醒　期货交易所只对会员（期货经纪公司）进行结算。投资者并不直接与交易所进行结算，而是与期货经纪公司进行结算。

8. 大户报告制度

大户报告制度是指若某大型投资者的某合约持仓投资头寸达到交易所对其规定的投机头寸持仓限量的80%以上，则该投资者应该向交易所报告其资金状况、头寸情况等信息的制度。期货交易所可以根据该投资者的信息，结合市场风险状况，调整改变持仓报告的水平，从而控制风险。

1.3 期货交易需知会

1.3.1 了解期货交易

期货交易，可以说是人们智慧的结晶。它在成功实现转移风险功能的同时，还为市场的投资者提供了新的工具。下面将从3个方面介绍期货交易的基本知识。

1. 期货与现货概念的对比

由于期货交易的概念完全与现货的概念相对，所以了解期货交易与现货交易的不同之处，能让投资者更加明白期货的概念，如表 1-3 所示。

表 1-3 期货与现货概念的对比

项目	现货	期货
交易目的	现货交易是"一手交钱一手交货"的交易模式，为的是尽早得到货物	期货交易不是为了获得实物，而是通过套期保值回避价格风险或资本投资获利
买卖对象	现货交易买卖的直接对象是商品本身，根据实物样品来确定价格	期货交易买卖的直接对象是期货的合约，买进或卖出的是一定数量的合约
交易方式	现货交易一般是"一对一"通过谈判签订合同的，内容由双方协商确定	期货交易是以公开的方式进行交易的，"一对一"谈判视为违法行为
交易场所	现货交易一般由一些贸易公司、生产厂商、代理经销商分散进行交易	期货交易必须在交易所内依照法律法规进行公开、集中交易
保障制度	现货交易一般受《中华人民共和国合同法》等相关法律保护，一旦违约要通过法律的仲裁来解决	期货交易除了国家的法律限制之外，还要受到行业和交易所规则的制约
结算方式	现货交易的结算方式是货到款清	期货交易采取保证金制度，每日结算盈亏

2. 期货交易的产生

在市场波动的影响下，一些商品的价格难以保持稳定，而价格的无序波动往往导致交易这些商品的某一方遭受损失。为了解决这样不合理的情况，商品的生产方与购买方之间产生了一种合约，以达成某种商品未来售价的共识，并签订合同，这就叫"远期合约"。

"远期合约"解决了市场供求的问题，但是新的问题也随之而来。

（1）无论是生产商还是购买商都需要找到合适的合约对象。例如，收购玉米的人中途转手不干了，不再从农民那里收购玉米了，那么种玉米的农民就又变得没有保障了，就算想把合约转手，也难以在短时间找到合适的交易方。

（2）合约标的物难以标准化。同样是一吨玉米，其每根玉米的重量不尽相同、玉米粒的饱满程度也不完全一样。

因此，人们又开始形成"远期合约"的统一交易场所，让需要进行这样交易的买卖双方集中起来。这时的交易所就是期货交易所。同时，期货交易所对合约里商品的各种信息，如交易单位、品质等进行了统一的规定，以避免因为货物质量不一，交易双方产生各种纠纷。通过这一系列的措施，期货市场初具规模。

3. 期货交易的两大功能

无数投资者通过期货市场进行商品合约的交易。在这个交易过程中，期货市场也具备了两大功能，即价格发现功能和风险规避功能。

（1）价格发现功能。期货的价格发现功能表现在以下几个方面。

① 价格权威性。这表现在期货市场的不同交易者（生产者、消费者和中间商）通过一些信息，对目前和未来市场供求状况的综合反映，因此，期货市场成交价格具有较强的权威性。

> **专家提醒**
>
> 在芝加哥期货交易所中，大豆品种价格的波动具有权威性。因为世界大豆的主产国为美国、巴西、阿根廷、中国，而仅美国的出口量就占全世界出口量的40%，所以美国的产销量就直接影响到整个世界大豆的供需状况，而芝加哥期货交易所则是美国谷物的集散中心，因此，芝加哥大豆价格的波动就直接代表了整个世界的大豆价格的趋向。

② 价格连续性。在现货市场上，当某时期人们感觉到需求某种商品时就会大量地生产来满足市场的供给，而在期货市场上，人们根据所获信息随时修正对原先市场的看法，形成新的成交价，从而能够动态地反映不断变化的市场的供求状况，故此期货市场的成交价格具有相应的连续性。

③ 价格超前性。期货市场的成交价格除了具有权威性和连续性外，更重要的是交易者能够利用各种信息和技术手段分析和预测未来市场，所以期货市场的成交价格更具有它的超前性，而人们通过期货价格的超前性来预防未来现货市场上的风险。

（2）风险规避功能。经济活动的规则是：收益越大，风险越大。但几乎所有商品经济活动的参与者，都希望能够在获取尽可能大的利润的同时，尽可能大地降低风险，而期货市场就是人们为了转移现货市场中的风险所创造的，这表现在4个方面，如图1-6所示。

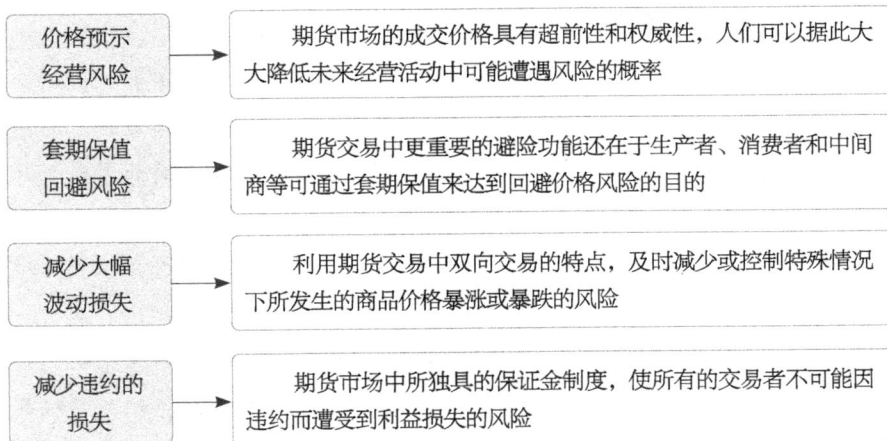

价格预示 经营风险	期货市场的成交价格具有超前性和权威性，人们可以据此大大降低未来经营活动中可能遭遇风险的概率
套期保值 回避风险	期货交易中更重要的避险功能还在于生产者、消费者和中间商等可通过套期保值来达到回避价格风险的目的
减少大幅 波动损失	利用期货交易中双向交易的特点，及时减少或控制特殊情况下所发生的商品价格暴涨或暴跌的风险
减少违约的 损失	期货市场中所独具的保证金制度，使所有的交易者不可能因违约而遭受到利益损失的风险

图1-6 期货市场规避风险的表现

1.3.2 了解期货合约

期货合约的最大特点就是标准化。期货合约对期货标的物的种类、数量、品质、交割条件和交割地点都有着严格的规定。图1-7所示为上海期货交易所发布的黄金期货标准合约。

《上海期货交易所黄金期货合约》（修订案）

发布日期：2017年3月21日

交易品种	黄金
交易单位	1 000克/手
报价单位	元（人民币）/克
最小变动价位	0.05元/克
每日价格最大波动限制	不超过上一交易日结算价±3%
合约交割月份	最近三个连续月份的合约以及最近13个月以内的双月合约
交易时间	上午9:00-11:30，下午1:30-3:00和交易所规定的其他交易时间
最后交易日	合约交割月份的15日（遇法定假日顺延）
交割日期	最后交易日后连续五个工作日
交割品级	金含量不小于99.95%的国产金锭及经交易所认可的伦敦金银市场协会（LBMA）认定的合格供货商或精炼厂生产的标准金锭（具体质量规定见附件）
交割地点	交易所指定交割金库
最低交易保证金	合约价值的4%
交割方式	实物交割
交易代码	AU
上市交易所	上海期货交易所

图1-7 黄金期货标准合约

☞ 【技巧解析】了解交易标的物

交易的标的物如果是实体商品，则其品质自然会有一定的差异。因此，期货合约就必须对进行交易的商品品质有明确的规定。如果有品质等级不同的商品，则应该通过折价的形式，将不同等级的商品换算成标准品质的商品来计算价格。

如果交易标的物是金融工具，则其大多数情况下不会出现品质不同的问题。投资者唯一需要注意的是，利率期货可能会有类别不同的问题。

例如，芝加哥期货交易所（CBOT）的长期国债合约，虽然规定了必须是离到期日或赎回日15年以上，且年息为8%的债券才能进行交易，但是芝加哥期货交易所在交割时，并未对年息做强制要求。

☞ 【技巧解析】了解交易数量与单位

期货合约会对交易标的物的数量和单位有明确的规定，并将其统称为"交易单位"。一般来说，价格变动率小的商品，其单位合约金额可以较大，反之则应较小。例如，农产品期货的交易单位多以10吨／手计算，但是贵金属的交易单位多以1 000克／手计算。

对于不同的期货市场，其交易单位也有所不同，例如，美国芝加哥期货交易所对粮食期货的交易单位使用"蒲式耳"计算。

专家提醒　蒲式耳与"吨""公斤"等重量单位不同，其是一个容量单位。在美国，一蒲式耳相当于35.238升。由于不同质量的粮食作物，在一定的容积下，重量会不一致，不同粮食的粮食期货每一蒲式耳的重量也是不一样的。

我国主要商品期货的交易单位各不相同，如表1-4所示。

表1-4 我国商品期货的交易单位

期货品种	上市交易所	交易单位
玉米	大连商品交易所	以10吨／手计算
大豆	大连商品交易所	以10吨／手计算
豆粕	大连商品交易所	以10吨／手计算
豆油	大连商品交易所	以10吨／手计算
小麦	郑州商品交易所	以10吨／手计算
棉花	郑州商品交易所	以5吨／手计算

续表

期货品种	上市交易所	交易单位
白糖	郑州商品交易所	以10吨／手计算
油菜籽	郑州商品交易所	以10吨／手计算
菜粕	郑州商品交易所	以10吨／手计算
菜籽油	郑州商品交易所	以5吨／手计算
早籼稻	郑州商品交易所	以10吨／手计算
棕榈油	大连商品交易所	以10吨／手计算
黄金	上海期货交易所	以1 000克／手计算
白银	上海期货交易所	以15千克／手计算
铜	上海期货交易所	以5吨／手计算
铝	上海期货交易所	以10吨／手计算
铅	上海期货交易所	以25吨／手计算
锌	上海期货交易所	以5吨／手计算
钢材	上海期货交易所	以10吨／手计算
橡胶	上海期货交易所	以10吨／手计算
PTA	郑州商品交易所	以5吨／手计算
甲醇	郑州商品交易所	以50吨／手计算
玻璃	郑州商品交易所	以20吨／手计算
线性低密度聚乙烯	大连商品交易所	以5吨／手计算
鸡蛋	大连商品交易所	以5吨／手计算
聚氯乙烯	大连商品交易所	以5吨／手计算
焦炭	大连商品交易所	以100吨／手计算
燃料油	上海期货交易所	以50吨／手计算

【技巧解析】最小变动价位，每日价格最大波动限制

期货中，交易报价必须是最小变动价位的整数倍，例如，天然橡胶的最小变动价位是5元／吨，那么其涨跌至少也应该是5元／吨，因此，价格依次往上是10元／吨、15元／吨、20元／吨等。

不同的期货品种，其最小变动的价位也有所不同，例如，沪铜的最小变动价位是10元／吨，而黄金的最小变动价格是0.01元／克等。

最大波动限制也就是指涨跌停的幅度，每个期货品种的涨跌停幅度都是不一样的。例如，黄金合约的每日价格最大波动限制是不超过上一交易日结算价的±5%，天然橡胶合约的每日价格最大波动限制是不超过上一交易日结算价的

±3% 等。我国主要商品期货最小变动价位和每日最大波动限制如表 1-5 所示。

表 1-5 我国主要商品期货最小变动价位和每日最大波动限制

期货品种	最小变动价位	最大波动限制
玉米	1 元／吨	上一交易日结算价的 ±4%
大豆	1 元／吨	上一交易日结算价的 ±4%
豆粕	1 元／吨	上一交易日结算价的 ±4%
豆油	2 元／吨	上一交易日结算价的 ±4%
小麦	1 元／吨	上一交易日结算价的 ±3%
棉花	5 元／吨	上一交易日结算价的 ±4%
白糖	1 元／吨	上一交易日结算价的 ±4%
油菜籽	1 元／吨	上一交易日结算价的 ±4%
菜粕	1 元／吨	上一交易日结算价的 ±4%
菜籽油	2 元／吨	上一交易日结算价的 ±4%
早籼稻	1 元／吨	上一交易日结算价的 ±3%
棕榈油	2 元／吨	上一交易日结算价的 ±4%
黄金	0.01 元／克	上一交易日结算价的 ±5%
白银	1 元／吨	上一交易日结算价的 ±5%
铜	10 元／吨	上一交易日结算价的 ±3%
铝	5 元／吨	上一交易日结算价的 ±3%
铅	5 元／吨	上一交易日结算价的 ±5%
锌	5 元／吨	上一交易日结算价的 ±5%
钢材	1 元／吨	上一交易日结算价的 ±5%
橡胶	5 元／吨	上一交易日结算价的 ±3%
PTA	2 元／吨	上一交易日结算价的 ±3%
甲醇	1 元／吨	上一交易日结算价的 ±4%
玻璃	1 元／吨	上一交易日结算价的 ±6%
线性低密度聚乙烯	1 元／吨	上一交易日结算价的 ±4%
鸡蛋	1 元／500 千克	上一交易日结算价的 ±4%
聚氯乙烯	5 元／吨	上一交易日结算价的 ±4%
焦炭	1 元／吨	上一交易日结算价的 ±4%
燃料油	1 元／吨	上一交易日结算价的 ±5%

👉 【技巧解析】合约交割月份

合约交割月份指的是由商品交易所对某种商品期货进行统一规定的实物交割的月份，其随着合约种类的不同而不同。这是期货合约交易的条件之一。

交割月份有以下两个特点，如图 1-8 所示。

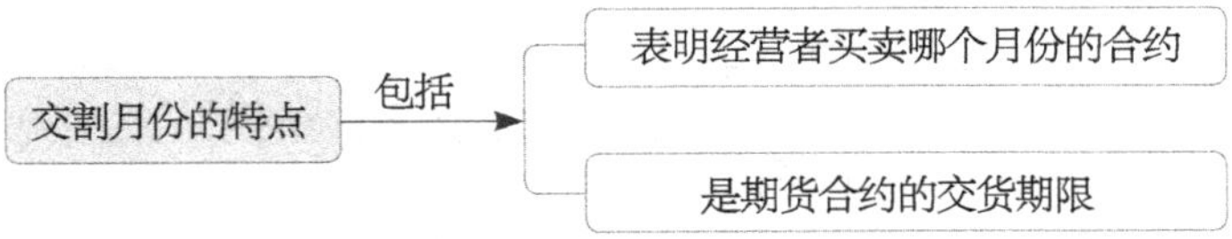

图 1-8 交割月份的特点

每一种期货都规定有不同的合约月份，一些常见的期货种类，其交割月份的特点如下。

（1）金属原料，其交割月份季节性不强，因此大多数金属期货在 1 ～ 12 月都可交割。

（2）农副产品，其交割月份季节性较强，如早籼稻期货等，其合约交割月份为 1 月、3 月、5 月、7 月、9 月和 11 月。

（3）金融期货，一般金融期货的到期月份较长，而且没有季节性的问题，但是其交易量往往集中在近期月份的合约上。例如，沪深 300 指数期货合约的交易活跃月份往往是隔月的。

我国主要商品期货的交割月份如表 1-6 所示。

表 1-6 我国主要商品期货的交割月份

期货品种	上市交易所	交割月份
玉米	大连商品交易所	1 月、3 月、5 月、7 月、9 月、11 月
大豆	大连商品交易所	1 月、3 月、5 月、7 月、9 月、11 月
豆粕	大连商品交易所	1 月、3 月、5 月、7 月、8 月、9 月、11 月、12 月
豆油	大连商品交易所	1 月、3 月、5 月、7 月、8 月、9 月、11 月、12 月
小麦	郑州商品交易所	1 月、3 月、5 月、7 月、8 月、9 月、11 月
棉花	郑州商品交易所	1 月、3 月、5 月、7 月、8 月、9 月、11 月
白糖	郑州商品交易所	1 月、3 月、5 月、7 月、8 月、9 月、11 月
油菜籽	郑州商品交易所	1 月、3 月、5 月、7 月、9 月、11 月
菜粕	郑州商品交易所	1 月、3 月、5 月、7 月、9 月、11 月
菜籽油	郑州商品交易所	1 月、3 月、5 月、7 月、9 月、11 月
早籼稻	郑州商品交易所	1 月、3 月、5 月、7 月、9 月、11 月
棕榈油	大连商品交易所	1 ～ 12 月
黄金	上海期货交易所	1 ～ 12 月

期货品种	上市交易所	交割月份
白银	上海期货交易所	1 ~ 12 月
铜	上海期货交易所	1 ~ 12 月
铝	上海期货交易所	1 月、3 月、5 月、7 月、9 月、11 月、12 月
铅	上海期货交易所	1 ~ 12 月
锌	上海期货交易所	1 ~ 12 月
钢材	上海期货交易所	1 ~ 12 月
橡胶	上海期货交易所	1 月、3 月、4 月、5 月、6 月、7 月、8 月、9 月、10 月、11 月
PTA	郑州商品交易所	1 ~ 12 月
甲醇	郑州商品交易所	1 ~ 12 月
玻璃	郑州商品交易所	1 ~ 12 月
线性低密度聚乙烯	大连商品交易所	1 ~ 12 月
鸡蛋	大连商品交易所	1 月、2 月、3 月、4 月、5 月、6 月、9 月、10 月、11 月、12 月
聚氯乙烯	大连商品交易所	1 ~ 12 月
焦炭	大连商品交易所	1 ~ 12 月
燃料油	上海期货交易所	1 ~ 12 月（春节除外）

【技巧解析】期货交易的时间

期货交易所对期货的交易时间都有明确规定，例如，我国四大期货交易所（中国金融期货交易所、上海期货交易所、郑州商品交易所和大连商品交易所）通常规定，每周一至周五（法定节假日除外）为交易日；北京时间上午 9：00 ~ 11：30 和下午 13：30 ~ 15：00 为每个交易日的交易时间。

国外的交易所也同样对其期货交易时间有所规定。需要进行外盘交易的投资者或投资机构，其需要注意时差的问题。例如，芝加哥商品交易所的交易时间，对于我国的投资者来说就是晚上。

专家提醒 对于现货来说，期货的交易时间有较多的限制，每天只有 5 小时供投资者进行交易，那么一周就是 25 小时，而现货往往每天 24 小时都能交易。因此，期货投资者一定要注意交易时间，一旦错过就可能要等到第 2 天才能交易，而这一天的价格变化，可能是很大的。

【技巧解析】了解最后交易日

　　最后交易日也是期货合约中的一个重要条款，是指在期货合约交割月份的最后一个交易日，也就是说合约有多少交割月份，就会出现多少个最后交易日。在最后交易日，无论交易者买进，还是卖出期货合约，只要其在最后交易日之后还留有持仓头寸，这些头寸就必须进入交割程序。交易者如果不想进行交割，就必须在最后交易日（或在此之前）将原有的持仓进行反向的平仓交易。

　　一般情况下，期货交割的最后期限一般都是在月底，如郑州商品交易所的早籼稻期货，其最后交易日是合约交割月份的倒数第 7 个交易日。我国主要商品期货的最后交易日如表 1-7 所示。

表 1-7　我国主要商品期货的最后交易日

期货品种	上市交易所	最后交易日
玉米	大连商品交易所	合约交割月份的第 10 个交易日
大豆	大连商品交易所	合约交割月份的第 10 个交易日
豆粕	大连商品交易所	合约交割月份的第 10 个交易日
豆油	大连商品交易所	合约交割月份的第 10 个交易日
小麦	郑州商品交易所	合约交割月份的第 7 个交易日
棉花	郑州商品交易所	合约交割月份的第 10 个交易日
白糖	郑州商品交易所	合约交割月份的第 10 个交易日
油菜籽	郑州商品交易所	合约交割月份的第 10 个交易日
菜粕	郑州商品交易所	合约交割月份的第 10 个交易日
菜籽油	郑州商品交易所	合约交割月份的第 10 个交易日
早籼稻	郑州商品交易所	合约交割月份的倒数第 7 个交易日
棕榈油	大连商品交易所	合约交割月份的第 10 个交易日
黄金	上海期货交易所	合约交割月份的第 15 个交易日
白银	上海期货交易所	合约交割月份的第 15 个交易日
铜	上海期货交易所	合约交割月份的第 15 个交易日
铝	上海期货交易所	合约交割月份的第 10 个交易日
铅	上海期货交易所	合约交割月份的第 15 个交易日
锌	上海期货交易所	合约交割月份的第 15 个交易日
钢材	上海期货交易所	合约交割月份的第 15 个交易日
橡胶	上海期货交易所	合约交割月份的第 15 个交易日

期货品种	上市交易所	最后交易日
PTA	郑州商品交易所	合约交割月份的第 10 个交易日
甲醇	郑州商品交易所	合约交割月份的第 10 个交易日
玻璃	郑州商品交易所	合约交割月份的第 10 个交易日
线性低密度聚乙烯	大连商品交易所	合约交割月份的第 10 个交易日
鸡蛋	大连商品交易所	合约交割月份的第 10 个交易日
聚氯乙烯	大连商品交易所	合约交割月份的第 10 个交易日
焦炭	大连商品交易所	合约交割月份的第 10 个交易日
燃料油	上海期货交易所	合约交割月份前一月的最后 1 个交易日

☞【技巧解析】了解交割时间

交割时间是指期货实物交割的具体的日期，一般在最后交易日之后，交易所就会进行集中、统一的交割。每个期货品种的交割时间都是不一样的。我国主要商品期货的交割时间如表 1-8 所示。

表 1-8 我国主要商品期的货交割时间

期货品种	上市交易所	交割时间
玉米	大连商品交易所	最后交易日后的第 2 日
大豆	大连商品交易所	最后交易日后的第 7 日
豆粕	大连商品交易所	最后交易日后的第 4 日
豆油	大连商品交易所	最后交易日后的第 3 日
小麦	郑州商品交易所	第 1 个交易日至最后交易日
棉花	郑州商品交易所	合约交割月份的第 12 个交易日
白糖	郑州商品交易所	合约交割月份的第 12 个交易日
油菜籽	郑州商品交易所	合约交割月份的第 12 个交易日
菜粕	郑州商品交易所	合约交割月份的第 12 个交易日
菜籽油	郑州商品交易所	合约交割月份的第 12 个交易日
早籼稻	郑州商品交易所	合约交割月份的倒数第 5 个交易日
棕榈油	大连商品交易所	最后交易日后的第 2 日
黄金	上海期货交易所	最后交易日后连续 5 个工作日
白银	上海期货交易所	最后交易日后连续 5 个工作日
铜	上海期货交易所	合约交割月份 16 ~ 20 日
铝	上海期货交易所	最后交易日后连续 5 个工作日

续表

期货品种	上市交易所	交割时间
铅	上海期货交易所	最后交易日后连续 5 个工作日
锌	上海期货交易所	最后交易日后连续 5 个工作日
钢材	上海期货交易所	最后交易日后连续 5 个工作日
橡胶	上海期货交易所	最后交易日后连续 5 个工作日
PTA	郑州商品交易所	交割月第 12 个交易日
甲醇	郑州商品交易所	交割月第 12 个交易日
玻璃	郑州商品交易所	交割月第 12 个交易日
线性低密度聚乙烯	大连商品交易所	最后交易日后的第 2 日
鸡蛋	大连商品交易所	最后交易日后的第 3 日
聚氯乙烯	大连商品交易所	最后交易日后的第 2 日
焦炭	大连商品交易所	最后交易日后的第 2 日
燃料油	上海期货交易所	最后交易日后连续 5 个工作日

【技巧解析】了解交割标准和等级

　　每种商品期货都有自己的交割标准，且期货交易所会对需要交割的商品有明确的等级划分。因此，只要商品达到交割标准，那么交易双方在进行期货交易时，都无须对标的物的质量等级进行协商。

　　在制定合约标的物的质量等级时，期货交易所常常将国内或国际贸易中最通用和交易量较大的标准品的质量等级作为标准交割等级。

　　为了保证期货实物交割的顺利进行，期货交易所一般都会允许在实物交割时，实际交割的标的物的质量等级与期货合约规定的标准交割等级有所差别，即允许用与标准品有一定等级差别（可以品级更好或更差）的商品作替代交割品。替代品的质量等级和品种，一般也由期货交易所统一规定，例如上海期货交易所对阴极铜合约的交割品就进行等级划分，如图 1-9 所示。

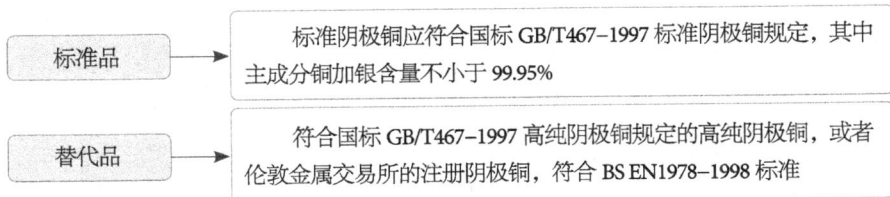

标准品	→	标准阴极铜应符合国标 GB/T467-1997 标准阴极铜规定，其中主成分铜加银含量不小于 99.95%
替代品	→	符合国标 GB/T467-1997 高纯阴极铜规定的高纯阴极铜，或者伦敦金属交易所的注册阴极铜，符合 BS EN1978-1998 标准

图 1-9 上海期货交易所对阴极铜合约交割品等级的划分

【技巧解析】了解交割地点

期货实物交割的地点，一般是交易所事先规定的地点。需要进行实物交割的投资者应注意运输成本的问题。

【技巧解析】了解保证金

不同期货品种的投资风险不同，因此，交易所会对风险较大的品种收取更多的保证金。此外，期货的保证金会根据市场情况进行调整。我国主要商品期货的保证金如表1-9所示。

表1-9 我国主要商品期货的保证金

期货品种	上市交易所	保证金
玉米	大连商品交易所	合约价值的5%
大豆	大连商品交易所	合约价值的5%
豆粕	大连商品交易所	合约价值的5%
豆油	大连商品交易所	合约价值的5%
小麦	郑州商品交易所	合约价值的5%
棉花	郑州商品交易所	合约价值的5%
白糖	郑州商品交易所	合约价值的6%
油菜籽	郑州商品交易所	合约价值的5%
菜粕	郑州商品交易所	合约价值的5%
菜籽油	郑州商品交易所	合约价值的5%
早籼稻	郑州商品交易所	合约价值的5%
棕榈油	大连商品交易所	合约价值的5%
黄金	上海期货交易所	合约价值的7%
白银	上海期货交易所	合约价值的7%
铜	上海期货交易所	合约价值的5%
铝	上海期货交易所	合约价值的5%
铅	上海期货交易所	合约价值的8%
锌	上海期货交易所	合约价值的5%
钢材	上海期货交易所	合约价值的7%
橡胶	上海期货交易所	合约价值的5%
PTA	郑州商品交易所	合约价值的6%
甲醇	郑州商品交易所	合约价值的6%

续表

期货品种	上市交易所	保证金
玻璃	郑州商品交易所	合约价值的 6%
线性低密度聚乙烯	大连商品交易所	合约价值的 5%
鸡蛋	大连商品交易所	合约价值的 5%
聚氯乙烯	大连商品交易所	合约价值的 5%
焦炭	大连商品交易所	合约价值的 5%
燃料油	上海期货交易所	合约价值的 8%

【技巧解析】了解交易手续费

交易手续费是期货交易过程中，投资者需要支付的手续费用。不同的期货品种对应手续费不尽相同：有的按照成交总金额的比例计算，如阴极铜的交易手续费设置为不高于成交金额的万分之二；有的按照交易数量计算，例如，早籼稻期货的交易手续费为 2 元／手等。值得注意的是，该手续费是期货交易所收取的交易费用，而期货经纪公司也可能收取一定的手续费。但是期货经纪公司收取的费用应该是与投资者协商的结果，并写进了《期货经纪合同》。

1.3.3 期货交易的优势

期货之所以成为越来越多投资者的选择，主要是因为其交易方式更能满足当前的投资需求。

【技巧解析】以小博大的"杠杆作用"

以小博大的"杠杆作用"是期货交易中最显著的特征之一。也就是说，投资者可以使用更少的资金获得更多的收益。一般来说，投资者都知道股票收益的计算方法，即自己买的股票价格涨 10%，则盈利为 10%；股票价格跌 20%，则亏损为 20%。例如，某投资者使用 10 万元买入某一股票，若其价格上涨了 10%，则其收益为 10%，也就是 1 万元。

在通常情况下，投资者在进行股票买卖时必须交纳与买入数量等值的资金，而期货只需交纳一部分资金，从而减少了资金占用。这种保证金制度，在放大收益的同时，也放大了风险。风险和收益是一对矛盾的正反两面，只想收益而不想冒风险是不可能的。投资者所要做的就是全面衡量风险和收益，看风险和收益哪个是矛盾的主要方面，从而选择收益相对较大、风险相对较小的交易。

👉【技巧解析】期货实行双向交易制度

期货实行的是双向交易制度。也就是说，投资者不仅可以在期货价格上涨时赚钱，也可以在期货价格下跌时赚钱。在期货交易中，投资者既可以买入期货合约作为期货交易的开端，也可以卖出期货交易合约作为期货交易的开端，也就是通常所说的多头与空头。

双向交易是明显优于单向交易的方式，其使得投资者能够获得更多的收益机会，但同时也可能使投资者亏损的更多。

👉【技巧解析】期货的信息公开

期货的信息公开表现在以下 3 个方面。

1. 基本面信息公开

有关部门会公开期货的基本面信息，例如粮食的产量、存储量等信息，以方便投资者参考。

2. 交易竞价成交公开

目前，期货是由计算机撮合交易的。这是根据口头公开叫价方式的原理设计而成的一种交易方式。这种交易方式在保持了口头叫价的公开性的同时，有准确、连续的特点。计算机撮合交易流程有以下几个步骤。

（1）投资者通过当面委托、网上委托、书面委托或电话委托等方式，下达交易指令给期货经纪公司。

（2）期货经纪公司有权利、有义务审核投资者的指令，包括保证金水平是否足够、指令是否超过有效期和指令内容是否齐全等，从而确定指令是否有效。

（3）期货经纪公司的交易指令中心在接到交易单后，以最快的方式传给经纪公司在交易所的出市代表。

（4）期货经纪公司的出市代表收到指令后以最快的速度将指令输入计算机内。

（5）期货经纪公司将反馈回来的成交结果记录在交易单上，并打上时间戳记按原程序反馈给客户。

（6）原则上说，投资者每一笔交易的结果以结算公司或交易所的结算部门的最终确认为准。

（7）投资者每一笔交易都由经纪公司记录存档，且保存期限一般不低于 5 年。

3.期货公司信息公开

为保护投资者合法权益，发挥社会监督功能，提高期货市场透明度，期货经纪公司应将本公司的信息公示给所有投资者。根据《期货公司信息公示管理规定》，期货经纪公司应公布的基本信息如图1-10所示。

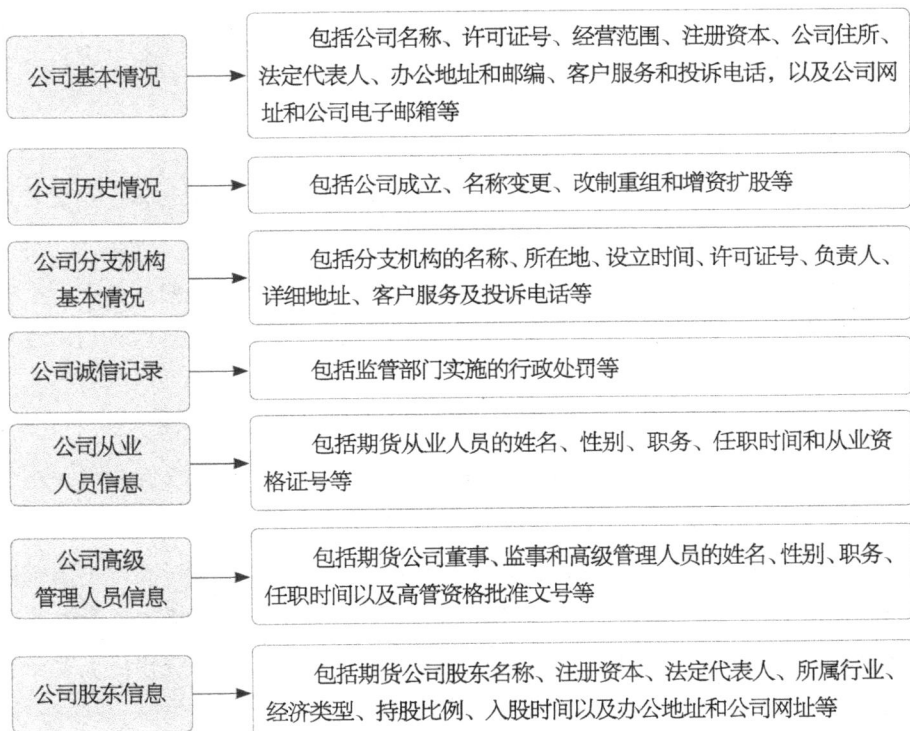

公司基本情况	包括公司名称、许可证号、经营范围、注册资本、公司住所、法定代表人、办公地址和邮编、客户服务和投诉电话，以及公司网址和公司电子邮箱等
公司历史情况	包括公司成立、名称变更、改制重组和增资扩股等
公司分支机构基本情况	包括分支机构的名称、所在地、设立时间、许可证号、负责人、详细地址、客户服务及投诉电话等
公司诚信记录	包括监管部门实施的行政处罚等
公司从业人员信息	包括期货从业人员的姓名、性别、职务、任职时间和从业资格证号等
公司高级管理人员信息	包括期货公司董事、监事和高级管理人员的姓名、性别、职务、任职时间以及高管资格批准文号等
公司股东信息	包括期货公司股东名称、注册资本、法定代表人、所属行业、经济类型、持股比例、入股时间以及办公地址和公司网址等

图1-10 期货经纪公司应公布的基本信息

专家提醒 期货经纪公司公示的信息若不真实、不准确、不完整和不及时，或者存有虚假、误导性陈述或者重大遗漏的问题，则国家有关部门及其派出机构将依据《期货交易管理条例》《期货公司管理办法》的有关规定采取监管措施，责令其整改，对于情节严重的，将依法追究有关单位和人员的责任。

【技巧解析】交易便利，流程简单

对于目前的投资者而言，其交易操作期货的工具大多是计算机或手机上的期货交易软件，投资者只要在各期货经纪公司申请开通网上委托功能，就可以在任何地方通过上网进行交易。期货价格的高波动性，导致了在期货投资中，价格每过一分钟都会发生很大的变化。快捷的交易方式往往能让投资者抓住稍纵即逝的营利机会，所以抓住了时间就等于抓住了金钱。

网上委托下单免去了传统委托的繁杂手续，其流程是比较简单的：一般通过期货公司提供的期货交易软件来发送具体的操作指令。网上交易的反应速度也是比较快的，投资者委托下单以后，期货公司的场内经纪人也会实时执行投资者的下单操作。

👉【技巧解析】"T + 0"交易的四大好处

"T + 0"是一种交易制度，其中，"T"是指交易的当日，"0"代表买入后，允许在第"0"天后卖出。因此，"T + 0""T + 1"或者"T + N"都是交易中的交割制度，分别代表双方交易的标的和资金在当天交割、在下一个交易日交割或是在N个交易日后交割的交易制度。这些交易制度不但可以用在股票、期货领域，也可以用在现货、外汇、债券等领域。

我国期货的"T + 0"交易制度的核心目的是活跃期货市场的交易。中国期货市场的发展水平远落后于股票市场的发展水平，期货的资金容量相对较小，合约数目少，如果实行"T + 1"交易制度，其交易量会比"T + 0"交易制度的交易量小很多。很可能造成想开仓的投资者由于没有对家回应而开不了仓的后果，或者持有合约的投资者也可能因为市场没有需求而无法平仓，最终导致所有的合约都是"无效"合约，进而无法实现期货价格对现货价格的发现功能及对现货的套期保值功能。期货实行"T + 0"交易制度有利也有弊，因此，两者可以分开讨论。

期货实行"T + 0"交易制度的好处有4点，如图1-11所示。

增加资金流动速度	同一笔资金一天可以进出很多次，在资金容量不大的情况下充分活跃市场
吸引投资，降低风险	在期货市场中，投资者就像是润滑剂，他们的存在让交易量加大，使得真正需要卖货的现货商和需要买货的采购商更容易在活跃的市场中达成交易
增加当日营利机会	对于操作次数较多的投资者来说，同一笔资金的不断进出增加了其营利的可能性
提高风险可控程度	如果当日开仓，后价格一直往反方向走，投资者可以在当天及时止损，以不至于亏损太多

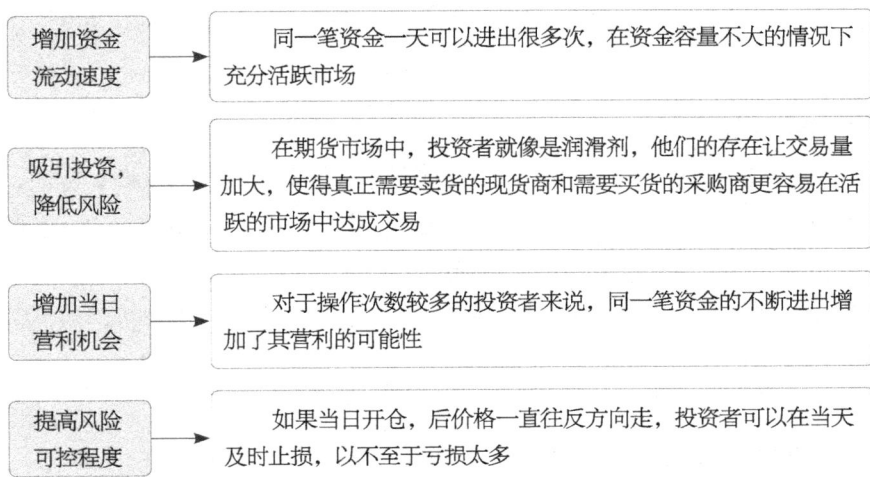

图 1-11 "T+0"交易制度的好处

1.3.4 认识期货交易术语

投资者在进行期货投资前必须熟知期货交易中的术语以及这些术语所包含的规则和特点。

1. 开仓

开仓又叫建仓，是指开始买入或卖出一定数量的期货合约的交易行为，也可以认为，凡是新建头寸都叫开仓。

例如，某投资者开设期货账户以后，买入了一手玉米期货合约，就代表开仓了，也可以称之为"建立了该玉米合约的多头部位"。如果投资者卖出了一手玉米，也代表开仓了，或称之为"建立了该玉米合约的空头部位"。

2. 持仓和平仓

投资者开仓后把期货合约一直持有在手里，这样的合约叫作持仓合约或未平仓合约。在期货交易中，持仓就是投资者买入期货合约的那一段时间。持仓的最长时间是要根据期货合约来定的。如果持仓到第二天，则叫作隔日持仓或者隔夜持仓。持仓量是指期货交易者所持有的未平仓合约的数量。

平仓是在交易日结束之前，投资者通过将买入的合约卖出，或者将原来卖出的合约买回的行为，来抵销原来的期货合约，以了结期货交易的行为。这种行为应该与开仓时的行为相互对应。平仓分为平今日仓与平隔夜仓两种，两者收费标准不同。

3. 实物交割

实物交割指交易双方在期货合约到期时，根据合约制定的规则和程序，通过转移期货合约标的物所有权，将为按时平仓的合约进行了结的行为。一般只有商品期货能使用这种方式进行了结交易。

实物交割一般分为两种：一种是双方交割，即交易双方都可以提出交割申请的交割方式；另一种是卖方交割，即只有卖方才有权利提出交割申请的交割方式。

对于实物交割的投资者交割违约的问题，目前有表 1-10 所示的处理流程。

表 1-10 交割违约的处理流程

序号	步骤	处理方式
1	违约确认	交割日上午 9 点前，卖方未能如数交付标准仓单，买方未能如数解付货款，视为交割违约。卖方交割违约合约数量 = 应交标准仓单数量 - 已交标准仓单数量；买方交割违约合约数量 =（应交货款 - 已交货款）÷（1-20%）÷（交割结算价 + 包装物单价）÷ 交易单位
2	划分责任	划分是双方违约还是单方违约，如果是双方违约，将分别处以合约价值一定比例的罚款，并终止交割处理；如果是单方违约，则需先确定是买方违约，还是卖方违约，违约方应向对方支付违约金
3	选择终止	在买方违约的情况下，卖方应该在当日 11：30 前将终止交割或继续交割的选择意向书递交给交易所，否则，交易所将终止交割并退还卖方仓单；在卖方违约的情况下，买方应该在当日 11：30 前将终止交割或继续交割的选择意向书递交给交易所，否则，交易所将终止交割并退还买方的货款
4	继续交割	未违约方可以选择继续交割，交易所会在下一交易日发布仓单竞卖或征购公告，并在 7 个交易日内组织竞卖或征购
5	申报配对	在规定时间内，交易所按照价格优先、时间优先的原则，对竞买或竞卖申报配对
6	交易成功	交易所交割部门于下一交易日通知相关会员到指定地方，为新产生的买方或卖方办理相关手续，相关手续费由违约方支付
7	交易失败	如果交易数量不足或失败，则违约方将支付未成交合约的赔偿金并退还对方的仓单或货款
8	公告结果	交易所将于下一交易日公示竞卖或征购的结果

4. 爆仓

爆仓是指投资者账户权益为负数的情况。这就代表投资者不但是赔光了交付的保证金，还有可能亏欠期货经纪公司的钱。由于期货每日结算盈亏，所以一般不会出现爆仓的情况。

当发生爆仓情况时，投资者必须及时补足亏空，否则，会面临法律的追索。因为期货是"以小博大"的投资方式，所以投资者一定要控制好自己的仓位，保证盈亏幅度不超过自己所能承受的范围。

5. 交易指令

期货的交易指令是投资者在期货交易中，对期货经纪公司发出的交易指令，最基本的交易指令有 3 种，如图 1-12 所示。

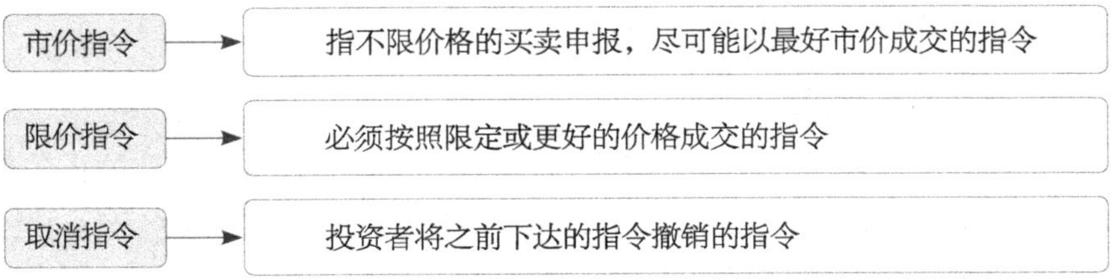

市价指令	→	指不限价格的买卖申报，尽可能以最好市价成交的指令
限价指令	→	必须按照限定或更好的价格成交的指令
取消指令	→	投资者将之前下达的指令撤销的指令

图 1-12 交易指令

为了人性化管理，适应未来期货的发展，交易所会推出一些新的、个性化的指令来满足投资者的需求。但是万变不离其宗，市价、限价和取消这 3 条指令是期货最为基本、最为常用的指令。

6. 单边市

根据《中国金融期货交易所风险控制管理办法》的规定，单边市是指某一合约收市前 5 分钟内，出现只有停板价格的买入申报或者卖出申报的情况。总的来说，单边市可以理解为买卖双方只有一边有市场。

7. 基差与升贴水

基差是指某一特定商品在特定时间、地点的现货价格，与该商品在期货市场的价格差（基差 = 现货价格 − 期货价格）。

基差中存在两个成分，分别为时间和空间。运输成本是导致基差出现的最主要的原因。因为两个市场的运输成本和持有成本不同，所以同一时间、不同地点的基差也会不同。

升贴水分为升水和贴水两种说法。在期货市场上，如果现货的价格低于期货的价格，基差为负值，那么，当远期期货的价格高于近期期货时，这种情况就叫期货升水或者现货贴水。如果现货高于期货的价格，基差为正值，那么，当远期期货低于近期期货时，这种情况就叫期货贴水或现货升水。

8. 仓储费

仓储费又叫持仓费，是持有某一品种期货期间，所对应的现货占用仓库的储存费和保险费。在利率期货市场中，仓储费是指占用资金所需要支付的利息费。

一般来说，交易所指定仓库是统一执行某一仓储费率的，清算重量为标准重量。仓储费的收取由交易所代收代付：交易所向每个会员收取仓储费，并在固定的清算日与会员、指定仓库清算。

9. 佣金与日内交易

广泛地说，佣金是商业活动中的一种劳务报酬，是具有独立地位和经营资格的中间人在商业活动中为他人提供服务所得到的报酬。期货中的佣金是指期货经纪公司为执行交易指令而收取的费用。

日内交易是指投资者持仓时间不足一天，是当日买入、当日卖出的交易模式。只有采用"$T + 0$"制度来进行交易的投资者，才能实现日内交易。

第2章

开设账户入门与实战

能够独当一面的将军，都是在战场上一刀一枪磨炼出来的。投资者想要成为期货投资高手，也必须进行无数次的实战投资，而开设账户就是投资者走上战场的"第一枪"。

要点展示 >>>

选择期货交易账户和经纪公司

期货开户的一般流程

期货开户的注意事项

- 37 -

2.1 选择期货交易账户和经纪公司

选择期货交易账户和经纪公司是期货投资者踏入期货交易市场的第一步，也是投资者踏入期货交易市场必不可少的一步。下面就将介绍期货交易账户和经纪公司的相关知识。

2.1.1 选择期货交易账户

期货交易账户分为商品期货账户和金融期货账户两种，其最大的不同是金融期货账户的门槛较高。这主要是因为中国证券监督管理委员会（简称证监会）为了防范不必要的风险，才对期货投资者建立了资金方面的限制，用于区别投资者的产品认知水平和风险承担能力。

1. 商品期货账户

一般的期货套期保值者或投资者只要开设了商品期货账户，就可以满足自己的需求。

商品期货资金要求相对较少，门槛较低，大多投资者都能够承受商品期货价格波动的风险，但投资者也会做测试并取得一定的评分。

开设商品期货账户需要准备的证件较少，一般来说，投资者只要带有身份证和银行卡就可以办理。

2. 金融期货账户

我国现有的金融期货包括国债期货和股指期货两种。由于交易一手股指期货的资金相对较大，而且波动幅度大，相应的风险自然也就更大，所以，对于自然人投资者，证监会要求其申请开户时的保证金账户可用资金要高于50万元人民币。

虽然交易一手国债期货所需的资金与交易一些商品期货所需的资金差别不大，但由于金融期货具有敏感性，证监会也对其采用了股指期货的门槛制度。也就是说，投资者只有开设股指期货账户才能投资国债期货。

如果投资者需要在商品期货账户的基础上，增加开设股指期货等金融期货产品，还需要准备学历证明、投资经历证明和财务证明等个人相关材料。另外，监管部门还要求投资者有商品期货的交易经历或股指期货的仿真交易经历。

2.1.2 选择期货经纪公司

投资者在开始交易之前，应该慎重选择期货经纪公司，因为期货经纪公司的服务质量直接关系到投资者的利益。本小节将从各个方面分析期货公司的选择技巧。

1. 确定公司的合法性

投资者在选择期货经纪公司时，第一点就是要确定该公司是合法成立的。不合法的期货经纪公司，什么都是空谈。合法的期货公司应该在交易现场挂出证监会颁发的期货经纪业务许可证、金融期货经纪业务许可证以及国家工商总局颁发的营业执照。期货经纪公司在异地开设的合法的营业部，也应该挂出证监会颁发的期货经纪公司营业部经营许可证以及当地工商局颁发的营业执照。

专家提醒　投资者需要注意的是，无论是许可证，还是营业执照，都标明了有效期限。此外，由于证监会对期货经纪公司及其营业部实行年检制，所以投资者要注意自己选择的期货经纪公司是否按时通过了年检。

2. 保证资金的安全

投资者应选择一个能保证资金安全的期货经纪公司。最好的办法是获得该公司的有关资料，以确定该公司是否实力雄厚、商业信誉良好。一个好的期货经纪公司应该在以前的经营中，没有严重的自营亏损。

3. 便利的交易平台

交易平台主要是考察期货经纪公司使用的交易软件。交易软件对期货的投资交易能起到推进作用。对于 21 世纪的投资者来说，无论是投资理财，还是日常生活，网络化、信息化已经越来越深入人心。期货市场也是一样的，随着电子化期货交易的日益普及，期货经纪公司的硬件设施显得尤为重要，因为这是保障投资者交易安全、稳定和迅速的主要环节。

专家提醒　投资者最好是选择一家网上交易技术先进、安全的期货经纪公司。目前，网上交易已经成为期货交易的主要模式，因此，期货行情和交易系统的稳定性、安全性和便捷性已经成为投资者投资成功的重要保障。

4. 良好的商业信誉

商业信誉是指经营者通过公平竞争和诚实经营所取得的良好的社会综合评

价。商业信誉越好的期货经纪公司，其各方面都会相应地越好。

期货经纪公司主要靠收取手续费来营利。期货经纪公司挣钱的多少取决于交易量和交易次数。如果某一期货经纪公司推荐交易次数过于频繁，则投资者可能会为此损失大量的手续费。投资者评定期货经纪公司商业信誉好坏的办法一般是了解该公司以往的交易计划和结果。

5. 优质的服务质量

一般来说，期货公司服务质量会在硬件、软件和服务方面有所体现，具体分析如图 2-1 所示。

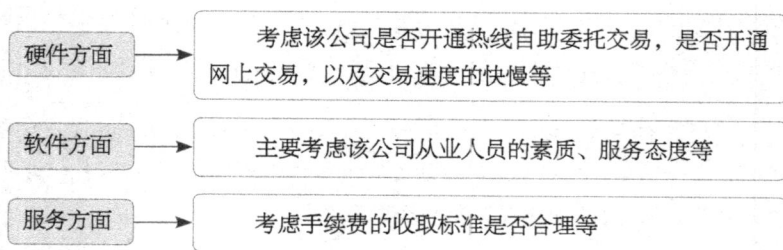

硬件方面	→	考虑该公司是否开通热线自助委托交易，是否开通网上交易，以及交易速度的快慢等
软件方面	→	主要考虑该公司从业人员的素质、服务态度等
服务方面	→	考虑手续费的收取标准是否合理等

图 2-1 期货公司服务质量的分析

一个好的期货经纪公司会严格按照相关的法律和法规，遵循诚实信用的原则，以适当的技能、小心谨慎的态度执行投资者的委托，维护投资者的合法权益。规范运作的期货经纪公司会按照一定的标准收取合理的保证金和手续费，杜绝违规的透支交易和手续费的恶性竞争。

> **专家提醒** 俗话说"便宜无好货"，低手续费的期货经纪公司可能让投资者损失更大，所以投资者一定要注意"低价"陷阱。如果可能的话，投资者应该在选择期货经纪公司之前访问一次。通过实地考察，投资者可以获得更多、更真实的信息。

6. 及时的资讯放送

投资者应该选择一个能提供准确的市场信息和投资决策的经纪公司。由于各经纪公司电子化技术水平的不断升级更新，其优势差别已经相对不大，而信息资讯服务质量的高低则应该是投资者选择期货经纪公司时考虑的重点。

优秀的期货经纪公司应提供相关商品的研究资料、报价和交易建议并帮助投资者做出交易决策。重视信息资讯服务工作的期货经纪公司除了有大量共享的数据及资讯外，还应该有自己独一无二的内容。

例如,有的期货经纪公司在农产品收获季节专门派人员去产地调查收获情况,能够帮助投资者掌握第一手资料,帮助投资者正确决策;有的期货经纪公司与国家部委、统计部门建立了友好的协作关系,能较准确地追踪到政策面和现货基本面的变化;有的期货经纪公司经常实地调研相关的企业,了解现货企业的生产经营状况与期货经营的情况。

一些优秀的期货经纪公司还能够针对投资者自身的不同情况,提供个性化的信息资讯服务;针对具体客户的资金状况、交易风格、持仓状况以及风险承受能力,提出与其相适应的投资建议或形成报告提供给投资者。

2.2 期货开户的一般流程

投资者选择好期货经纪公司后,就可以开设期货投资的账户了。各个期货公司的开户流程大同小异,简要流程如图 2-2 所示。

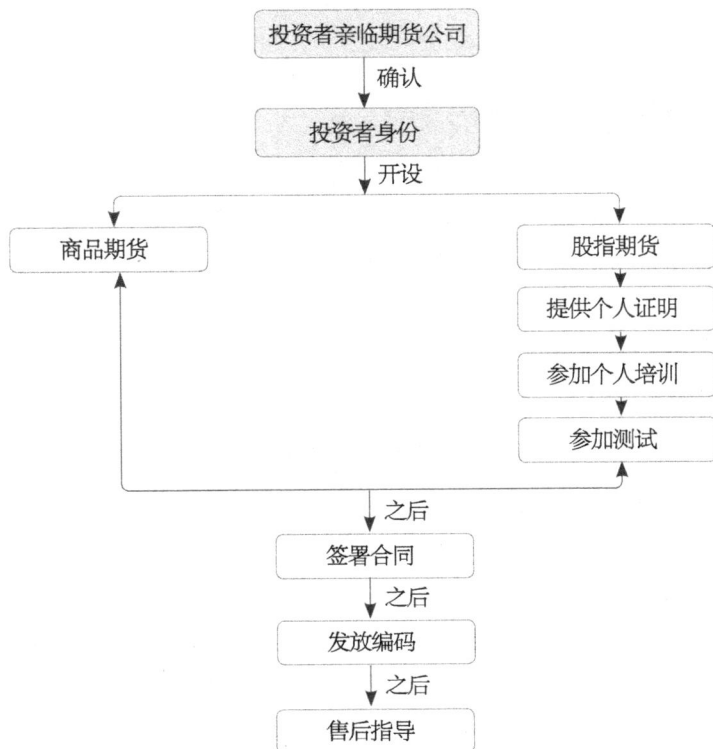

图 2-2 期货开户流程

2.2.1 开设期货账户

开设期货账户是有一些前提条件的。投资者要注意不能开户的情况，如图2-3所示。

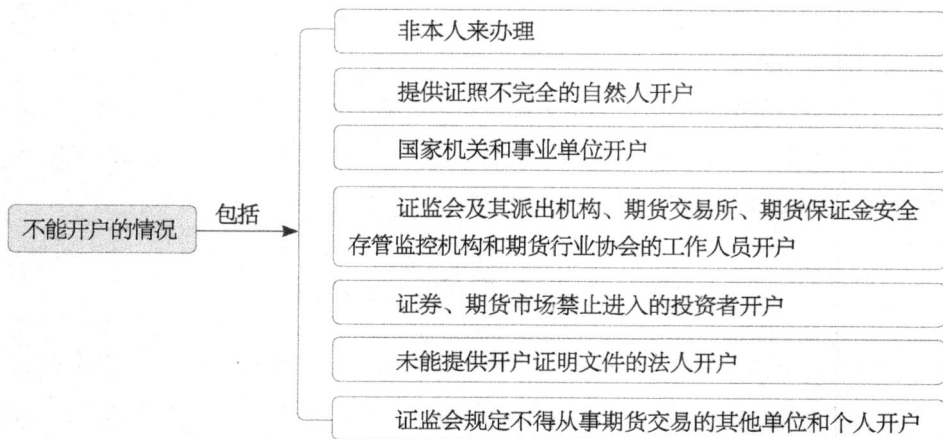

图 2-3 不能开户的情况

【案例分析】股指期货的开户流程

只开设商品期货的流程较为简单：投资者在期货经纪公司进行身份确认后，即可签署《期货经纪合同》。股指期货的开户流程相对复杂，它是属于在商品期货开户过程中的一个可选环节。这里以选择开设股指期货为例来讲解具体步骤。

1. 确认投资者身份

账户的属性分为自然人账户和法人账户两种。一般的个人投资者都属于自然人，其他非个人投资者即法人才应开设法人账户。

（1）自然人开设商品期货账户。需要带本人身份证和银行卡到期货经纪公司当场拍摄头部正面的照片。需要注意的是，自然人是不能委托其他人代办开户手续的，必须本人前往期货经纪公司办理。

（2）法人开设商品期货账户。需要带代理人的身份证到期货经纪公司当场拍摄正面的照片，同时需要带公司营业执照、社会统一信用代码、银行开户许可证、法人身份证复印件、法定代表人证明书和开户代理人指定下单人以及结算单确认人等相关人员的身份证。

2. 特殊证明

自然人如果要增开股指期货，那么就需要提供学历证明、投资经历证明、财务证明以及诚信状况证明等材料。

法人增开股指期货的情况分为两种，如图2-4所示。

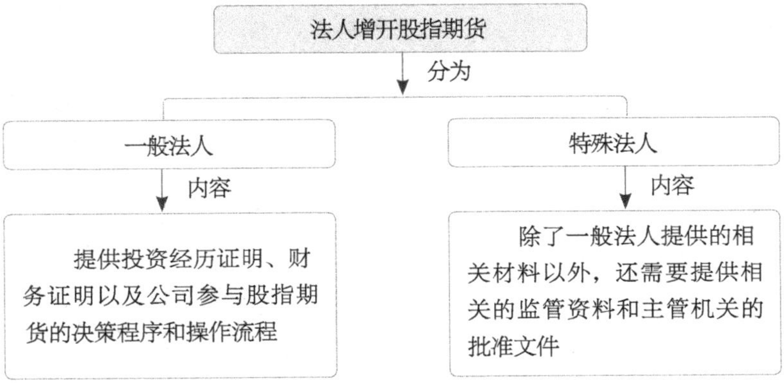

图 2-4 法人增开股指期货的情况

对于投资者来说，股指期货的投资条件颇为"苛刻"。不过，投资者可以放弃选择该项目。如果不投资股指期货，则投资者可直接跳到签署合同程序。

3. 参加股指期货培训

由于股指期货的风险与门槛相对较高，专业性也更强，所以需要投资者参加股指期货投资交易的相关培训。培训的内容大致是股指期货的交易流程、结算流程、股指期货交易技巧和其风险性等。

培训以后，期货公司会对个人投资者做一个综合评估，投资者也能从中找到自己的不足。对于企业，其指定下单人、结算单确认人和资金调拨人都需要进行相关的培训，并签署《股指期货特别风险提示函》。

4. 参加股指期货测试

培训完成以后，无论是个人投资者，还是企业公司的指定下单人、结算单确认人和资金调拨人，还需要参加股指期货基础知识的测试。

测试题的内容为之前参加培训所学的内容，一般分为10道判断题和20道单项选择题，一共30道题，答对24题为合格，测试时间为30分钟。如果答卷分数未达到标准或者由他人代答，则期货经纪公司将认为是其自愿撤销本次开户申请的，所以应该慎重对待。判断题及解析如表2-1所示。

表 2-1 股指期货测试判断题及解析

问题	答案	解析
期货公司不得与不符合实名制要求的客户签署期货经纪合同,也不得为未签订期货经纪合同的客户申请交易编码	对	《期货市场客户开户管理规定》第十三条规定,期货公司不得与不符合实名制要求的客户签署期货经纪合同,也不得为未签订期货经纪合同的客户申请交易编码
证券公司可以为自己的客户从事期货交易提供融资服务	错	《证券公司为期货公司提供中间介绍业务试行办法》第二十二条规定,证券公司不得直接或者间接为客户从事期货交易提供融资或者担保
客户参与股指期货交易在不同的会员处开户的,其交易编码中客户号应当相同	对	《中国金融期货交易所交易细则》第五十三条规定,客户在不同的会员处开户的,其交易编码中客户号应当相同。交易所另有规定的除外
投资者持有某股指期货合约,可以在该合约到期前平仓,也可以选择持有到期进行交割	对	投资者持有某股指期货合约,可以在该合约到期前平仓,也可以选择持有到期进行现金交割。现金交割是指合约到期时,按照交易所的规则和程序,交易双方按照规定结算价格进行现金差价结算,了结到期未平仓合约的过程
沪深 300 指数的编制采用自由流通股本,而非总股本加权,样本股权重分布较为均衡,具有较强的抗操纵能力	对	沪深 300 指数权重以自由流通股本为计算依据,与上证综合指数以总股本计算权重不同
沪深 300 股指期货合约的最后交易日为合约到期月份最后一个交易日	错	《中国金融期货交易所交易细则》第十条规定,沪深 300 股指期货合约的最后交易日为合约到期月份的第三个周五,最后交易日即为交割日。最后交易日为国家法定假日或者因异常情况等原因未交易的,以下一交易日为最后交易日和交割日
沪深 300 股指期货合约以该合约当天收盘价作为当日结算价	错	沪深 300 股指期货合约当日结算价的计算方法不是以收盘价为依据的,尽管收盘价也有可能与当日结算价一致。根据《中国金融期货交易所结算细则》第四十三条规定,当日结算价是指某一期货合约最后一小时成交价格按照成交量的加权平均价
沪深 300 股指期货交易集合竞价期间不接受市价指令申报	对	《中国金融期货交易所交易细则》第四十六条规定,集合竞价在交易日 9:10 ~ 9:15 进行,其中 9:10 ~ 9:14 为指令申报时间,9:14 ~ 9:15 为指令撮合时间。集合竞价指令申报时间不接受市价指令申报,集合竞价指令撮合时间不接受指令申报

投资者要注意的是,测试的选择题选项的个数并不是固定的,但都是单项选择题,大致如表 2-2 所示。

表 2-2 股指期货测试选择题及解析

问题	选项	答案	解析
证券公司受期货公司委托从事中间介绍业务，不得提供下列何种服务（　　）	A. 协助办理开户手续 B. 提供期货行情信息、交易设施 C. 代理客户进行期货交易、结算或者交割	C	《证券公司为期货公司提供中间介绍业务试行办法》第九条规定，证券公司受期货公司委托从事介绍业务，应当提供协助办理开户手续；提供期货行情信息、交易设施和证监会规定的其他服务
沪深 300 股指期货在（　　）挂牌交易	A. 中国金融期货交易所 B. 上海证券交易所 C. 深圳证券交所 D. 上海期货交易所	A	沪深 300 股指期货合约表中明确，沪深 300 股指期货合约的上市交易所为中国金融期货交易所
IF1311 合约表示的是（　　）到期的沪深 300 股指期货合约	A. 2010 年 10 月 11 日 B. 2013 年 11 月 C. 2011 年 10 月	B	IF 是沪深 300 股指期货合约的交易代码。1311 前两位数字 13 表示合约年份为 2013 年，后两位数字 11 表示合约到期月份为 11 月
沪深 300 股指期货某合约报价为 3 000 点，则 1 手按此报价成交的合约价值为（　　）	A. 60 万元 B. 90 万元 C. 120 万元	B	《中国金融期货交易所交易细则》第六条规定，沪深 300 股指期货合约的合约乘数为每点人民币 300 元。股指期货合约价值为股指期货指数点乘以合约乘数
沪深 300 股指期货合约的涨跌停板幅度为该合约上一交易日（　　）的 ±10%	A. 结算价 B. 收盘价 C. 开盘价	A	《中国金融期货交易所交易细则》第三十七条规定，结算价是指某一期货合约当日一定时间内成交价格按照成交量的加权平均价。结算价是进行当日未平仓合约盈亏结算和计算下一交易日交易价格限制的依据
某投资者认为 IF1312 合约的价格会上涨，应对该合约（　　）	A. 买入开仓 B. 卖出开仓	A	买入开仓即做多（指预计市场看涨而大量买进期货的投资行为），也就意味着投资者看涨

问题	选项	答案	解析
某交易日，IF1305 合约的涨跌停板价格分别为 2 700 点和 3 300 点，则以下申报指令无效的是（　）	A. 以 2 700.0 点限价指令买入开仓 1 手 IF1305 合约 B. 以 3 000.2 点限价指令买入开仓 1 手 IF1305 合约 C. 以 3 000.5 点限价指令卖出开仓 1 手 IF1305 合约 D. 以 3 300.0 点限价指令卖出开仓 1 手 IF1305 合约	C	《中国金融期货交易所交易细则》第八条规定，沪深 300 股指期货合约的最小变动价位为 0.2 指数点，合约交易报价指数点为 0.2 点的整数倍。3 000.5 点因为不是 0.2 指数点的整数倍，所以为无效报价
沪深 300 股指期货合约的当日结算价为该期货合约的（　）	A. 全天成交价格按照成交量的加权平均价 B. 收盘价 C. 最后一小时成交价格按照成交量的加权平均价	C	《中国金融期货交易所结算细则》第四十三条规定，当日结算价是指某一期货合约最后一小时成交价格按照成交量的加权平均价
某投资者卖出开仓 IF1405 合约 10 手，再买入平仓该合约 6 手，则该投资者对该合约的持仓为（　）	A. 6 多单 B. 4 空单 C. 10 手空单、4 手多单	B	投资者卖出开仓 10 手，即持有 10 手空单；买入平仓该合约 6 手后，则还剩 4 空单
投资者以限价指令的方式买入开仓 IF1401 合约，申报价格为 2 500 点，其成交价不可能为（　）点	A. 2 499 B. 2 500 C. 2 501	C	《中国金融期货交易所交易细则》第四十条规定，限价指令是指按照限定价格或者更优价格成交的指令。限价指令在买入时，必须在其限价或者限价以下的价格成交；在卖出时，必须在其限价或者限价以上的价格成交

5. 签署经纪合同

对商品期货合同，在确认身份以后，投资者就可以直接签署《期货经纪合同》。这时，投资者就与期货经纪公司确立了经纪关系。对股指期货，在测试合格以后，期货经纪公司交易部会出具保证金账户以及初始密码；投资者的账户内的可用资金必须要大于人民币 50 万元，才可签署《期货经纪合同》，才能与期货经纪公司确立经纪关系。

《期货经纪合同》中最重要的就是手续费的确认，其他条款都是硬性规定的，没有商量的余地，其主要内容如表 2-3 所示。

表 2-3 《期货经纪合同》的主要内容

序号	主要条款	相关内容
1	责任划分	《期货经纪合同》的第一项会明确规定双方的责任划分
2	保证金制度	投资者的保证金可以以现金、本票、汇票和支票等方式支付，如果是以本票、汇票、支票等方式支付保证金的，则在期货经纪公司开户银行确认投资者资金到账后才会开始交易
3	强行平仓制度	强行平仓制度会很大程度上损害投资者的利益，所以投资者应密切注意期货经纪公司给出的强行平仓条件
4	交易指令	投资者交易指令可以通过书面、电话等方式下达。书面方式下达的指令必须由投资者或者其指令下达人签字。通过电话等方式下达的指令，期货经纪公司有权进行同步录音或者用其他方式保留原始指令记录。该记录与书面指令具有同等的法律效力
5	交易报告	只要投资者在该交易日进行过交易或者有持仓，期货经纪公司会在每个交易日闭市后，向投资者发出显示其账户权益状况或者成交结果的交易结算单。投资者向期货经纪公司提出对交易结果异议后，期货经纪公司应根据原始指令记录与交易记录及时核实。当对与交易结果有直接关联的事项发生异议时，期货经纪公司有权将发生异议的未平仓合约进行平仓，由此发生的损失由有过错的一方承担
6	实物交割说明	实物交割一般会规定交割通知、交割货款交收或实物交付及交割违约处理办法。对于一般的投资者，其几乎不会进行实物交割，所以不必太过关注
7	账户管理	期货经纪公司在期货交易所指定结算银行开设期货保证金账户，代管投资者交存的保证金以及质押的可上市流通国库券。期货经纪公司会为投资者设置保证金明细账，并在每日交易结算单中报告保证金账户余额和保证金的划转情况。在下列情况下，期货经纪公司有权从投资者保证金账户中划转保证金
8	手续费规定	投资者应当向期货经纪公司支付代理进行期货交易的手续费，手续费收取的标准按双方商议的执行。投资者支付给期货交易所的各项费用以及涉及投资者的税项由投资者承担。该费用不在投资者支付给期货经纪公司的手续费之内
9	账户清算	在特殊情况下，期货经纪公司有权通过平仓或执行质押物对投资者账户进行清算，并解除同投资者的委托关系
10	免责条款	由于天灾人祸的不可预测性，由此产生的损失，期货经纪公司会声明其自身是没有责任的
11	纠纷处理	投资者与期货经纪公司双方发生交易纠纷或者其他争议时，可以采取双方自行协商、投资者提请仲裁或向有管辖权的人民法院起诉等方式解决

6.发放交易所编码

签署合同以后，期货经纪公司会向期货交易所申请编码。这个编码应该是"一人一码"的。交易编码就是客户、从事自营业务的交易会员进行期货交易的专用代码，其通过该编码可进行身份识别。

按照相关规定，交易编码是由12位数字构成的，前4位为会员号，后8位为客户号。例如，若交易编码为003000055101，则会员号为0030，客户号为00055101。一个投资者在交易所内只能有一个客户号，但可以在不同的经纪公司开户，所以交易编码的会员号可以不同，而客户号必须相同。

> **专家提醒**
>
> 投资者参与股指期货交易需在期货公司开立自己的交易账户，同时在期货交易所申请自己的交易编码。投资者在自己账户和交易编码内交易才受到法律保护，与他人混码交易既不合法，也容易导致不必要的纠纷和损失。

7.期货公司售后服务

期货公司应该提供完善的售后服务，例如，向客户做网络访问、提供交易方面的指导等。好的期货公司应该有专门的人员提供售后指导，而不是客户开户以后就不闻不问了。直到这个环节结束，期货开户才算真正完成。

2.2.2 将资金转入期货账户

投资者拥有期货账户后，还需要往期货账户中转入资金，才能进行期货交易。一般有3种方法转入资金，即柜台办理、电话转账和网银转账。每种转账方式各有利弊，投资者可以选择一种最适合自己的方式。

【技巧解析】柜台办理转入资金业务

柜台办理是投资者向期货账户转入资金最传统的方式：投资者到自己银行卡发卡银行的柜面直接办理即可。

柜台办理转账这种方式最大的优点是省心，投资者只需告诉银行工作人员自己需要什么服务就可完成相关操作。如果通过电话、网络等方式转账，则需要投资者自行操作。不过由于去银行柜台办理业务需要排队等待，对于有些投资者并不太方便。

【技巧解析】常用的电话转账方式

电话转账是比较常用的转入资金的方式，需要投资者的银行卡已开通电话转账业务。各大银行的电话转账服务流程各不相同，具体方法投资者可以咨询银行客服。

自助电话转账比较麻烦的一点是，一旦转账过程中的任何步骤出现问题，都要重新开始整个流程。对于有经验的投资者，其可以很快地完成转账，但是对于不太熟练的投资者，其往往会耽误更多的时间。

专家提醒

> 如果电话自动转账因其他原因无法完成，则可以选择人工服务，并根据热线服务人员的提示操作即可。

👉 **【技巧解析】便捷的网银转账方式**

网银转账在有条件的情况下是最方便的，需要投资者的银行卡已开通网银转账业务。

2.2.3 委托期货公司下单交易

投资者无法直接与交易所进行交易，其必须委托期货公司代为交易。投资者在对期货公司下达了委托指令后，还需要进行确认。

👉 **【技巧解析】委托下单**

投资者交易期货的第一步是委托下单。下单的主要内容包括：确定期货的品种，确定是开仓还是平仓，以及确定交易的手数等。期货委托交易一般有以下 3 种方式，具体如图 2-5 所示。

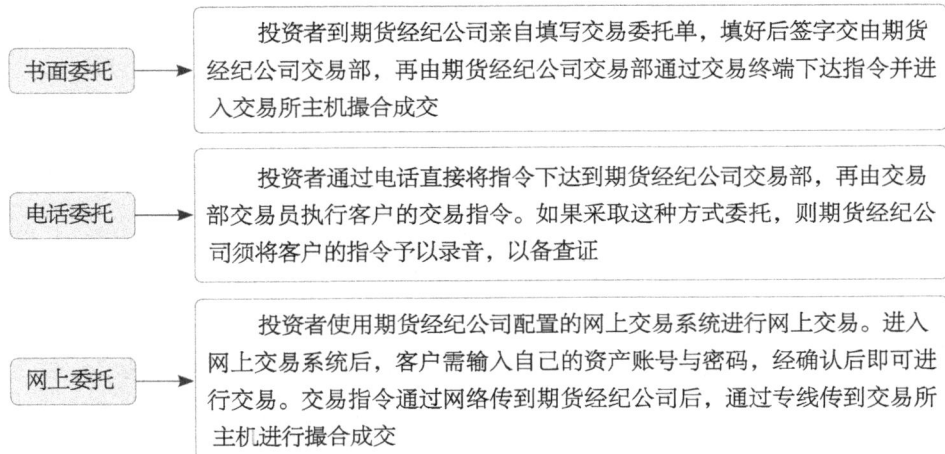

书面委托	投资者到期货经纪公司亲自填写交易委托单，填好后签字交由期货经纪公司交易部，再由期货经纪公司交易部通过交易终端下达指令并进入交易所主机撮合成交
电话委托	投资者通过电话直接将指令下达到期货经纪公司交易部，再由交易部交易员执行客户的交易指令。如果采取这种方式委托，则期货经纪公司须将客户的指令予以录音，以备查证
网上委托	投资者使用期货经纪公司配置的网上交易系统进行网上交易。进入网上交易系统后，客户需输入自己的资产账号与密码，经确认后即可进行交易。交易指令通过网络传到期货经纪公司后，通过专线传到交易所主机进行撮合成交

图 2-5 期货委托交易的 3 种方式

👉【技巧解析】确认成交

在投资者的委托指令传到交易所主机系统之后，系统会根据价格优先、时间优先的原则撮合成交。

（1）价格优先的意思是：较高的买进申报优先于较低的买进申报，较低的卖出申报优先于较高的卖出申报。

（2）时间优先的意思是：对于同价位申报，依照申报时序决定优先顺序。在撮合成交完成以后，期货经纪公司会给投资者汇报交易所给出的成交价格。

价格优先与时间优先是保证交易公开、公平、公正的基本原则，而计算机化的交易为该原则的实现提供了保证。与股票交易不同的是，期货交易是保证金交易：在保证市场不会因为风险过度累积而造成整个市场的信用危机的前提下，暂时牺牲一些市场的效率而保证市场的整体平稳是非常有必要的。

2.2.4 查收期货交易结算单据

期货交易采取的是每日无负债原则，每天都会进行盈亏结算。结算分两部分，如图2-6所示。

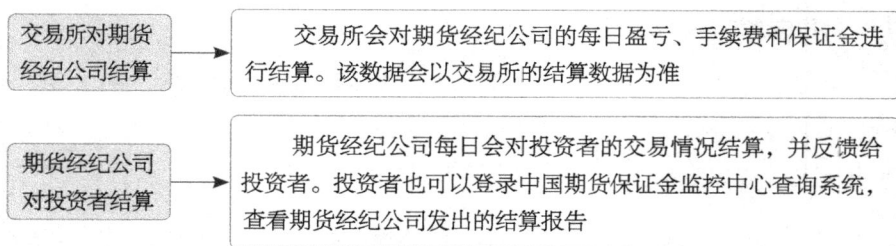

| 交易所对期货经纪公司结算 | → | 交易所会对期货经纪公司的每日盈亏、手续费和保证金进行结算。该数据会以交易所的结算数据为准 |
| 期货经纪公司对投资者结算 | → | 期货经纪公司每日会对投资者的交易情况结算，并反馈给投资者。投资者也可以登录中国期货保证金监控中心查询系统，查看期货经纪公司发出的结算报告 |

图2-6 期货交易每日结算的两部分

另外，期货经纪公司在开户时，会提供访问查询系统的账户和初始密码。投资者可以通过访问中国保证金监控中心的网站，登录查询系统。该系统提供给投资者结算报告、操作记录、保证金账户和公告牌等功能。投资者可以在网站上单击相应的链接，查询自己期货账户的资金去向。

投资者应及时了解自己账户的每日结算结果，对交易结算单据进行查收。如果有异议，则投资者应在下一个交易日开市之前，用书面的方式向期货经纪公司提出；否则，视为认可结算结果。投资者应该仔细核对结算结果，避免因为期货公司结算失误而造成损失。

2.3 期货开户的注意事项

了解了期货开户的一般流程，期货投资者在期货开户时还可能会遇到一些特殊情况，因此，期货投资者还需知道期货开户的注意事项。

2.3.1 期货异地开户

相对于证券公司的规模，期货公司及其营业部少得可怜，甚至一些城市只有"一家独苗"。到目前为止，全国有70%的中小城市是没有期货公司营业部的。因此，投资者如果选择异地开户，则应该最大限度地降低交易成本和选择好的交易平台。

【技巧解析】开户程序的合法性

对于异地开户本身来说，其不存在违法这个说法，因为本来就没有法律来讨论这个问题，但是期货经纪公司的合法性才是投资者需要注意的。投资者在非法的期货经纪公司开户进行交易，其资金是不受法律保护的，并且投资者还可能承受连带责任。

实际上，现在市场上大多数的商品期货账户都是异地开设的。考虑商品期货行业的特殊性问题（诸如规模小、营业部少等），要求异地开户做视频认证采集留样。大部分期货公司都提供通过快递开设商品期货账户的渠道，只是每个期货公司发展的重点不一样，例如一些期货公司更重视本地客户、重视大机构等。

股指期货则必须现场开户。

【技巧解析】资金账户的安全性

异地开户的安全性是投资者需要关注的问题，但一般来说，投资者只要选择正规、合法的期货公司，自己的资金就会安全。这主要还是因为期货的保证金账户采取的是第三方资金托管的方式：中国期货保证金监控中心会监控投资每一笔资金的动向。

【技巧解析】异地开户的手续费

有些期货公司会因为异地开户而收取一定的手续费，不过就目前的市场情况来说，期货公司竞争激烈，越来越多的公司加入了价格战的行列中，相关手续费越来越低。从某种意义上说，这是市场竞争的结果，一个有竞争力的手续费标准，才可能从全国各地吸引客户来开户。这也是一些投资者在自己的城市明明就有期货经纪公司，却要跑到其他城市开户的原因。

异地开户手续费走低的另一个原因是成本因素。例如，某期货公司总部在上海，它如果要给在长沙的投资者开户，那么有两种选择，一种是通过上海总部快递给投资者，另外一种就是在长沙建立营业部。建立营业部的成本与快递的成本差别甚大，异地开户能够节省期货公司大量成本。不过因为异地办理的原因，许多事宜是投资者无法当面询问清楚的，因此，投资者一定要让期货经纪公司在《手续费收取标准表》中标明每个品种的交易手续费，以免期货经纪公司擅自提高手续费。

2.3.2 期货账户销户

若投资者不再使用期货账户，则必须进行销户。

☞ **【技巧解析】了解期货销户的流程**

投资者在开设期货账户后，如果不想投资期货了，则可以选择销户。期货销户的程序相对于银行卡、股票账户等销户的程序是比较复杂的，其流程如表2-4所示。

表2-4 期货销户的流程

销户步骤	具体内容	注意事项
确认身份	投资者应携带有效证件，亲临开户的期货经纪公司。之后，期货经纪公司相关工作人员会检验客户证件，核实身份，并了解客户销户的原因	一般来说，期货公司工作人员会询问客户是否因为该公司的原因而销户。如果是，则相关工作人员会帮投资者解决这些问题，提升服务质量，并希望投资者继续留在该公司
提交申请	在期货公司工作人员劝说未果的情况下，期货公司会要求投资者填写《销户确认书》《期货市场投资者销户申请书》。之后，期货公司会将客户签署的《销户确认书》与《期货市场投资者销户申请书》邮寄回公司总部	一些相对大型的期货经纪公司会直接通过网络，把《销户确认书》与《期货市场投资者销户申请书》发送回总部，所以这个环节不会花费太多的时间

续表

销户步骤	具体内容	注意事项
核实签名	核实签名主要是再次确认前来销户者的有效身份。自然人账户与法人账户的流程有些不同	如果是自然人账户，只需核对签名，并在系统中做出相应的处理即可。如果是法人账户，则需要检验代理人的证件、核实身份与签名，并要提供公司有效公章
转出资金	期货经纪公司会把期货账户中剩余的资金，转出至销户人所提供的银行卡上。如果是法人账户，代理人还需填写出金单，并把出金单与之前填写的《销户确认书》与《期货市场投资者销户申请书》一同寄回公司总部。公司财务部在核查完出金单后，才会将资金汇入代理人提供的结算账户中	根据期货经纪公司效率的不同，资金转出的时间也不同，一般来说在第二个工作日即可完成。此时，投资者可以登录中国期货保证金监控中心查询结算结果
关闭权限	在投资者对结算结果没有异议后，期货公司会关闭销户账户的所有权限，并整理归档。另外，交易所也会注销投资者的交易编码。这时，销户完成	由于一个交易编码可以开设多个账户，投资者如果只是要撤销某一期货公司的账户，仍需投资期货的话，应事先向期货经纪公司提出。对于一些特殊情况，投资者不做销户也是可以的。投资者只要满足销户的条件，直接通过"银期转账"把账户内的资金转出去即可

第3章

操作策略入门与实战

3.1 了解套期保值

套期保值是期货市场最基本的交易策略。投资者了解套期保值，可为今后学习期货的交易技巧打下基础。

3.1.1 套期保值的概念与原理

期货市场最主要的功能就是规避现货市场的风险：因为未来现货价格的不确定性，一些想要回避这些风险的人可以在期货市场采取对冲交易（即同时进行两笔行情相关、方向相反、数量相当、盈亏相抵的交易），从而将风险转移至愿意承担风险的投资者身上。这种交易方式就叫作套期保值。也就是说，套期保值是指把期货市场当作转移价格风险的场所，利用期货合约作为将来在现货市场上买卖商品的临时替代物，对其现在买进并准备以后售出的商品或对将来需要买进的商品的价格进行保险的交易活动。

任何投资都是在保证不亏损的前提下再追求盈利的。所谓保值，从其字面上就能得出是"不亏损"的意思。套期保值也是采取的一种"不亏损"的思路，是一种保守的策略。如果用保守的策略做激进的操作，那么是很容易出问题的。

套期保值的原理是：因为同一种特定商品的期货和现货的交货日期前后不一，而它们的价格会受相同的经济因素和非经济因素影响和制约，并且因为期货合约到期必须进行实物交割的规定，现货价格与期货价格还具有趋合性；当期货合约临近到期日时，两者价格的差异接近于零，否则就有套利的机会，因而，在到期日前，期货和现货价格具有高度的相关性；在相关的两个市场中，反向操作，必然有相互冲销的效果。

3.1.2 套期保值的操作方法

套期保值的基本操作方法是：在现货市场和期货市场对同一种类的商品同时进行数量相等但方向相反的买卖活动，即在买进或卖出实货的同时，在期货市场上卖出或买进同等数量的期货；经过一段时间，当价格变动使现货买卖上出现盈亏时，可由期货交易上的亏盈得到抵销或弥补，从而在期货与现货之间、在近期和远期之间建立一种对冲机制，以使价格风险降低到最低限度。

【技巧解析】上海期货交易所套期保值的交易流程

以石油沥青期货为例，上海期货交易所对套期保值者的交易流程有以下规定和要求。

1. 申请套期保值要求

申请石油沥青套期保值交易的投资者，必须具备与石油沥青相关的生产经营资格。需进行套期保值的投资者应向期货公司申报，并填写套期保值申请表。

2. 制定套期保值策略

套期保值策略主要包括 4 点，如图 3-1 所示。

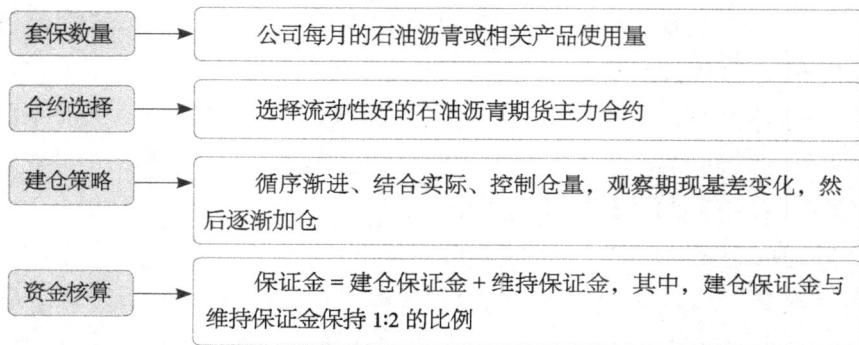

套保数量	→	公司每月的石油沥青或相关产品使用量
合约选择	→	选择流动性好的石油沥青期货主力合约
建仓策略	→	循序渐进、结合实际、控制仓量，观察期现基差变化，然后逐渐加仓
资金核算	→	保证金＝建仓保证金＋维持保证金，其中，建仓保证金与维持保证金保持 1:2 的比例

图 3-1 策略制定的建议

3. 企业岗位设立

人员机构和岗位的设立如图 3-2 所示。

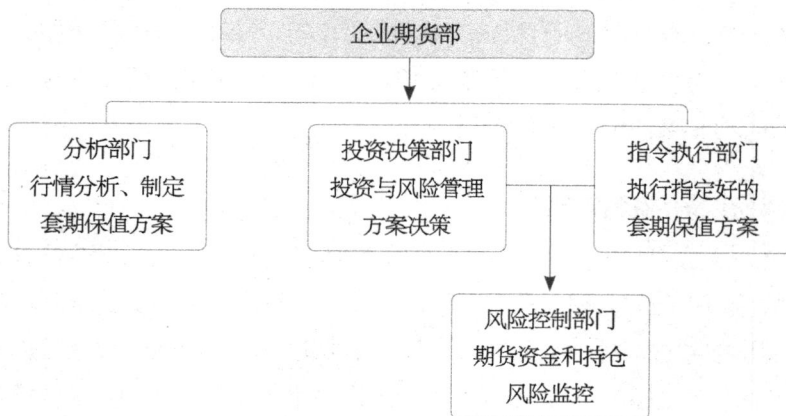

图 3-2 企业套期保值岗位

4. 管理制度设置

企业在建立了专业的套期保值团队后，必须制定完善的内控管理流程和制度，如图 3-3 所示，主要是针对资金管理、期货交易的风险管理。

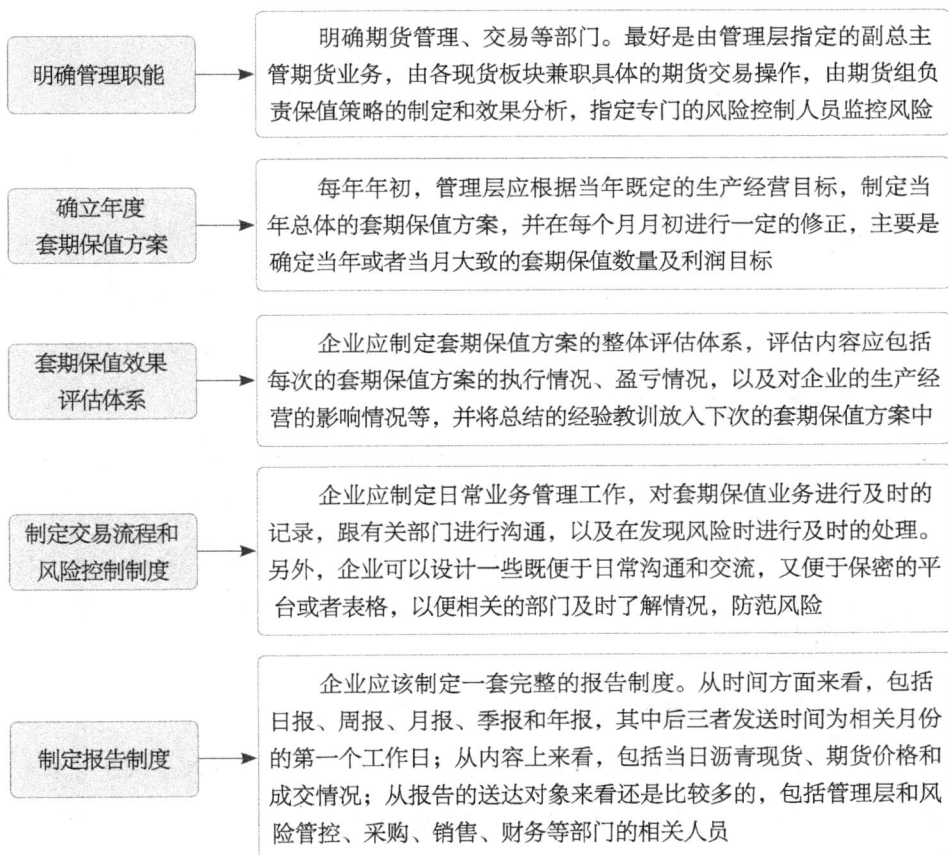

明确管理职能 → 明确期货管理、交易等部门。最好是由管理层指定的副总主管期货业务，由各现货板块兼职具体的期货交易操作，由期货组负责保值策略的制定和效果分析，指定专门的风险控制人员监控风险

确立年度套期保值方案 → 每年年初，管理层应根据当年既定的生产经营目标，制定当年总体的套期保值方案，并在每个月月初进行一定的修正，主要是确定当年或者当月大致的套期保值数量及利润目标

套期保值效果评估体系 → 企业应制定套期保值方案的整体评估体系，评估内容应包括每次的套期保值方案的执行情况、盈亏情况，以及对企业的生产经营的影响情况等，并将总结的经验教训放入下次的套期保值方案中

制定交易流程和风险控制制度 → 企业应制定日常业务管理工作，对套期保值业务进行及时的记录，跟有关部门进行沟通，以及在发现风险时进行及时的处理。另外，企业可以设计一些既便于日常沟通和交流，又便于保密的平台或者表格，以便相关的部门及时了解情况，防范风险

制定报告制度 → 企业应该制定一套完整的报告制度。从时间方面来看，包括日报、周报、月报、季报和年报，其中后三者发送时间为相关月份的第一个工作日；从内容上来看，包括当日沥青现货、期货价格和成交情况；从报告的送达对象来看还是比较多的，包括管理层和风险管控、采购、销售、财务等部门的相关人员

图 3-3 企业套期保值管理制度

3.1.3 套期保值的具体作用

套期保值的作用可以分为两方面：一方面是卖出套期保值；另一方面是买入套期保值。在价格下跌的趋势中，企业如果卖出了套期保值，就可以用期货市场的盈利来弥补现货价格下跌造成的损失；反之，如果价格上涨，则企业可趁机在现货市场上卖个好价钱，尽管这时该企业在期货市场上出现了亏损，但其依然能实现自己的销售目标。

【技巧解析】卖出套期保值的具体作用

卖出套期保值的具体作用有以下几个方面。

（1）卖出保值能够回避未来价格下跌的风险。

（2）顺利完成销售计划。经营企业通过卖出套期保值，可使保值企业按照原先的经营计划，强化管理、认真组织货源。

（3）有利于现货合约顺利签订。企业由于卖出套期保值，就不必担心对方要求以日后交货时的现货价为成交价。

3.1.4 套期保值的基本原则

套期保值者在进行套期保值时必须按照一定的原则进行操作。具体原则包括：品种相同或相近原则、月份相同或相近原则、方向相反原则和数量相当原则。

【技巧解析】品种相同或相近原则

套期保值的关键在于期货价格与现货价格之间的关联程度，价格差异过大会导致某些情况下的套期保值失去原有意义。也就是说，只有品种相同或相近的商品，才能达到套期保值的效果。所以，在选择期货合约时，其应与现货商品关系越密切越好。也就是说，在选择期货合约时，套期保值者应该选择基差较小的合约。

【技巧解析】月份相同或相近原则

套期保值者应该遵循月份相同或相近原则。当套期保值者不能确定需要在何时处置现货商品，或套期保值者处理现货的时间与期货合约的到期月份有差异时，套期保值一般有两种选择，具体如图3-4所示。

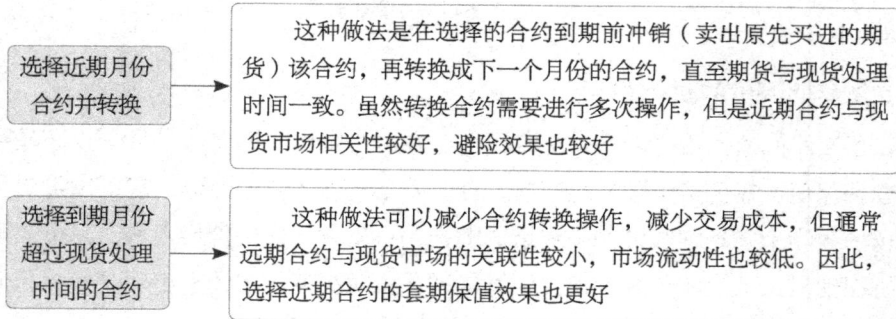

选择近期月份合约并转换	这种做法是在选择的合约到期前冲销（卖出原先买进的期货）该合约，再转换成下一个月份的合约，直至期货与现货处理时间一致。虽然转换合约需要进行多次操作，但是近期合约与现货市场相关性较好，避险效果也较好
选择到期月份超过现货处理时间的合约	这种做法可以减少合约转换操作，减少交易成本，但通常远期合约与现货市场的关联性较小，市场流动性也较低。因此，选择近期合约的套期保值效果也更好

图3-4 套期保值的两种选择

👉 **【技巧解析】方向相反原则**

方向相反原则是指现货与期货的交易方向应该是相反的原则。例如，某钢材经销商将在现货市场卖出数吨钢材，如果他预期钢材价格会下跌，那么在期货市场就应该卖出合约，即做空。等到他在现货市场真正卖出钢材的时候，再进行买入合约对冲平仓。

👉 **【技巧解析】数量相当原则**

数量相当原则是指期货与现货市场交易商品的数量必须一致的原则。如果数量不一致，那么将失去套期保值的意义。

如果某套期保值者计划买入5吨动力煤，此时如果他卖出10吨动力煤期货合约，那么该投资者就相当于只交易了5吨的期货合约。这样的操作并不符合数量相当原则。

3.1.5 期货套期保值与其他方式的区别

期货市场的套期保值与短线投资者往往只有一线之隔，但他们是截然相反的两种角色。投资者在进入期货市场时，就应该明白自己扮演什么样的角色。

套期保值与其他方式的短线投资者的主要区别表现在以下4个方面。

1. 交易目的不同

套期保值者进行期货交易的目的是回避价格变动带来的风险，而短线投资者进行期货交易的目的是通过价格变动获得收益。一个是回避价格变动，另一个是主动寻求价格变动。

套期保值可以通过期货市场的盈利冲销现货市场的损失。如果没有现货市场损失的部分，只做期货市场的盈利，那么这样做的投资者就属于短线投资者。

期货短线投资交易指在期货市场上以获取价差收益为目的的期货交易行为。短线投资者根据自己对期货价格走势的判断，做出买进或卖出的决定，如果这种判断与市场价格走势相同，则短线投资者在平仓出局后可获取短线投资利润；如果判断与价格走势相反，则短线投资者在平仓出局后将承担短线投资损失。由于短线投资的目的是赚取差价收益，所以短线投资者一般只是平仓了结持有的期货合约，而不进行实物交割。

一般来说，套期保值者为现货市场商品的供应者或经营者，他们的交易重心在现货市场上，期货市场对于他们来说是一种风险规避工具；短线投资者不涉及现货市场的交易，因此，他们一般不做实物交割，合约到期前，他们一定会进行对冲平仓。期货市场对于短线投资者来说是一种获取利益的工具。

2. 承担风险不同

套期保值者通过套期保值操作，能够回避价格变化带来的风险；期货短线投资者则需承担期货市场由于价格变化带来的全部风险。

短线投资者指根据对市场的判断，把握机会，利用市场出现的价差进行买卖并从中获得利润。短线投资者可以"买空"（即多头交易，指预计期货价格上涨时低价买进，高价卖出赚取差价），也可以"卖空"（又称做空，指预计期货价格下跌时高价卖出，再低价买进回收），其目的就是获得价差利润，因为没有现货而只能采取对冲平仓方式（指投资者持有的期权部位由其交易方向相反，交易数量相等的相同期权对冲的期权合约了结方式），所以风险会比较大。

3. 操作方法不同

套期保值者与短线投资者在操作方式上的最大不同是：在交易的方向上，套期保值者采取的是方向相反、数量相当原则进行交易的，而短线投资者必须进行单向交易。如果短线投资者在期货市场双边持有，那么将大大降低资金的利用率，这不符合他们希望谋取更多利益的初衷。

如果套期保值者觉得有必要在期货市场进行实物交割（买入货物或卖出货物），那么他们完全可以通过这样的方式平仓，但是期货短线投资者一般没有实物交割的权限。

4. 对市场作用不同

套期保值者大多是生产商、加工商、库存商以及贸易商和金融机构，其把期货市场作为价格风险转移的场所，将期货合约作为将来在现货市场上进行买卖商品的临时替代物，对其现在买进或已拥有，或将来拥有准备以后售出，或对将来需要买进商品的价格进行保值的机构和个人。

套期保值者的原始动机是通过期货市场寻求价格保障，尽可能消除现货交易的价格风险，从而能够将精力集中于本行业的生产经营业务上，并以此取得正常的生产经营利润。套期保值的作用主要表现在 3 个方面，如图 3-5 所示。

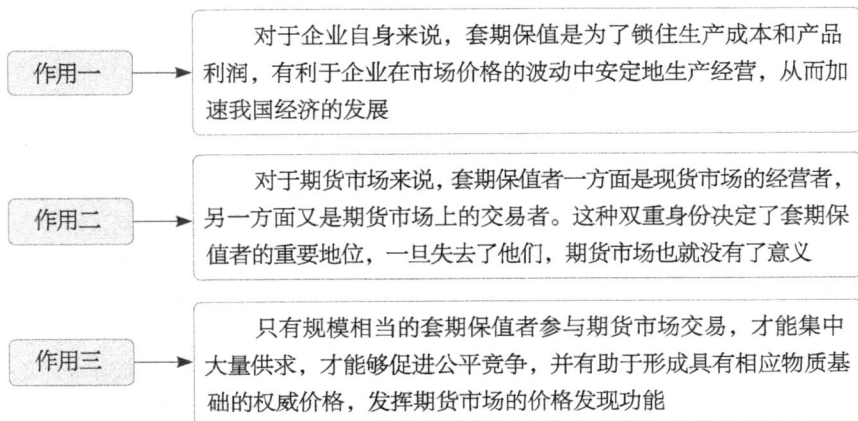

作用一 → 对于企业自身来说，套期保值是为了锁住生产成本和产品利润，有利于企业在市场价格的波动中安定地生产经营，从而加速我国经济的发展

作用二 → 对于期货市场来说，套期保值者一方面是现货市场的经营者，另一方面又是期货市场上的交易者。这种双重身份决定了套期保值者的重要地位，一旦失去了他们，期货市场也就没有了意义

作用三 → 只有规模相当的套期保值者参与期货市场交易，才能集中大量供求，才能够促进公平竞争，并有助于形成具有相应物质基础的权威价格，发挥期货市场的价格发现功能

图 3-5 套期保值者的作用

由此可见，套期保值者是期货市场的交易主体，对期货市场的正常运行发挥着重要作用。套期保值者为规避现货价格波动所带来的风险，而在期货市场上进行套期保值，因此，没有套期保值者的参与，就不会有期货市场。同时，套期保值者必须具备一定的条件：具有一定的生产经营规模；产品的价格风险大；套期保值者的风险意识强，能及时判断风险；能够独立经营与决策。

套期保值者让出利益，短线投资者承担风险，这才使得套期保值成为可能。因此，短线投资者是期货市场中必不可少的一环，其经济功能主要有 4 点，具体如图 3-6 所示。

承担价格变动风险	→	期货短线投资者与套期保值者可以说是对立的两种投资者，期货短线投资者承担了套期保值者力图回避和转移的风险
提高期货市场流动性	→	短线投资者频繁地建立仓位，对冲手中的合约，增加了期货市场的交易量，使得套期保值交易容易成交，并且减少了交易者进出市场所可能引起的价格波动
保持价格体系稳定	→	由于各期货市场的商品间价格和不同种商品间价格具有高度相关性，短线投资者的参与促进了相关市场和相关商品的价格调整，有利于改善不同地区价格的不合理状况，有利于改善商品不同时期的供求结构，商品价格趋于合理。对于某一商品与之相关商品的价格比值，短线投资也能让其价格趋于合理化，从而保持价格体系的稳定
形成合理价格水平	→	短线投资者在价格处于较低水平时买进期货，使需求增加，导致价格上涨；在较高价格水平卖出期货，使需求减少，这样又平抑了价格，使价格波动趋于平稳，从而形成合理的价格水平

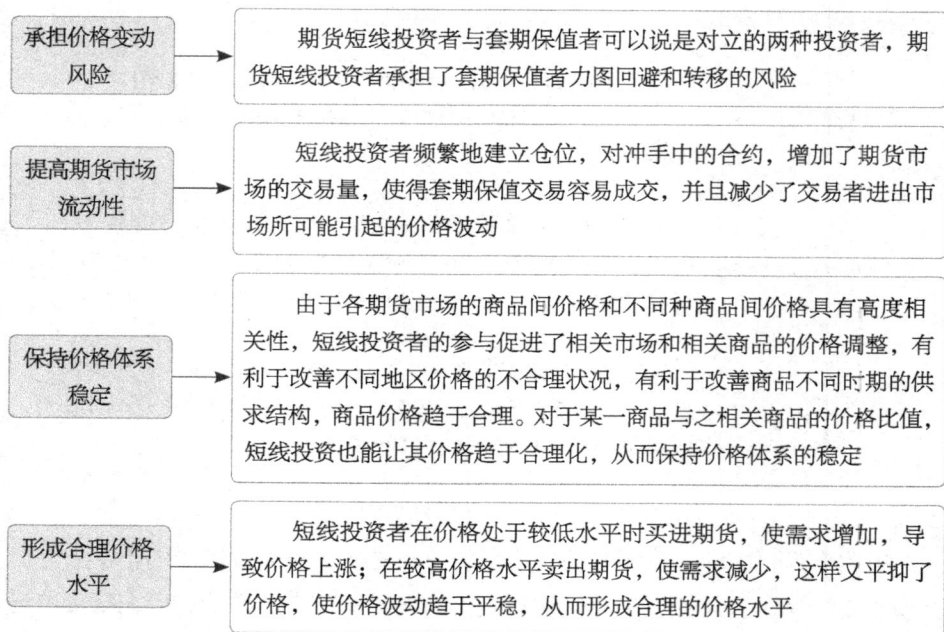

图 3-6 短线投资者的经济功能

3.1.6 期货套期保值的风险和缺陷

套期保值并不是"一本万利"的买卖，投资者在进行套期保值时，应该注意它的风险和缺陷。特别是对于大型企业来说，其在套期保值中投入的金额往往是巨大的，一旦出现问题，相应的损失也是巨大的。

1. 套期保值的风险

套期保值理论上为企业提供了理想的价格保护，但实际上这种理想化的保护并不存在，企业在套期保值过程中还是有不少风险的。正确认识套期保值过程中的风险，把握影响套期保值成败的种种因素，有助于企业真正用好套期保值这把"利剑"。

（1）行情判断失误。行情不可能会按照投资者所想的那样发展，误判行情总是难免的。加工企业对同一商品既可以买入套期保值以锁定未来采购价格，也可卖出套期保值以锁定产品销售价格。当判断市场为牛市（指价格长期呈上涨趋势的证券市场）时，企业倾向于对原材料买入套期保值；当判断市场为熊市（指价格长期呈下跌趋势的证券市场）时，企业倾向于对产品卖出套期保值。

以往的市场研究发现，加工企业在牛市行情中的套期保值交易比原材料生产企业做得更好，原因在于：在牛市行情中，加工企业担心原材料价格上涨而进行买入的套期保值操作，而价格走势一路上涨符合其行情判断，积累较多盈利；原材料生产企业则时刻担心价格见顶回落，且为维持正常生产也必须卖出产品套现，但是随行情上涨一路卖出，必然积累较多亏损。熊市行情中的情形则正好相反，生产企业往往要比加工企业的收益更高。

此外，在实际操作中，进入时机和点位也是非常重要的，有时只相隔一两天，效果也会差之千里。

套期保值的"动机不纯"是导致行情误判的重要原因。例如，某油品公司在急功近利的投机心理驱使下，背离原油进口商一定要将预防油价上涨风险置于首位的初衷，将主观愿望与简单统计学方法结合，看不到也不愿针对国际原油市场可能的持续走强进行套期保值，最终导致 5.5 亿美元的巨额亏损。

（2）保证金不足。企业套期保值要根据购销数量计算最优头寸。企业生产经营规模较大时，头寸也较大，且由于生产经营的连续性，头寸持有时间也相对较长，即使套期保值方向正确，其也容易出现保证金不足的情况。

由于保值期内期货价格可能短暂剧烈波动，所以对于保证金准备不充分的套期保值者，其可能会被迫平仓，这样的损失是巨大的。

（3）投资海外市场。由于国内期货市场发展相对滞后，期货品种较少，一些企业不得不到境外期货市场上进行套期保值。但是，中国企业在海外期货市场孤军作战，难免会出现"水土不服"的现象。信息不对称、企图明显等弱点容易被代理机构利用，或被国际基金针对性"狩猎"。

（4）基差变化较大。期货与现货的价格严重背离，会给套期保值带来巨大风险。因为在实际交易中，企业很难严格按照"月份相同或相近、产品种类相同、数量相等、方向相反"这 4 个原则实施套期保值操作。理论上，合约到期时，期现（期货与现货）价格趋于一致，但通常期现价格总会存在一定程度的背离，这种背离称为基差。在一定范围内，基差合理且必要，但如果其严重背离，套期保值的理论基础就不复存在了，这样以来，基于基差在合理范围内运行的前提设计的套期保值方案就规避不了价格波动风险了。

企业根据生产计划设计的套期保值方案，在多数情况下，会跨越多个不同期限的合约，完成与现货相对应的套期保值需多次进行期货头寸移仓。基差绝对值较小时，移仓收益或损失也较小，对套期保值影响不大。但是，一旦基差异常，期现价格严重背离，对套期保值影响就会加大，并且保值时间越长，影响越大。

金属、农产品等由于供需不平衡及仓储、运输等原因，尤其在发生逼仓时，就容易导致基差变化加大，期现价格严重背离。只有金融期货和黄金、白银等贵金属期货品种，其金融属性较强，市场存在大量套利行为，才能使期现价格之间的基差能较好地保持某一确定关系。

> **专家提醒** 在熊市中，价格近高远低，基差为正值，移仓可获可观的展期收益；在牛市中，价格近低远高，基差为负值，移仓结果则相反。例如，2005年铜价上涨引发铅价波动加大，某上市公司在伦敦金属交易所在现货高升水的情况下进行铅的卖出套期保值，最终导致巨大损失。

（5）**移仓费用支出**。通常情况下，频繁移仓的费用也是不小的。企业一般会根据全年原材料采购计划或产品销售计划来制定套期保值方案，立足现货采购或销售，在与此相对应的期货合约月份进行操作。

但是期货市场不同合约的活跃程度不同，其流动性也不同，如果相对应的合约流动性差，企业只能选择较接近的合约进行替代，到期移仓。如果不同月份间基差较小，则对保值效果影响不大。但若基差出现异常，则会严重影响套期保值效果。

例如，某德国金属公司买入保值头寸庞大，保值时间长达数年，而当期活跃的合约月份也就一两个，使得大量保值头寸必须在不同月份间频繁移仓，从而增大了交易成本和移仓损失。

（6）**交割费用高**。实物交割费用主要是指运输与仓储的费用等，虽然其仅占期货交易总量的5%以下，并且套期保值也不一定交割了结，但是现货企业在期货市场采购原材料或销售产品有利可图时，也常进行实物交割。现货交割环节多、程序复杂，处理不好就会影响套期保值的效果，交割中存在的风险主要包括4点，如图3-7所示。

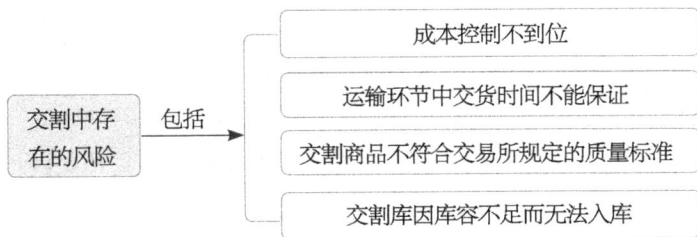

图 3-7 交割中存在的风险

除此之外，替代品种升贴水、交割中的增值税等，也可能发生种种变化。

（7）**投机收益诱惑**。投机有时能带来巨额利润，这就诱使一些企业放弃套期保值的宗旨，或不严格执行套期保值方案，从而在市场方向突变或其判断失误时造成亏损。期货交易总量应与其同期的现货交易总量相适应，即企业套期保值头寸数量应以不超过现货商品规模为限。

套期保值与投机在交易上并无本质区别，套期保值在防止价格反向运动带来损失的同时，也失去因正向运动带来意外收益的可能性。例如，一些企业入市是为了套期保值，但对头寸未能进行有效控制，使其超出生产或加工规模，套期保值演变为过度投资，企业最终损失惨重。

2. **套期保值的缺陷**

在套期保值中，有一些实际问题难以处理，例如具体进场执行套期保值的时机，就是投资者进行套期保值时难以把握的问题之一。

套期保值的进场时机是指何时进场买卖期货以及买卖期货的次数。如果套期保值的目标是追求利益最大化，则套期保值者并不需要在任何时候都持有期货合约，其只需要在市场走向不利时再进场冲销即可。

专家提醒

多数经济学家认为："没人能预测市场何时走向不利。"这对于大多数套期保值者来说是不幸的消息，所以套期保值者一般都不会把希望寄予自己对市场的准确判断上。在这种情况下，套期保值者应该采取连续套期保值策略，即根据现货市场部位的增减来不断地调整自己持有的期货数量，以求尽量降低价格风险。

因为现货商的库存量或生产商的生产量是不断变化的，所以连续套期保值策略是需要套期保值经常的买卖合约。这样做无疑会提高成本。

套期保值者难以选择与现货数量相适应的期货合约头寸，即套期保值的比率。关于研究合适的套期保值比率的模型有很多，其中，最为简单的做法是头寸相等，即"期货头寸：现货头寸 = 1∶1"。

但实际上，套期保值比率设为1是需要假设期货与现货市场的价格变动一致的，只有这样才能在理论上达到期货与现货的盈亏相抵。但是，期货合约的标的物、到期月份与单位合约所对应的商品数量，往往与现货市场所要规避风险的商品难以完全吻合。所以，这种套期保值的比率并不一定是最合适的选择。

3.2 卖出和买入期货套期保值

套期保值分为卖出套期保值和买入套期保值两种方式。这两种方式是针对不同的企业和厂商来说的。

3.2.1 卖出套期保值

卖出套期保值是期货市场的做空行为，其有效地降低了由于持有价格将要下跌的现货而带来的利润缩水的风险。卖出套期保值是在现货市场持有或生产现货商品，并在期货市场卖出相应商品的期货的行为。

对于经营者来说，他们所面临的市场风险是其持有商品后尚未转售出去时，商品价格下跌。这将会使他们的经营利润减少甚至使其发生亏损。为规避此类市场风险，经营者可采用卖出套期保值的方式来进行价格保险。这种方式又叫作空头避险。

专家提醒　由于期货市场有实物交割功能，所以期货与现货是联动的。如果商品生产商或者制造者担心未来商品价格下跌而给自己带来损失，那么他们可以在期货市场做空，以谋求损益相抵，达到避险的目的。

3.2.2 买入套期保值

买入套期保值是期货市场做多的行为，其有效地降低了由于原材料价格上涨带来的生产成本增加的风险。买入套期保值是在现货市场将要购买某现货商品，并在期货市场卖出相应商品的期货的行为。对于加工制造业来说，他们所面临的市场风险是所要购买的原材料的价格上涨，这将会使其生产成本增加甚至使其发生亏损。为规避此类市场风险，经营者可采用买入套期保值的方式来进行价格保险。这种方式又叫作多头避险。

☞ 【技巧解析】两个市场的涨跌与盈亏举例

现货市场与期货市场的涨跌和盈亏的相关示例如表3-1所示。

表3-1 现货市场与期货市场涨跌和盈亏的关系

市场涨跌与盈亏关系	情景模拟	现货市场	期货市场	总盈亏状况
假设某期货价格与现货价格上涨一致，那么在商品价格将要上涨时，采取买入套期保值方式将不亏不赚	由于运输原因导致进口煤价格上涨，某火力发电厂在期货市场上买入10手动力煤期货合约（200吨／手），以防止动力煤价格上涨带来成本增加的风险。此时，动力煤现货价格为500元／吨，期货合约为520元／吨。不久以后，动力煤现货价格上涨至550元／吨，期货合约上涨至570元／吨。此时，该电厂需要购入2 000吨动力煤用于发电，于是其把买入的期货合约也做了平仓，完成了套期保值	由于动力煤现货价格上涨，该发电厂每吨亏损（550-500）=50元，共计亏损（50×2 000）10 000元	由于期货市场做多，所以该每吨动力煤期货盈利（570-520）=50元，共计盈利（50×2 000）=10 000元	期货市场盈利的10 000元减去现货市场亏损的10 000元，因此，该发电厂在此次购买原材料的成本不变
假设某期货价格的上涨幅度大于现货价格的上涨幅度，那么在商品价格将要上涨时，采取买入套期保值方式将盈利	某食用油厂在期货市场上买入20手大豆期货合约（10吨／手），以防止大豆价格上涨带来成本增加的风险。此时，大豆现货价格为1 800元／吨，期货合约为1 900元／吨。不久以后，大豆现货价格上涨至1 900元／吨，期货合约上涨至2 050元／吨。此时，该食用油厂需要购入200吨大豆用于生产食用油，于是其把买入的期货合约也做了平仓，完成了套期保值	由于大豆现货价格上涨，该食用油厂每吨亏损（1900-1800）=100元，共计亏损（100×200）=2 000元	由于期货市场做多，该每吨大豆期货盈利（2050-1900）=150元，共计盈利（150×200）=3 000元	期货市场盈利的3 000元多于现货市场亏损的2 000元，因此，该食用油厂在此次交易行为中还盈利1 000元

续表

市场涨跌与盈亏关系	情景模拟	现货市场	期货市场	总盈亏状况
假设某期货价格的上涨幅度小于现货价格的上涨幅度，那么在商品价格将要上涨时，采取买入套期保值方式将亏损	某铝合金门窗厂在期货市场上买入10手铝期货合约（5吨/手），以防止铝价格上涨带来成本增加的风险。此时，铝现货价格为15 000元/吨，期货合约为15 500元/吨。不久以后，铝现货价格上涨至16 000元/吨，期货合约上涨至16 200元/吨。此时，该门窗厂需要购入50吨铝用于生产产品，于是其把买入的期货合约也做了平仓，完成了套期保值	由于铝现货价格上涨，该门窗厂每吨亏损（16 000-15 000）=1 000元，共计亏损（1 000×50）=50 000元	由于期货市场做多，该每吨铝期货盈利（16 200-15 500）=700元，共计盈利（700×50）=35 000元	期货市场盈利的35 000元不足以弥补现货市场亏损的50 000元，因此，该铝合金门窗厂在此次交易行为中亏损15 000元

买入套期保值对于不存在资金问题的经销商来说，就等于锁定了价格，免去了提前购买后等待价格上涨的这段时间中的仓储费等相关费用。即便是期货收益不足以弥补现货亏损，其也省下了一笔可观的仓储费。但是由于人们的预期往往高于实际，所以，在绝大多数情况下，期货价格的上涨幅度会大于现货价格的上涨幅度。

【技巧解析】价格出现下跌的情况

采取买入套期保值方式后，市场也有可能出现价格下跌的情况。假设当前豆油期货价格为2 100元/吨，现货价格2 050元/吨。如果豆油买入套期保值者判断失误，期货与现货的价格都有所下跌，那么会有3种情况出现，如表3-2所示。

表3-2 价格出现下跌的情况

两个市场涨跌情况	情景模拟	现货市场	期货市场	总盈亏状况
下跌幅度一致	假设豆油期货价格下跌为2 050元/吨，现货价格下跌为2 000元/吨	由于豆油现货价格下跌，该买入套期保值者每吨收益50（2 050-2 000）=元	由于期货市场做多，每吨豆油期货亏损50（2 100-2 050）元	盈亏抵销，投资者不亏不赚

续表

两个市场涨跌情况	情景模拟	现货市场	期货市场	总盈亏状况
期货下跌幅度大于现货下跌幅度	假设豆油期货价格下跌了100元，现货价格下跌了50元	由于豆油现货价格下跌，该买入套期保值者每吨盈利100元	由于期货市场做多，每吨豆油期货亏损50元	该买入套期保值者将盈利50（100−50）元／吨
期货上涨幅度小于现货上涨幅度	假设豆油期货价格下跌了50元，现货价格下跌了100元	由于豆油现货价格下跌，该买入套期保值者每吨盈利50元	由于期货市场做多，每吨豆油期货亏损100元	该买入套期保值者将亏损50（100−50）元／吨

3.3 基差变化对套期保值的影响

基差的变化对套期保值有重要影响。在商品实际价格运动过程中，基差总是在不断变化的，而基差的变化是判断能否实现套期保值的依据。期货合约到期时，现货和期货的价格会趋于一致，而且呈现一定的季节性变化。如果套期保值者利用基差的有利变动，不仅可以取得较好的保值效果，而且还可以通过套期保值交易获得额外的盈余。一旦基差出现不利变动，套期保值的效果就会受到影响，从而使套期保值者蒙受一部分损失。

3.3.1 基差不变

基差不变属于一种理论状态，是很少出现的。若基差不变，则不会对套期保值产生影响。由于基差是现货价格与期货价格之差，所以基差不变也就意味着现货价格与期货价格差不变。也就是说，两个市场的商品价格涨跌幅度是一致的，此时无论是买入套期保值，还是卖出套期保值，投资者的总盈亏都是不赚不赔的。

3.3.2 基差缩小

基差缩小也就是期货市场与现货市场的价格差变小。这对卖出套期保值与买入套期保值有不同的影响。

👉 【案例分析】卖出玉米期货套期保值

假设 5 月份玉米期货价格为 2 100 元／吨，现货价格为 2 000 元／吨，且一个月以后，期货价格变为 2 200 元／吨，现货价格变为 2 150 元／吨，那么基差缩小对卖出套期保值的影响如表 3-3 所示。

表 3-3 基差缩小时卖出套期保值

项目	现货市场	期货市场	基差变化
5 月	2 000 元／吨	2 100 元／吨	100 元／吨
6 月	2 150 元／吨	2 200 元／吨	50 元／吨
变动状况	盈利 150 元／吨	亏损 100 ／吨	基差缩小 50 元／吨

由此可以得出结论：当基差缩小时，盈利市场的额度一般会大于亏损市场的额度，卖出套期保值者将有可能获得收益。基差缩小的幅度是投资者盈利的额度。

👉 【案例分析】买入玉米期货套期保值

假设 5 月份玉米期货价格为 2 100 元／吨，现货价格为 2 000 元／吨，且一个月以后，期货价格变为 2 200 元／吨，现货价格变为 2 150 元／吨，那么基差缩小对买入套期保值的影响如表 3-4 所示。

表 3-4 基差缩小时买入套期保值

项目	现货市场	期货市场	基差变化
5 月	2 000 元／吨	2 100 元／吨	100 元／吨
6 月	2 150 元／吨	2 200 元／吨	50 元／吨
变动状况	亏损 150 元／吨	盈利 100 ／吨	基差缩小 50 元／吨

由此可以得出结论：当基差缩小时，亏损市场的额度一般会大于盈利市场的额度，买入套期保值者都将遭受损失。基差缩小的幅度是投资者亏损的额度。

3.3.3 基差扩大

基差扩大也就是期货市场与现货市场的价格差变大。这对卖出套期保值与买入套期保值有不同的影响。

👉 **【案例分析】卖出铜期货套期保值**

假设 6 月份铜期货价格为 51 000 元／吨，现货价格为 50 000 元／吨，且一个月以后，假设期货价格变为 52 000 元／吨，现货价格变为 50 500 元／吨，那么基差扩大对卖出套期保值的影响如表 3-5 所示。

表 3-5 基差扩大时卖出套期保值

项目	现货市场	期货市场	基差变化
6 月	50 000 元／吨	51 000 元／吨	1 000 元／吨
7 月	50 500 元／吨	52 000 元／吨	1 500 元／吨
变动状况	盈利 500 元／吨	亏损 1 000 ／吨	基差扩大 500 ／吨

由此可以得出结论：当期货基差扩大时，投资者盈利市场的额度一般会小于亏损市场的额度，卖出套期保值者一定将会遭受损失。基差扩大的幅度是投资者亏损的额度。

👉 **【案例分析】买入铜期货套期保值**

假设 6 月份铜期货价格为 51 000 元／吨，现货价格为 50 000 元／吨，且一个月以后，期货价格变为 52 000 元／吨，现货价格变为 50 500 元／吨，那么基差扩大对买入套期保值的影响如表 3-6 所示。

表 3-6 基差扩大时买入套期保值

项目	现货市场	期货市场	基差变化
6 月	50 000 元／吨	51 000 元／吨	1 000 元／吨
7 月	50 500 元／吨	52 000 元／吨	1 500 元／吨
变动状况	亏损 500 元／吨	盈利 1 000 ／吨	基差扩大 500 ／吨

由此可以得出结论：当期货基差扩大时，投资者亏损市场的额度一般会小于盈利市场的额度，买入套期保值者一定将会获得收益。基差扩大的幅度是投资者盈利的额度。

3.4 股指期货的套期保值技巧

股指期货不仅完善了我国的资本市场主体，同时也为企业的经营管理提供了规避风险的渠道。投资者对于股指期货，也能进行套期保值，但其方案更加复杂。

期货市场自身的高风险、高收益的特性，决定了作为金融衍生品种的股指期货是管理风险的一种工具，但使用不当也会成为引发风险的源头。因此，参与股票市场套期保值的投资者需具有较高的专业素质，将风险控制与防范放在首位，严格按照套期保值理念进行操作。

3.4.1 参与股指期货套期保值的必要前提

投资者在进行股指期货套期保值之前，应该先对股票市场走势进行分析和判断，并根据自身的实际情况判断是否需要进行套期保值。

对当下或未来股票市场走势进行分析和判断是投资者参与股指期货套期保值的必要前提。未来市场的走势决定了套期保值类型的选择、价位的选择、风险防范措施等诸多方面。因此，在进行股指期货套期保值操作前，投资者需结合宏观经济、行业动向等方面进行综合性分析，市场走势预判越准确，套期保值成功率越高，投资者所需付出的机会成本与风险成本就会越低。

专家提醒

套期保值的目的是通过现货市场和期货市场之间的反向操作规避系统性风险。如果投资者所持有的股票发生系统性风险的概率很小，则对其进行套期保值往往得不到较好的效果，反而会增加套期保值的交叉风险。在参与套期保值前，投资者可通过测量现货组合和期货指数的变动关系或系统性风险程度，进而确定是否有参与套期保值的必要。

3.4.2 选择股指期货套期保值的方向

期货市场的套期保值主体分为两类，即买入套期保值和卖出套期保值。投资者若担心未来价格上涨，则选择买入套期保值；若担心未来价格下跌，则选择卖出套期保值。具体分析如图3-8所示。

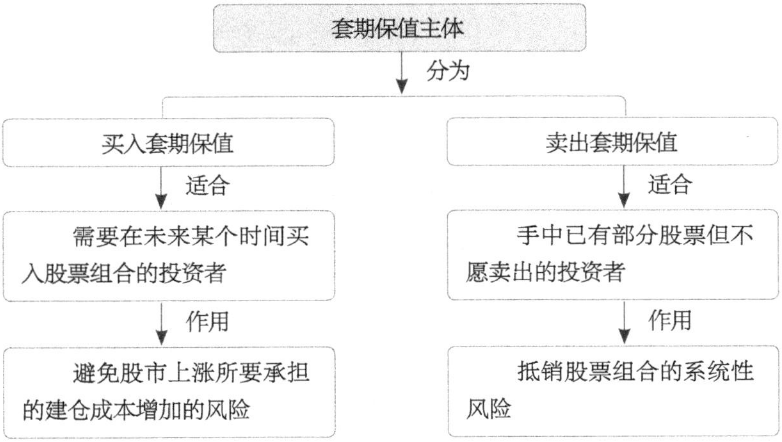

图 3-8 套期保值主体的相关分析

投资者需要注意的是,在实际的套期保值过程中,市场可能出现极端的行情,例如金融危机的爆发等。这时就需要企业对自身的套期保值策略及仓位进行重新评估,以避免风险的发生。

3.4.3 确定具体合约的操作方法

目前,在股指期货的交易中,有 4 个合约可供投资者选择,即当月连续、下月连续及随后的两个季月合约。投资者的首选应为近月合约,因为近月合约的基差风险与交叉风险较小,且合约的活跃程度高,便于投资者进行市场交易。

投资者如果现货组合持有时间较长,可适当在远月合约建立头寸,但需要注意的是,选择远月合约具有较高的基差风险和移仓风险。

投资者根据自身的情况选择合适的股指期货合约后,在入市建仓之前,应对市场的行情走势进行科学合理的分析,选择合适的价位、合适的时间、合适的期货合约后入市建仓。投资者需根据自身所持现货的数量,选择在期货市场的建仓数量,尽量做到数量匹配,这样可以在一定程度上降低风险。

3.4.4 确认股指期货套期保值的结束时间

结束股指期货套期保值的时间选择有两种,如图 3-9 所示。

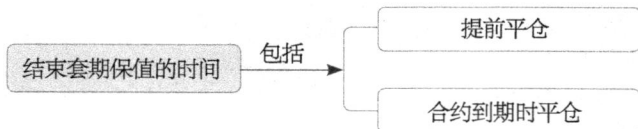

图 3-9 结束股指期货套期保值的时间选择

平仓的方式同样有两种，如图 3-10 所示。

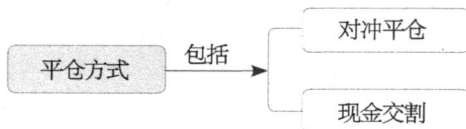

图 3-10 平仓方式

专家提醒

股指期货的交割采用的是现金交割方式，其相对于商品期货的交割显得更加方便，而且股指期货交割没有仓储费用及运输成本，交割费用相对较低，因此，选择现金交割是结束股指期货套期保值的一种很好的方式。

3.5 合理的投资技巧，期货的套利交易

期货交易联系了两个市场，因此也形成了独特的盈利模式，即期货套利交易。这是一种风险相对较低的盈利模式，更加适合求稳的投资者或以稳健发展为方针的大型投资机构。

3.5.1 套利就是获取利益

期货套利通常指在某种商品或金融资产，在同一市场或不同市场，拥有两个价格的情况下，投资者以较低的价格买进、较高的价格卖出，从而获取无风险收益的行为。简单来说，期货套利是期货市场投资者利用不同月份、不同市场、不同商品之间的差价，同时买入和卖出不同种类的期货合约以从中获取利润的交易行为。

套利具有风险小、回报稳定的特点。对于大量资金而言，如果单边重仓介入市场，投资者将面临持仓成本较高、风险较大的风险；反之，如果单边轻仓介入，虽然可能会降低风险，但投资者付出的机会成本、时间成本也会相对较高。因此，大量资金单边重仓抑或单边轻仓介入期货市场，投资者均难以获得较为稳定和

理想的回报。如果大量资金以多空双向持仓介入期货市场，也就是进行套利交易，则投资者既可规避单边持仓所面临的风险，又可能获取较为稳定的回报。

专家提醒　　一种商品的现货价格与期货价格经常存在差异，同种商品而不同交割月份的合约价格之间也存在差异，同种商品在不同交易所的交易价格变动也存在差异。这些差异的存在让期货市场的套利交易成为可能。

3.5.2 掌握套利的操作方法

投资者投资期货的目的无论是规避风险，还是盈利，都是为了获取利益。

【技巧解析】找到合适的期货合约

投资者套利的第一步是寻找两个相关性和联动性较好的期货合约。这可以从市场经验和概率统计计算角度分析。

市场经验是对以往期货合约关联性的总结，不过这是一种"想当然"的情况。例如，人们都知道菜籽油是油菜籽加工炼制得来的，所以菜籽油期货合约与油菜籽的关联性较为密切，但在特殊情况下，这两种合约的相关性较低。

投资者最好利用各方面数据，做科学的计算。假设某合约的收盘价为 X，另一个合约的收盘价格为 Y，则计算相关系数的公式如下。

$$Z = \frac{\sum (X_i - X')(Y_i - Y')}{S_X \times S_Y}$$

公式中，相关变量的含义如下。

Z：相关系数。

X_i：特定时间下的 X。

X'：X 的样本平均值。

Y_i：特定时间下的 Y。

Y'：Y 的样本平均值。

S_X：X 的样本方差。

S_Y：Y 的样本方差。

利用这个公式，可以得出两个合约之间的相关系数：相关系数越大，其相关性越高。当然，不是相关系数越高对套利的效果就越好。根据以往经验，相关系数在 0.70 ~ 0.95 的期货合约品种，其套利效果比较好。如果相关性过高，其套利空间也将很小，从而使收益率比较低。

【技巧解析】寻求合约间的套利空间

套利空间可以参考历史价位的波动来确立。一般情况下，两种相关性较好的期货合约，其价差变化会在一定范围内波动，极少有价差突破历史最低点与最高点。当价差扩大或缩小到某一程度后，价格会向相反的方向波动。这时就会出现不错的套利空间。对于两合约的价格进行相应的数据处理，才能判断出价差的走势，较为直观的方法就是用价格比来表示，具体步骤如下。

（1）将两合约数据处理到一张图上，得到一张价格比曲线图。

（2）考察价格比曲线的长期波动情况，可以找出套利的上限和下限。

（3）根据目前价格确定套利空间，即确定在何种情况下建立套利头寸、在何种情况下要对冲离场。

【技巧解析】研究套利的具体方案

投资者在套利流程的最后，应确定套利方案是否可行，如图3-11所示。

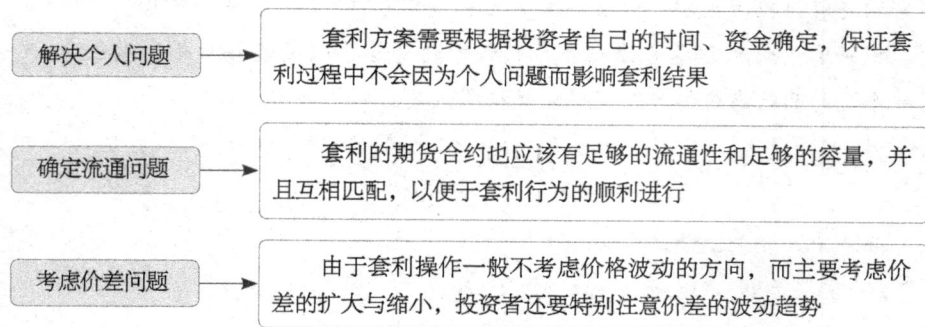

解决个人问题	套利方案需要根据投资者自己的时间、资金确定，保证套利过程中不会因为个人问题而影响套利结果
确定流通问题	套利的期货合约也应该有足够的流通性和足够的容量，并且互相匹配，以便于套利行为的顺利进行
考虑价差问题	由于套利操作一般不考虑价格波动的方向，而主要考虑价差的扩大与缩小，投资者还要特别注意价差的波动趋势

图3-11 确定套利方案是否可行

【技巧解析】严格按套利计划执行

投资者应根据价格运动趋势，选择持有期货合约的形式，买进一种期货合约，卖出另一种期货合约。等到期货价格达到投资者的预期收益后，两边同时平仓了结。

投资者必须严格按照事先的套利计划执行操作，不能因为市场偶然出现波动，而临时进行单边加仓等操作。

3.5.3 套利交易的注意事项

市场中出现的套利机会有许多都是假象，它们由于种种原因，差价不会很好地回归，甚至会出现让人大跌眼镜的变化。这是需要投资者警惕的。

1. 不做跨年度的跨期套利

不要做跨年度的跨期套利，这是因为政策往往会在年后发生变化，而这些变化会导致供需的迅速变化，从而影响原有的价格趋势。

2. 不做非短期因素影响的正向套利

由于套利机会是通过中长期价格关系，找到短期价格呈现偏离的机会，发生套利机会的因素一般都是短期或者突发事件引起的价格变动。所以，投资者一般不应该介入非短期因素影响的正向套利。

3. 不在逼仓的情况下进行套利

在逼仓的情况下进行套利是比较危险的行为，特别是跨期套利。因为一般情况下，跨期的期货套利不涉及现货，而逼仓的风险就在于没有现货头寸做维护，被逼仓的一方是肯定无法交割出大量实物的。当市场行情呈现单边逼仓的时候，逼仓月合约要比其他月份的合约走势更强，其价差则不会出现回归波动现象，从而导致投资者亏损。

4. 不做流动性差的合约

如果投资者组建的套利组合中，有一个或者两个期货合约流动性很差，那么就应该注意该套利组合是否可以顺利同时开仓和平仓了。此时，如果强行进行套利操作，则投资者不仅不能获得利益，还有可能出现亏损。

如果组合构建得足够大，则组合的两个合约都必定在冲击成本。在期货与现货之间套利或者在跨期套利中，投资者参与到交割的套利必须保证有足额的资金交付。

5. 小心频繁操作带来的手续费

在实际投资中，两个交易账户都必须有足够的预留保证金，这会增添利息成本，从而降低收益率。投资者需要斟酌资金来源是自由资金还是借贷资金，而资金借入的期限和套利头寸的持有期限可能并不匹配。

佣金最主要的组成部分是手续费，有些期货合约的手续费比较高。投资者频繁地操作会大大增加手续费的支出，从而损失更多的利润。

6. 不要轻易进入陌生市场投资

套利的成功实现，需要投资者熟悉两个期货合约之间正常的价差。这需要投资者长时间观察。专注操作几个更加熟悉合约的投资者的收益，往往比喜欢广撒网的投资者的收益要好得多。毕竟在一个陌生的市场、对陌生的期货品种，投资者很难系统地分析数据。

7. 价格异常波动的影响

许多投资者寻找的套利机会，往往都是根据经验判断其价格走向的，但是趋势并不一定会保持下去。例如，某期货价格一直在某一区间波动，当它波动到较高位置时，许多投资者都会认为该期货价格将要下跌，进而做空。但是事实上，商品价格是完全有可能突破历史价位的。

同时，套利实施后，不会马上产生利润。如果投资者在持有的合约突然出现亏损的停板时，不分析之后的走势就斩仓（指投资者在买入期货后，期货下跌，其为避免损失扩大而低价卖出期货合约，或者为需资金周转而低价卖出期货合约的行为），则投资者的资金会被蚕食。实际操作中，投资者做多的合约可能一直在低位震荡，而做空的合约却迟迟不见下跌的趋势。这会慢慢耗光投资者的时间和金钱，当投资者发现自己账户每天只少了几百元，投资者多半会想"也许明天差价就该回归了。"这样慢慢地被蚕食，直到某一天投资者再计算损益的时候才发现，自己比遭遇亏损停板的损失要大得多。

8. 实物交割，"割掉"利润

投资者即使具备现货交割的条件，套利交割也有很大的难度。由于双边合约一旦临近交割月，保证金就会大幅增加，而且只要交割环节稍有不畅，套利的条件就会被打破。

在实际交易中，投资者最大的问题在于套利的利润一旦要通过交割实现，那么至少有90%以上的利润会被摊薄，需要用全额资金去获取较小的利润，并涉及增值税、仓单、报关费、运输费和机会资金成本等诸多复杂问题，致使交割结果与预期有很大差异。

第4章

投资工具入门与实战

学前提示 >>> 　　期货交易的专业性更强，投资者在实际交易中的期货交易软件、账号一般都会由期货公司提供。因此，本章所讲述的交易软件以看盘功能为主，旨在教会投资者使用常用的看盘、分析功能。

要点展示 >>> 　博易大师，期货行情全知晓
　　　　　　网上投资，网上银行与平台
　　　　　　和讯期货，把握市场投资先机

4.1 博易大师，期货行情全知晓

"博易大师"是那牛网与上海澎博网络数据信息咨询有限公司合作推出的一款期货行情软件，是目前使用人数比较多的期货软件。该软件的功能强大，集成自定义指标、套利分析、商品叠加等多种实用工具。该软件适合被投资者用来进行技术分析。

4.1.1 博易大师的下载与登录

下面就将介绍下载与登录博易大师的相关内容。

👉 【案例分析】下载与安装博易大师

打开博易大师软件的官方下载页面，选择相应的版本（如博易大师－模拟交易 PC 版）后，单击"立即下载"按钮即可，如图 4-1 所示。

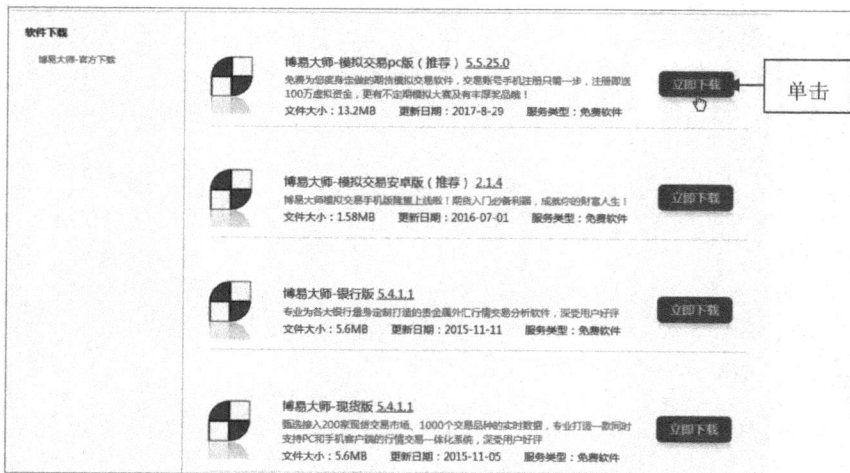

图 4-1 下载页面

软件下载完毕后，找到保存软件的文件夹，即可开始安装"博易大师"软件。

👉 【案例分析】软件的注册与登录

"博易大师"与许多期货公司都开发了相应的版本，如果投资者的期货公司可以使用"博易大师"作为网上交易软件，则可在期货公司提供的网址上下载相应的版本，并从期货公司获得账户与密码。一般情况下，"博易大师"软件自身是不需要注册的。

使用鼠标左键双击桌面上的"博易大师"图标，即可运行软件，其主界面如图 4-2 所示。单击下面的"注册"按钮。

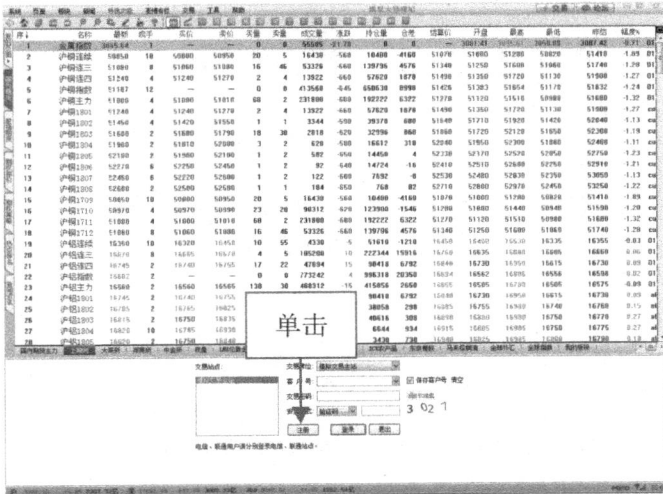

图 4-2 "博易大师"主界面

执行注册的相关操作后，投资者即可登录"博易大师"软件，然后就可以使用模拟交易功能了，如图 4-3 所示。

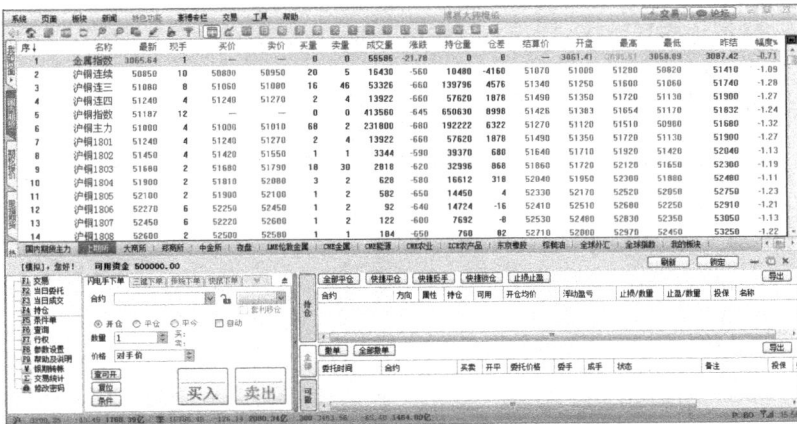

图 4-3 登录"博易大师"后的页面

4.1.2 熟悉博易大师的操作界面

博易大师期货软件的操作比较方便，其大部分功能都直观地反映在了主操作页面上，页面通常包括、菜单栏、工具栏、信息栏和标题栏，如图4-4所示。页面右下角还包括网络状态与时间的显示。

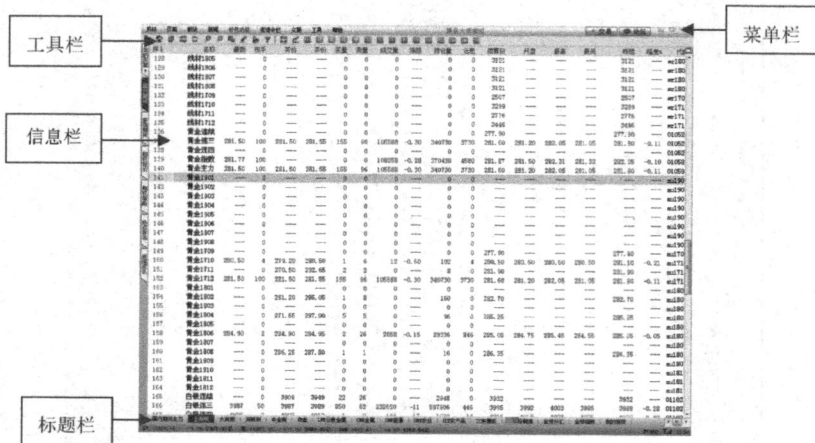

图 4-4 博易大师主操作页面

4.1.3 了解博易大师的操作技巧

投资者想要用好一款软件，只知道其基本的操作是不够的，还需要掌握一些更高级的操作技巧。

【案例分析】K 线功能

在工具栏中单击"日线"按钮，窗口会显示选中期货的K线走势图，如图4-5所示。

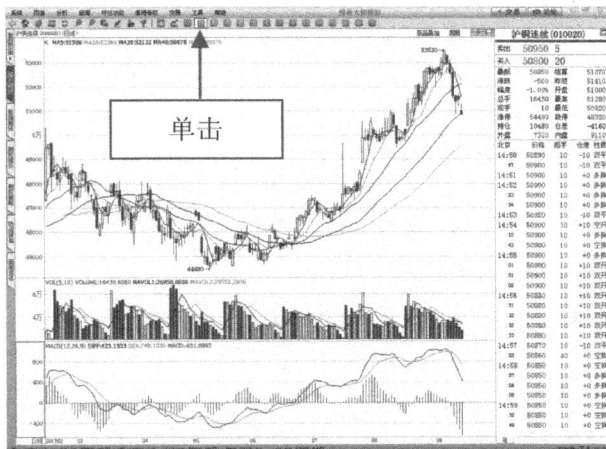

图 4-5　K 线图界面

在 K 线图的界面下，双击鼠标左键，即可出现十字光标，在 K 线图的左边会出现鼠标停留位置(一般是某一天)的开盘价、收盘价、最高价和最低价等信息。十字光标的竖线代表时间，在竖线最下方会有当前位置的日期显示；横线则代表价格，在横线的最右边会有鼠标位置的价格显示，如图 4-6 所示。

图 4-6　十字光标

【案例分析】分割窗口

分割窗口是比较实用的技巧，可以方便投资者对比多个期货品种的各种信息，具体步骤如下。

（1）在菜单栏里单击"页面"按钮，然后在弹出的菜单栏中选择"切分窗口"选项。

（2）选择"横切"或者"竖切"选项，如图4-7所示。

图4-7 "切分窗口"选项

（3）切分后，屏幕从中间一分为二，需要为每个窗口引入窗口属性。

（4）在新切分的空白窗口单击鼠标右键，在弹出的快捷菜单中选择"变换画面"选项。

（5）选择需要变换的画面，例如"分时图"或"K线图"等，如图4-8所示。

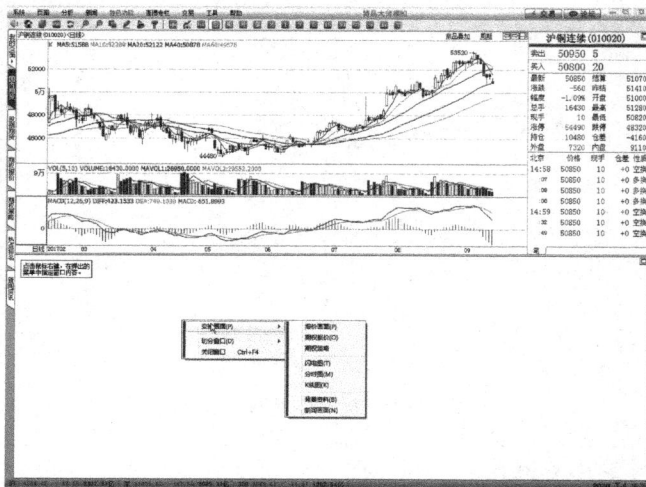

图4-8 "变换画面"选项

👉 **【案例分析】我的自选**

投资者可以将自己关注的期货品种加入到自选模块中。这样投资者在以后的看盘中，即可快速查看不同交易所的期货品种，其具体分以下几个步骤。

首先在自己关注的期货品种上面单击鼠标右键，在弹出的快捷菜单中，再选择"加入自选"|"我的板块"选项，如图4-9所示。然后，在工具栏选择模块选项，在弹出的下拉菜单中，选择"自选模块"|"我的版块"选项，如图4-10所示。

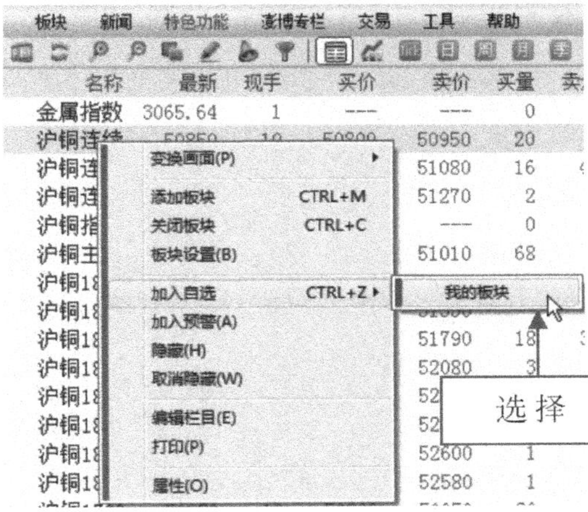

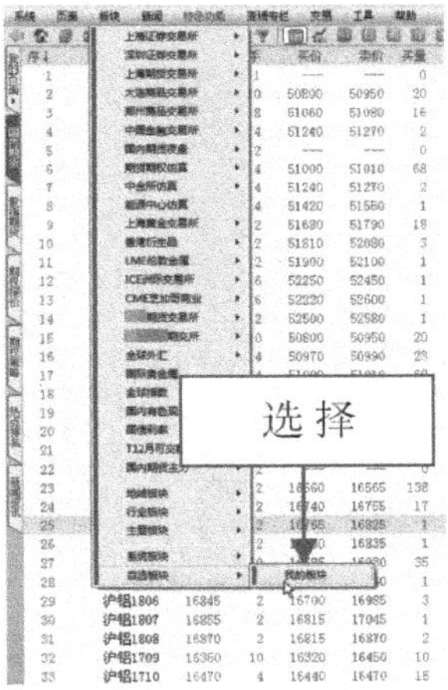

图4-9 选择"我的板块"（1）

图4-10 选择"我的板块"（2）

报价界面出现加入自选的期货品种，也就是自选模块，如图4-11所示。

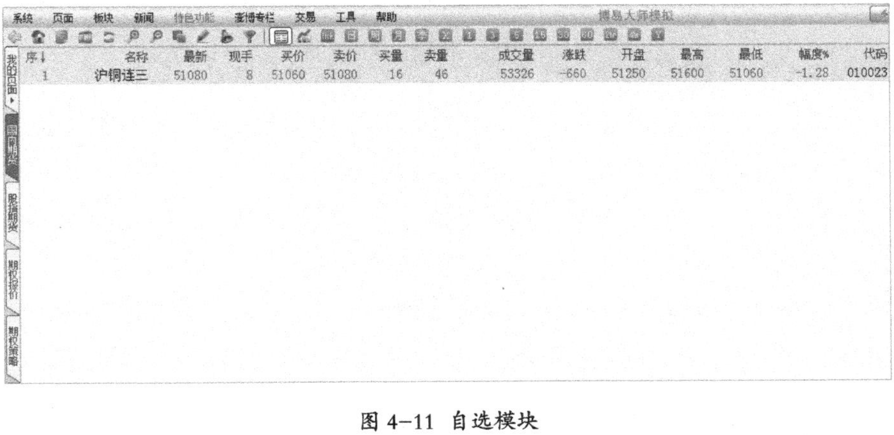

图4-11 自选模块

【案例分析】商品叠加

商品叠加可以使投资者更为直观地查看商品之间的价格比较。需要注意的是，商品叠加功能一次只能进行一种商品的叠加。如果投资者需要进行多商品比较的话，则需要多操作几次。商品叠加的操作方法是在K线画面上单击鼠标右键，在弹出的快捷菜单中选择"商品叠加"选项，之后会弹出相应对话框，在左侧选择需要加入比较的期货品种或指数即可，如图4-12所示。

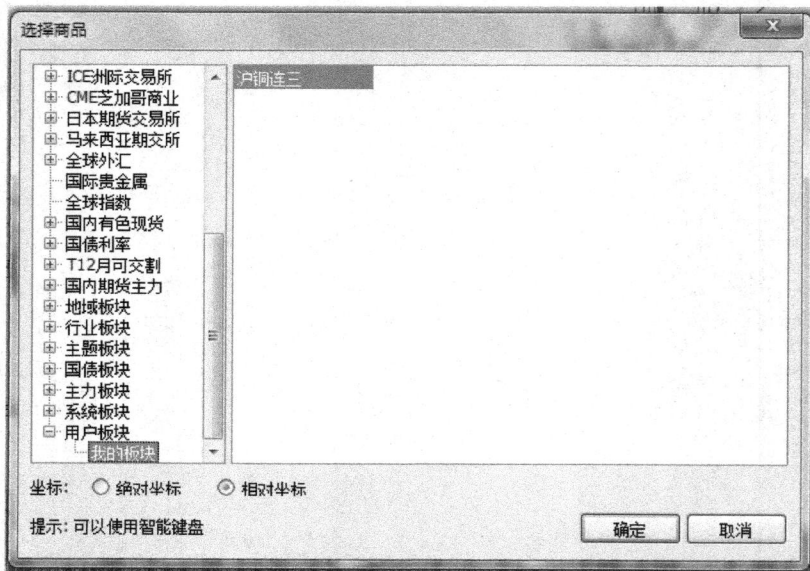

图4-12 "选择商品"对话框

【案例分析】套利分析

"博易大师"可以直接为投资者进行套利分析。投资者进入K线图画面后，按以下步骤操作即可。

（1）在K线画面上单击鼠标右键，在弹出的快捷菜单中选择"套利分析"选项。

（2）弹出操作菜单，可以选择需要套利的商品。例如，在沪铜连1810合约的K线图画面下，选择沪铜连续合约进行套利分析，如图4-13所示。

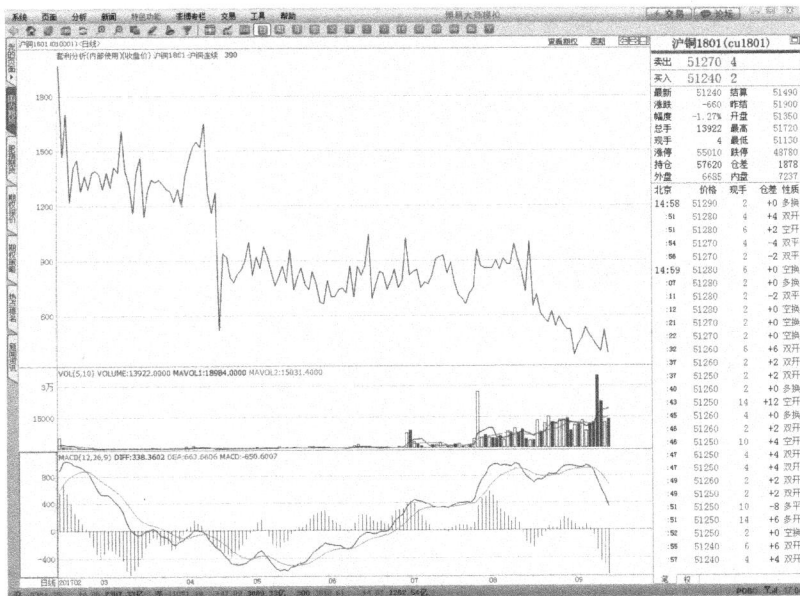

图 4-13 套利分析

4.2 网上投资，网上银行与平台

除了期货投资的软件工具外，大部分银行的网上个人银行也有不少期货理财产品。本节将详细介绍初学者必须掌握的网上期货投资的基础知识和操作方法，并对初学者在使用网上银行投资期货时经常会遇到的问题进行指导。

4.2.1 网上银行——便捷的期货投资

网上银行是指银行向客户提供开户、查询、转账、证券、投资理财等服务项目的网络银行，属于银行在互联网上开设的虚拟柜台。在投资期货方面，网上银行是投资者不可忽视的重要平台。随着网络的发展，网上银行几乎可以帮助投资者完成大部分涉及期货投资的操作。对投资者而言，其利用网上银行投资期货，将会让期货投资变得更加快捷、方便。

需要注意的是，网上银行并不是银行的互联网官网，两者在功能的全面性和专业性上有所不同：官网平台属于任何人都可以进入的平台，而网上银行属于投资者的银行卡管理平台。

虽然市面上的网上银行比较多，但各大银行的信用卡核心功能都比较类似，因此，本书将以用户数量相对较大的工商银行为例，讲解期货投资在网上银行上的相关操作方法和使用技巧。

【案例分析】集中式银期转账业务的注册

集中式银期转账业务是指银行和期货公司通过网络连接双方的操作系统，投资者可以在期货公司与银行授权的有关账户之间进行资金的相互划转的业务。银行提供的这个业务为期货投资者带来了极大的便利。

集中式银期转账业务需要投资者在网上银行上开通注册后才可以使用，而具体的注册流程如下。

（1）登录中国工商银行网上银行，在"全部"导航栏的下拉选项中选中"基金、证券、期货"一栏，然后单击下拉菜单中的"集中式银期注册"，如图4-14所示。

（2）进入"集中式银期注册"页面，仔细阅读服务协议后，勾选同意协议选项，并单击"下一步"按钮，如图4-15所示。

（3）进行上述操作后进入信息填写界面，填写好相关信息后，单击"下一步"按钮，如图4-16所示。

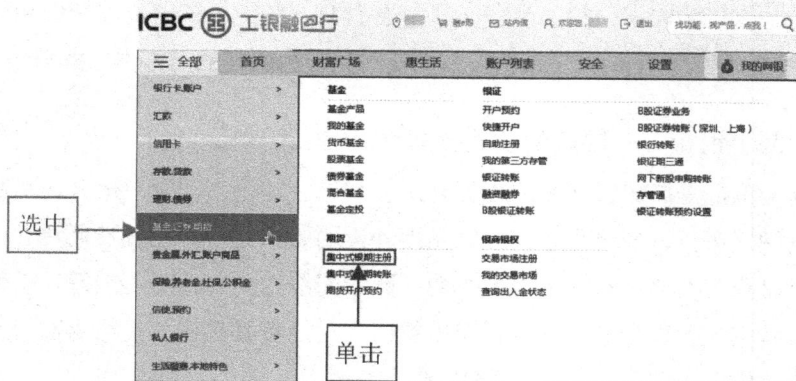

图4-14 单击"集中式银期注册"

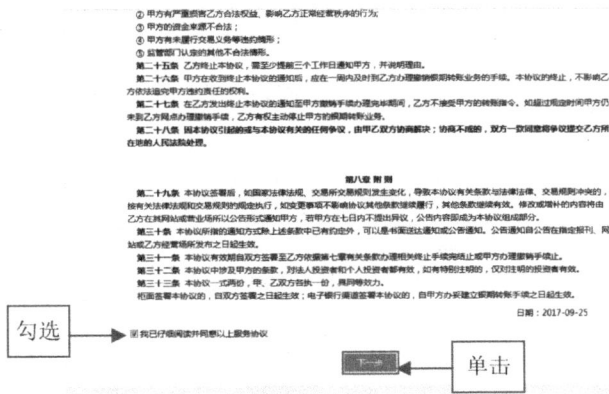

图 4-15 勾选同意选项并单击"下一步"按钮

图 4-16 填写相关信息并单击"下一步"按钮

进行上述操作后进入信息确认界面，确认好相关信息后单击"确认"按钮，如图 4-17 所示。

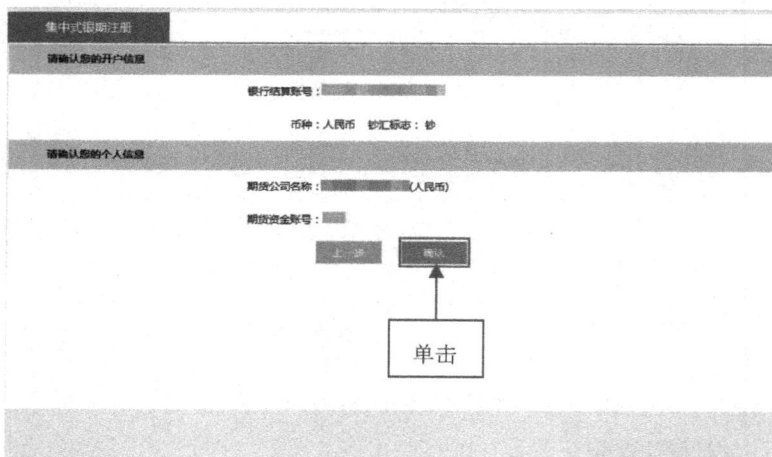

图 4-17 单击"确认"按钮

执行上述操作后，如果页面跳转至"交易成功"页面，就表示注册完成了，如图 4-18 所示。

图 4-18 "交易成功"界面

👉 【案例分析】集中式银期转账的基本操作

"集中式银期转账"可以让期货交易的资金结算过程更加便捷，其主要业务模式如图 4-19 所示。

图4-19 "集中式银期转账"业务模式

1. 集中式银期转账注册变更

投资者可以通过网上银行非常方便地变更集中式银期转账业务的银行结算账户，也可以解除其银行结算账户和期货资金账号的对应关系，具体操作方法如下。

（1）在"网上期货"页面单击左侧导航栏中的"集中式银期转账注册变更"链接进入其页面，单击"变更银行账户"链接。

（2）核对相应信息，选择新的银行结算账户，单击"确定"按钮，之后插入U盾，并输入U盾密码确认交易即可。

专家提醒 需要注意的是，注销集中式银期转账业务，会对投资者的银期转账交易产生直接影响，进而可能影响投资者的期货交易，因此，投资者必须慎重选择。

（3）返回"集中式银期转账注册变更"页面，单击"注销"链接进入其页面，输入期货交易资金账号和密码。

（4）单击"确认"按钮，之后插入U盾并输入U盾密码确认交易，即可成功注销集中式银期转账业务。

2. 银行转期货公司

个人投资者、机构投资者可以通过网上银行，将期货资金从个人结算账户转账至期货公司的期货资金账户。在"网上期货"页面单击左侧导航栏中的"银行转期货公司"链接进入其页面，首先选择需要进行"银行转期货公司"交易的银期转账记录，然后单击"转账"链接再输入转账金额，完成交易。

> **专家提醒**
> "银行转期货公司"业务的具体收费标准可与期货公司协议约定，相关规定如下。
> （1）异地转账：个人投资者需缴纳汇划手续费和转账手续费。
> （2）同城转账：缴纳转账手续费。

3. 期货公司转银行

投资者可以通过网上银行，将其在期货公司的期货资金从期货公司保证金账户转账至银行结算账户。在"网上期货"页面单击左侧导航栏中的"期货公司转银行"链接进入其页面，首先选择需要进行"期货公司转银行"交易的银期转账记录，然后单击"转账"链接，再输入转账金额，完成交易。

如果投资者在异地进行转账，则由期货公司指定的结算账户支付汇划手续费。

4. 查询银期转账明细

投资者可以通过网上银行查询投资者历史银期转账明细，具体操作方法如下。

（1）在"网上期货"页面单击左侧导航栏中的"转账明细查询"链接进入其页面，单击"查询"按钮。

（2）设置查询的开始时间和截止时间。

（3）单击"确定"按钮，即可查看银行流水号、交易时间、指令类型、交易金额、币种、手续费等信息，还可以打印和下载转账明细。

（4）投资者如果要查询转账指令的详细信息，可以单击该指令的银行流水号。

> **专家提醒**
> 需要注意的是，银期转账交易有受理时间的限制，通常为9:00～15:30，投资者在其他时间执行该操作可能会出现交易不成功的情况。

5. 集中式银期转账注册

投资者可以通过网上银行注册集中式银期转账业务，具体操作方法如下。

（1）在"网上期货"页面单击左侧导航栏中的"集中式银期转账注册"链接进入其页面，选择相应的期货公司。

（2）单击"确定"按钮，阅读中国工商银行集中式银期转账业务服务协议，并在协议下方单击"接受协议"按钮。

（3）集中式银期转账业务注册需要建立投资者银行结算账户和期货资金账户的对应关系，依次设置选择集中式银期转账的银行账户、期货公司名称、期货资金账号、营销代码，单击"注册"按钮即可。

👉【案例分析】期货账户开户预约的基本操作

工商银行网上银行为投资者提供了在线提交期货账户开户预约业务，投资者只需提供相关的申请信息，如基本身份信息和联系地址、电话等，银行会将这些信息实时传递给期货公司。期货公司接受资料后会受理投资者的开户业务，并且会派出专职业务人员联系投资者，协商办理具体的期货账户开户业务。

1. 期货账户开户预约

投资者可以通过网上银行向自己感兴趣的期货公司提出开户预约申请，具体操作方法如下。

在工商银行首页导航栏中单击"全部"选项，如图4-20所示。

图4-20 单击"全部"选项

执行上述操作后，页面跳转至导航菜单页面，在此页面中找到"基金、证券、期货"一栏，单击其中的"期货开户预约"链接，如图4-21所示。

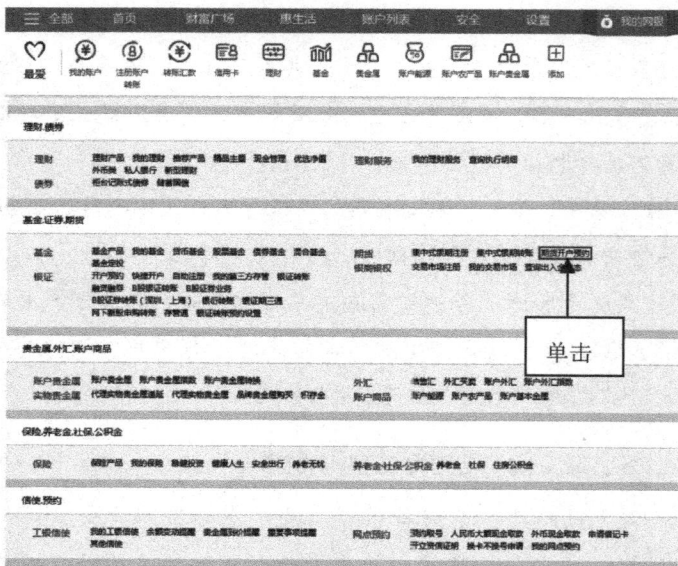

图 4-21 单击"期货开户预约"链接

执行上述操作后，进入"期货开户预约"界面，选择期货公司，并在阅读完《中国工商银行个人投资者集中式银期转账开户预约业务协议书》后，勾选同意选项，然后单击"下一步"按钮，如图 4-22 所示。

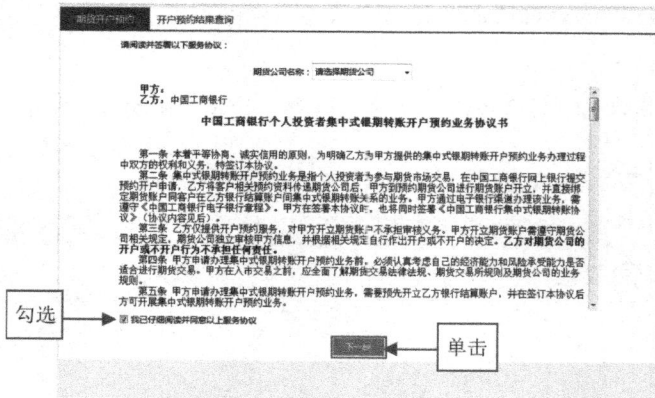

图 4-22 勾选同意选项并单击"下一步"按钮

执行上述操作后，进入风险说明确认界面，并在阅读完《中国工商银行个人投资者集中式银期转账开户预约业务风险说明书》后，勾选同意选项，然后单击"下一步"按钮，如图 4-23 所示。

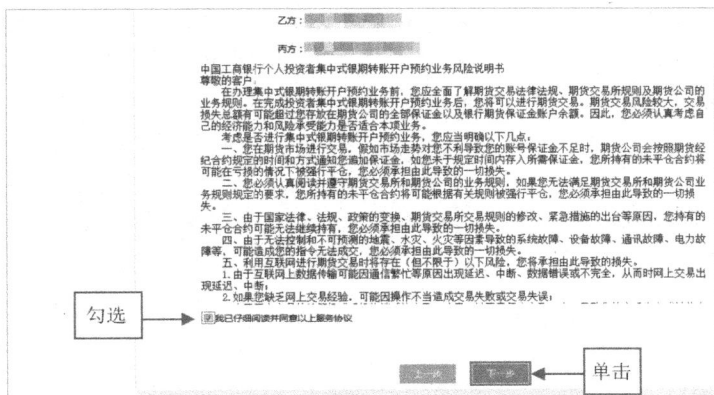

图4-23 勾选同意选项并单击"下一步"按钮

执行上述操作后，进入信息填写确认界面，在填写确认好相关信息后，单击"下一步"按钮，即可完成开户预约，如图4-24所示。

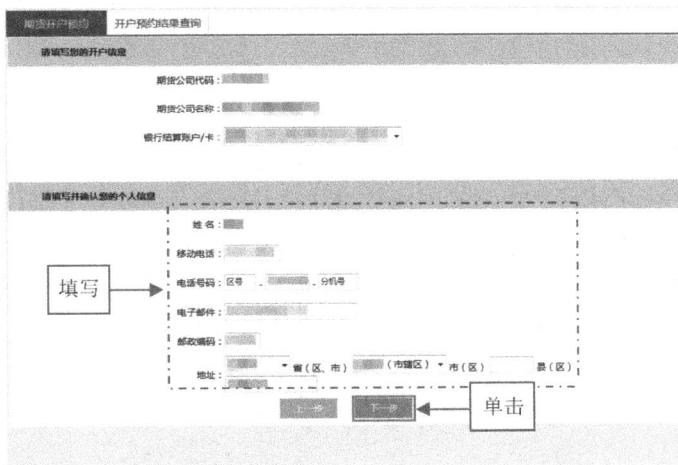

图4-24 单击"下一步"按钮

2. 开户预约结果查询

当成功预约期货开户业务后，投资者可以通过网上银行查询提交的开户预约申请的处理结果：在"期货开户预约"页面单击左侧导航栏中的"开户预约结果查询"链接进入其页面，然后设置查询起止日期，接着单击"查询"按钮即可，如图4-25所示。

　　另外，如果投资者的预约申请被期货公司成功受理，投资者也可以自己主动联系期货公司，咨询开户业务的办理情况。如果预约申请处理失败，则投资者可以通过网上银行重新提交期货账户开户预约。

图 4-25 "开户预约结果查询"页面

4.2.2 期货投资门户网站

　　对于投资者来说，各种期货投资门户网站也是其必须经常关注的。通过这些网站，投资者可以查看期货行情的实时报价、走势图、K线等重要投资信息。

☞【案例分析】和讯期货网

　　和讯期货网提供各种期货产品的内盘期市行情、外盘期市行情以及期货工具箱等多种分析工具，如图4-26所示。

图 4-26 和讯期货网界面

在期货走势图区域，投资者可以切换查看分时、日线、周线、月线、季线、年线等不同周期的走势分析，如图 4-27 所示。

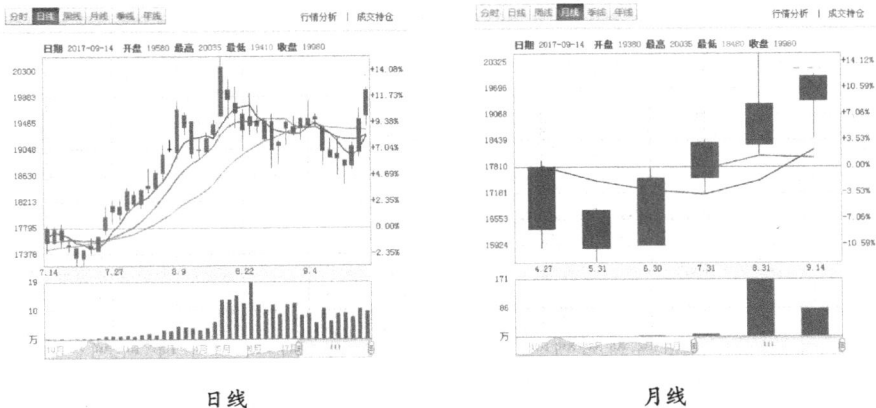

日线   月线

图 4-27 不同周期的期货产品走势分析

投资者可以通过分时线分析当天的期货走势，设置 5 分时线、15 分时线、30 分时线、60 分时线、日线、周线等不同周期，同时还可以查看盘口动态、成交明细、走势对比等相关信息，如图4-28所示。

图 4-28 分时线走势分析

投资者可以通过和讯期货网查看期货产品的成交持仓、持仓结构、建仓过程、持仓均价、盈亏分析、会员简介等信息，如图4-29所示。

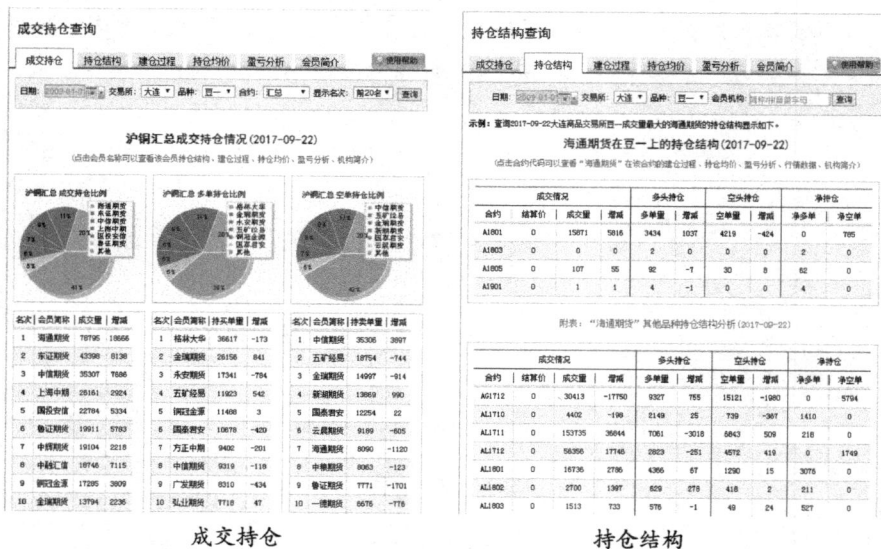

成交持仓 　　　　　　　　　　　　　　　　持仓结构

图 4-29 成交持仓相关信息查询

在和讯行情中心，投资者可以查看国内期货市场（内盘期货市场行情）和国际期货市场（外盘期货市场行情）的期货数据排行。

（1）国内期货市场：包括和讯期货指数、大连商品交易所、郑州商品交易所、上海期货交易所、中国金融期货交易所、期货指数、北大汇丰指数、北大光华富邦商品指数、合约历史数据查询等，如图 4-30 所示。

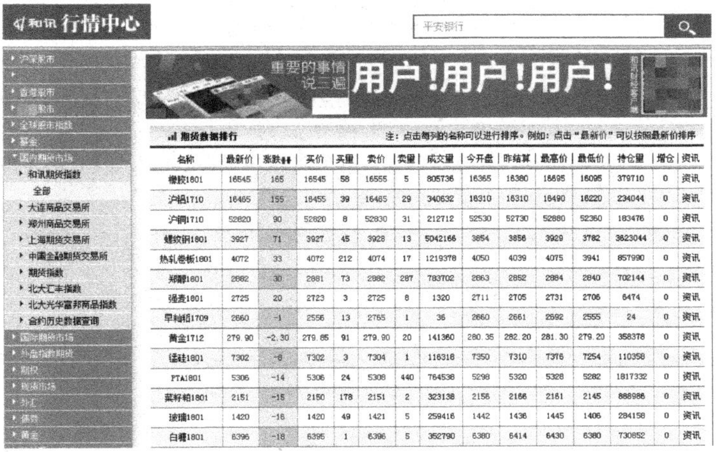

名称	最新价	涨跌	买价	买量	卖价	卖量	成交量	今开盘	昨结算	最高价	最低价	持仓量	增仓	资讯
橡胶1801	16545	165	16545	58	16555	5	805736	16365	16380	16695	16095	379710	0	资讯
沪铝1710	16465	155	16455	39	16465	29	340632	16310	16310	16490	16220	234044	0	资讯
沪铜1710	52820	90	52820	8	52830	31	212712	52530	52730	52880	52360	183476	0	资讯
螺纹钢1801	3927	71	3927	45	3928	13	5042166	3854	3856	3929	3782	3623044	0	资讯
热轧卷板1801	4072	33	4072	212	4074	17	1219378	4050	4039	4075	3941	857990	0	资讯
郑醇1801	2882	30	2881	73	2882	287	783702	2863	2852	2884	2840	702144	0	资讯
强麦1801	2725	20	2723	3	2725	8	1320	2711	2705	2731	2706	6474	0	资讯
早籼稻1709	2660	-1	2556	13	2765	1	36	2660	2661	2692	2555	24	0	资讯
黄金1712	279.90	-2.30	279.85	91	279.90	20	141360	280.35	282.20	281.30	279.20	358378	0	资讯
锰硅1801	7302	-8	7302	3	7304	1	116318	7350	7310	7376	7254	110358	0	资讯
PTA1801	5306	-14	5306	24	5308	440	764538	5298	5320	5328	5282	1817332	0	资讯
菜籽粕1801	2151	-15	2150	178	2151	2	323138	2156	2166	2161	2145	888986	0	资讯
玻璃1801	1420	-16	1420	49	1421	5	259416	1442	1436	1445	1406	284158	0	资讯
白糖1801	6396	-18	6395	1	6396	5	352790	6380	6414	6430	6380	730852	0	资讯

图 4-30 国内期货市场的期货数据排行

（2）国际期货市场：包括芝加哥期货交易所、纽约商品交易所、日本东京工业品交易所、纽约期货交易所、纽约商业交易所、洲际交易所等期货数据排行信息等，如图 4-31 所示。

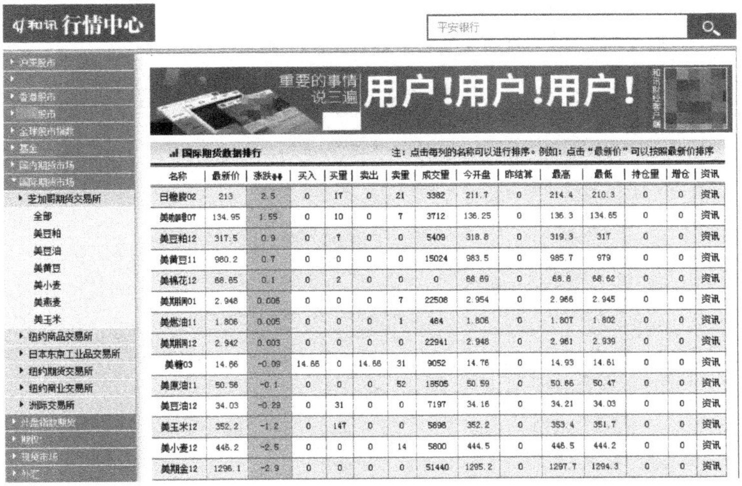

名称	最新价	涨跌	买入	买量	卖出	卖量	成交量	今开盘	昨结算	最高	最低	持仓量	增仓	资讯
日橡胶02	213	2.5	0	17	0	21	3382	211.7	0	214.4	210.3	0	0	资讯
美咖啡07	134.95	1.55	0	10	0	7	3712	136.25	0	136.3	134.65	0	0	资讯
美豆粕12	317.5	0.9	0	7	0	0	5409	318.8	0	319.3	317	0	0	资讯
美黄豆11	980.2	0.7	0	0	0	0	15024	983.5	0	985.7	979	0	0	资讯
美棉花12	68.65	0.1	0	2	0	0	0	68.69	0	68.8	68.62	0	0	资讯
美期铜01	2.948	0.006	0	0	0	7	22508	2.954	0	2.966	2.945	0	0	资讯
美燃油11	1.806	0.005	0	0	0	1	464	1.806	0	1.807	1.802	0	0	资讯
美期铜12	2.942	0.003	0	0	0	0	22941	2.948	0	2.961	2.939	0	0	资讯
美糖03	14.66	-0.09	14.66	0	14.68	31	9052	14.76	0	14.93	14.61	0	0	资讯
美原油11	50.56	-0.1	0	0	0	52	18505	50.59	0	50.66	50.47	0	0	资讯
美豆油12	34.03	-0.29	0	31	0	0	7197	34.16	0	34.21	34.03	0	0	资讯
美玉米12	352.2	-1.2	0	147	0	0	5896	352.2	0	353.4	351.7	0	0	资讯
美小麦12	446.2	-2.5	0	0	0	14	5800	444.5	0	446.5	444.2	0	0	资讯
美期金12	1296.1	-2.9	0	0	0	0	51440	1295.2	0	1297.7	1294.3	0	0	资讯

图 4-31 国际期货市场的期货数据排行

在期货工具箱中，和讯期货网提供了面积长度温度换算、棕榈油换算、豆类换算、金属换算、原油换算、棉花换算、玉米换算、PTA换算、小麦换算、橡胶换算、黄金换算等期货投资工具，如图4-32所示。

图 4-32 期货工具箱

图 4-33 所示为面积长度温度换算工具，包括面积换算、长度换算、温度换算等单位换算方法。

图 4-33 面积长度温度换算工具

除了基本的期货计算器工具外，和讯期货网还提供了交易所库存、CFTC 持仓查询、操作建议、研究报告、在线答疑、高清组图等功能。

（1）交易所库存：可以快速查询相应交易所的产品库存数据，如图 4-34 所示。

（2）CFTC 持仓查询：可以快速查询 CFTC（U.S. Commodity Futures Trading Commission，美国商品期货委员会）的期货持仓数据，如图 4-35 所示。

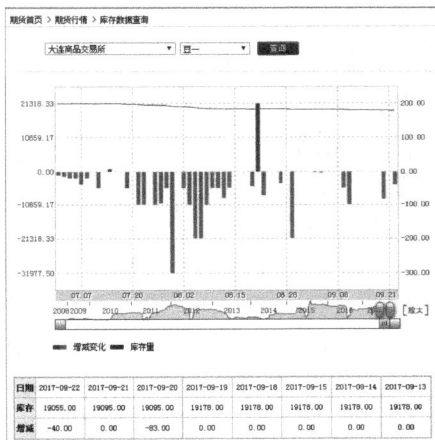

图 4-34 交易所库存查询

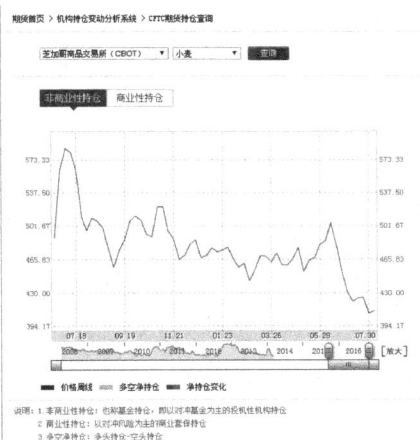

图 4-35 CFTC 持仓查询

（3）操作建议：由专家团队实时更新各种期货产品的操作建议，投资者可以通过评论交流进行互动，如图 4-36 所示。

图 4-36 操作建议

（4）研究报告：提供各种期货产品的研究报告，内容包括策略描述、操作建议、因素分析、风险点等。

（5）在线答疑：由多名有丰富研究和实战经验的分析师专家解答网友问题。

（6）高清组图：包括各种经典的期货走势分析图形，如图4-37所示。

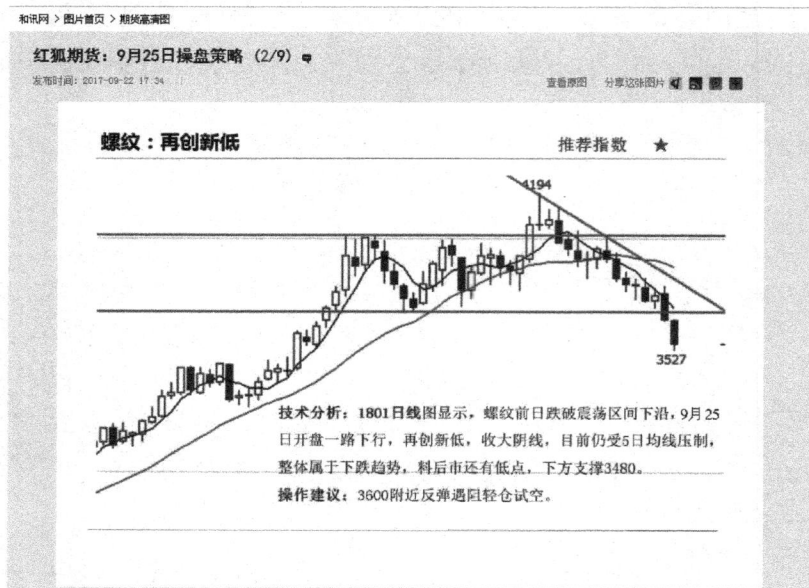

图 4-37 高清组图

4.3 和讯期货，把握市场投资先机

和讯期货APP成了很多期货投资者手机中的必装应用，它不但为投资者带来实时、全面、动态、全方位的期货市场报道，而且还为投资者提供了及时、敏锐、细致、详细的资讯信息，以帮助投资者把握期货市场投资先机。

4.3.1 行情中心，掌握瞬息万变的期货行情

和讯期货APP除基本的图表分析功能外，更独有和讯期货持仓分析及操作建议功能，是投资者进行期货交易不可或缺的好帮手。

☞ 【案例分析】通过 APP 搜索期货产品

投资者使用和讯期货 APP 可以快速找到各种期货产品。首先在界面最上方
单击搜索图标🔍，如图 4-38 所示。然后进入搜索界面，投资者可以通过输入期
货名称、简拼或者代码的方式，搜索期货产品。例如，输入玻璃 1709 的产品代
码 "FG1 709"，即可搜索到该期货产品，接着，单击下方的 "搜索结果" 按钮，
如图 4-39 所示；进入详情界面，如图 4-40 所示。

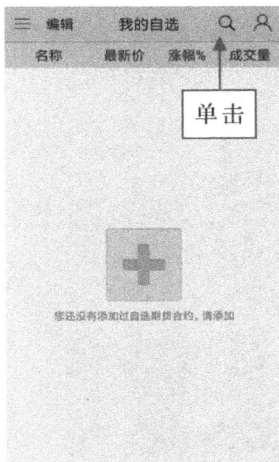

图 4-38 单击搜索图标　　图 4-39 搜索期货产品　　图 4-40 玻璃 1709 详情界面

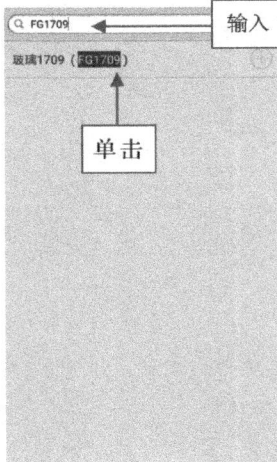

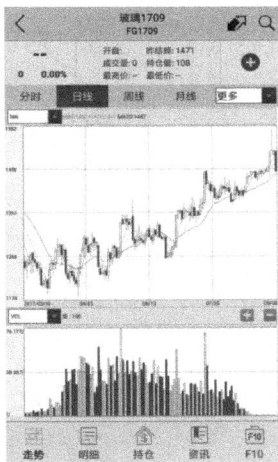

☞ 【案例分析】通过 APP 查看期货走势

投资者使用和讯期货 APP 查看期货走势的具体操作方法如下。

（1）在期货产品的详情界面，可以查看分时、日线、周线和月线 4 种周
期走势，如图 4-41 所示。

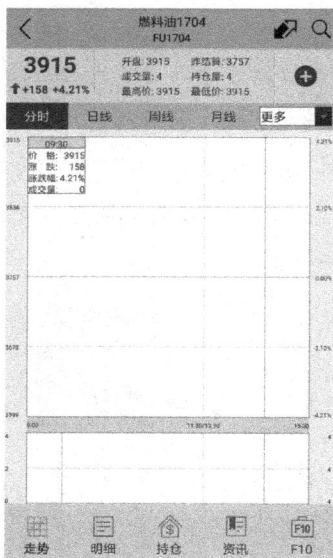
分时

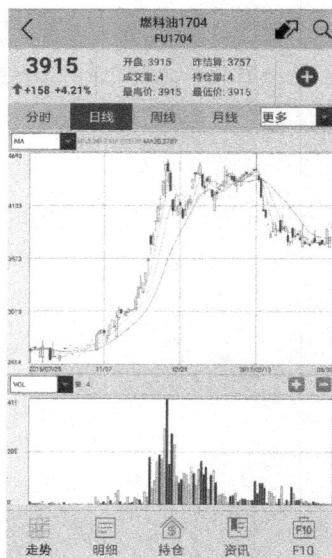
日线

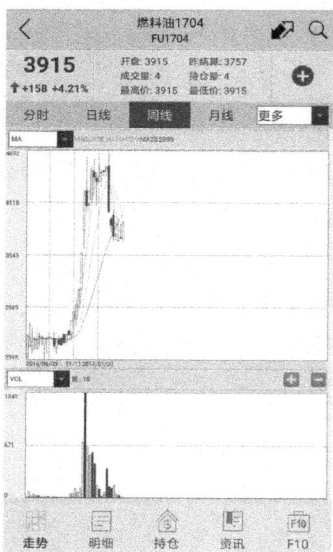
周线

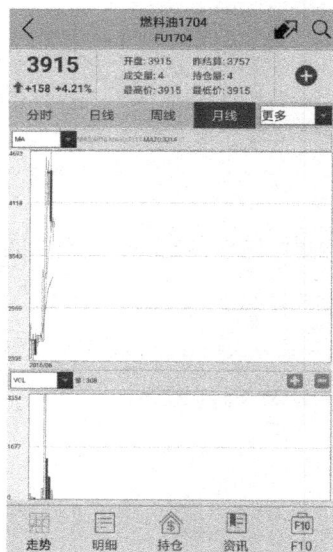
月线

图 4-41 不同周期的走势图

（2）单击"更多"按钮，弹出"K线周期"菜单，如图 4-42 示，可以选择查看 1 分钟、5 分钟、15 分钟、30 分钟以及 60 分钟等不同周期的 K 线图。例如，选择"60 分钟"选项，即可查看 60 分钟 K 线图走势，如图 4-43 所示。

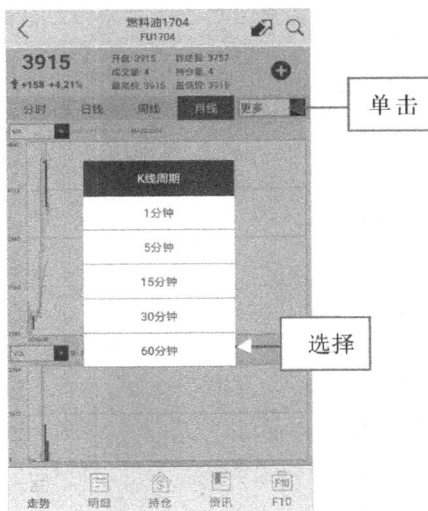

图 4-42 "K 线周期"菜单

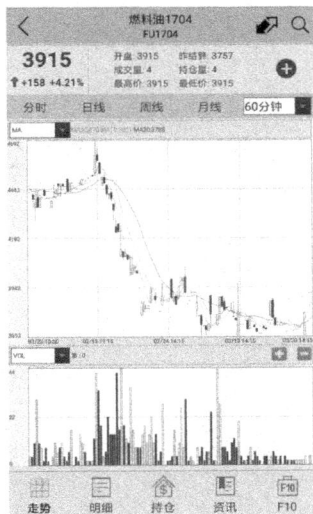

图 4-43 60 分钟 K 线图走势

（3）单击走势图左上角的 MA 按钮，弹出"主图指标"菜单，可以选择 MA、SAR、BOLL 等主图指标，如图 4-44 所示。例如，选择 BOLL 选项，即可应用布林线指标，如图 4-45 所示。

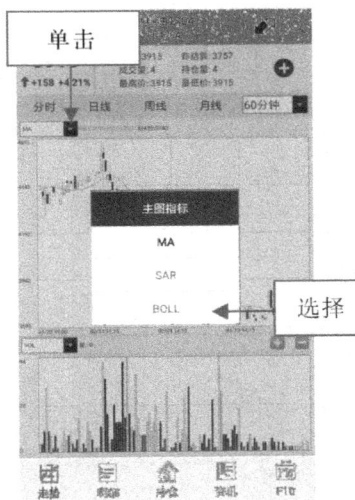

图 4-44 "主图指标"菜单

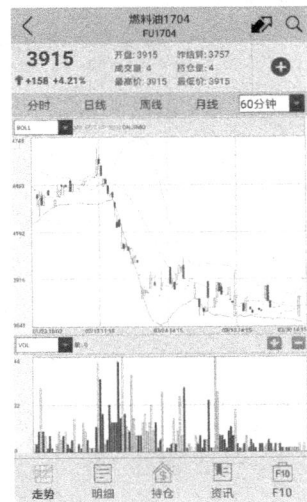

图 4-45 应用布林线指标

（4）单击 VOL 按钮，在弹出的"技术指标"菜单中，可以选择 VOL、

MACD、DMI、RSI、KDJ、W%R、BIAS、CCI、ROC 等技术指标，如图 4-46 所示。例如，选择 MACD 选项，即可在副图窗格中应用指数平滑移动平均线指标，如图 4-47 所示。

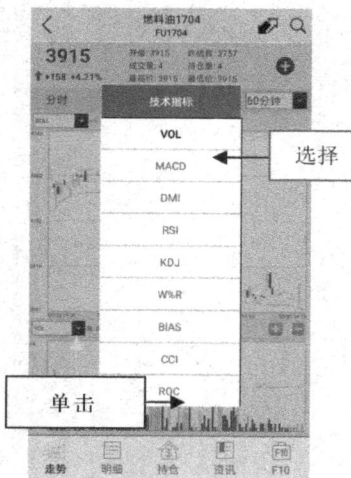

图 4-46 "技术指标"菜单

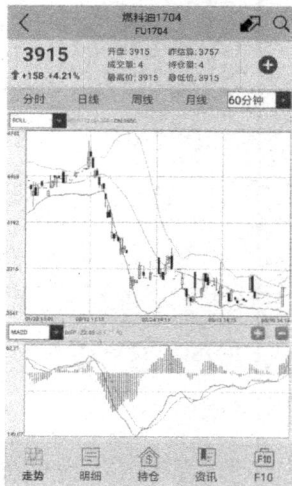

图 4-47 应用指数平滑移动平均线指标

（5）在主图窗口中，左右滑动屏幕，即可切换并查看不同时间段的走势图，如图 4-48 所示。

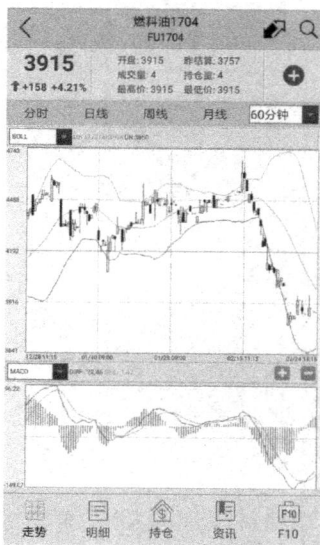

图 4-48 切换查看不同时间段的走势图

（6）单击主图窗口右下角的"＋"号或"—"号按钮，可以放大或者缩小走势图的显示区域，如图4-49所示。

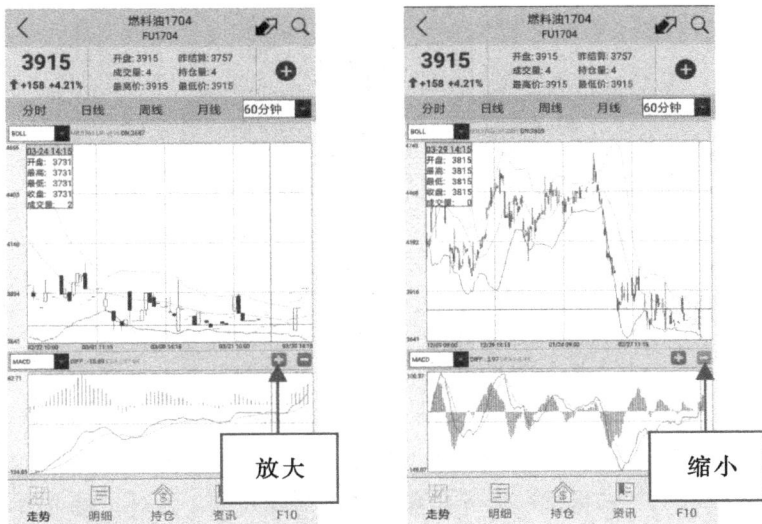

图 4-49 调整走势图的大小

👉 【案例分析】通过 APP 添加自选

下面介绍使用和讯期货APP添加自选期货的具体操作方法。

（1）打开和讯期货APP，登录主界面，选择相应的交易所产品，如"大商所"，之后选择产品类目和产品名称，如依次单击选择"玉米"→"玉米连续"选项，分别如图4-50和图4-51所示。

图 4-50 选择相应的交易所产品

图 4-51 选择"玉米连续"选项

（2）执行上述操作后，即可打开期货产品走势界面，单击右上角的⊕按钮，如图 4-52 所示，即可将当期选择的期货产品加入自选。同时，⊕按钮变成⊖按钮，如图 4-53 所示。

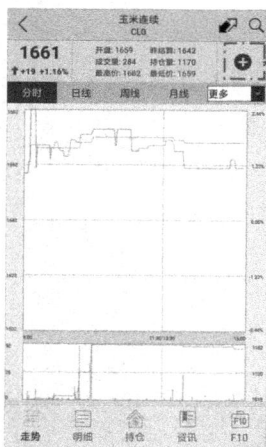

图 4-52 单击⊕按钮

图 4-53 提示成功添加自选期货

【案例分析】通过 APP 查看成交明细

下面介绍使用和讯期货 APP 查看成交明细的具体操作方法。

进入相应期货产品的详情走势界面，单击底部的"明细"按钮，如图 4-54 所示。执行操作后，即可查看详细的成交情况、一档行情、成交明细等数据，如图 4-55 所示。

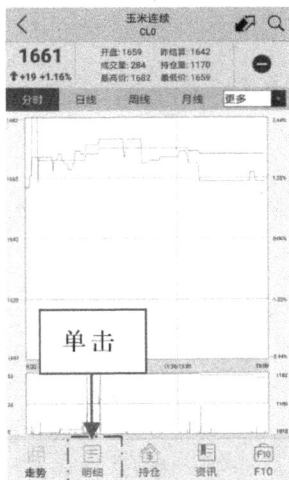

图 4-54 单击"明细"按钮

图 4-55 查看详细数据

☞ 【案例分析】通过 APP 查看持仓情况

下面介绍使用和讯期货 APP 查看成交明细的具体操作方法。

（1）进入相应期货产品的详情走势界面，单击底部的"持仓"按钮，如图 4-56 所示。执行操作后，即可查看"成交持仓"详情，包括名次、会员简称、成交量和减增数据，单击会员简称，如图 4-57 所示。

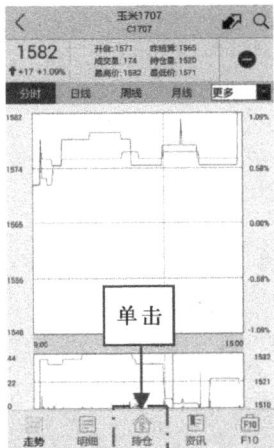

图 4-56 单击"持仓"按钮

图 4-57 查看"成交持仓"详情

（2）执行上述操作后，即可查看该会员的成交情况和持仓结构，如图 4-58

所示。单击"建仓过程"按钮，即可查看该会员的建仓趋势图，如图4-59所示。

图4-58 会员的成交情况和持仓结构

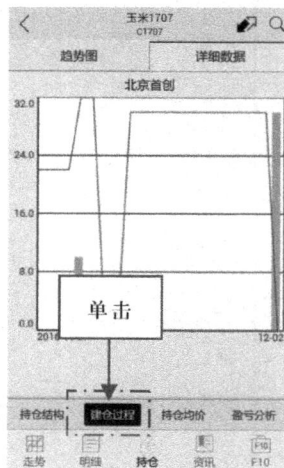

图4-59 建仓趋势图

（3）单击"详细数据"标签切换至该界面，即可查看该会员建仓过程中的详细成交情况，如图4-60所示。单击"成交情况"下拉按钮，在弹出的菜单中可以选择查看多头持仓、空头持仓、净持仓等详情，如图4-61所示。

图4-60 "详细数据"界面

图4-61 其他持仓数据菜单

（4）选择"多头持仓"选项，即可查看投资者买入期货合约后投资者的持仓情况，如图4-62所示。选择"空头持仓"选项，即可查看卖出期货合约后投资者的持仓情况，如图4-63所示。

图 4-62 查看"多头持仓"

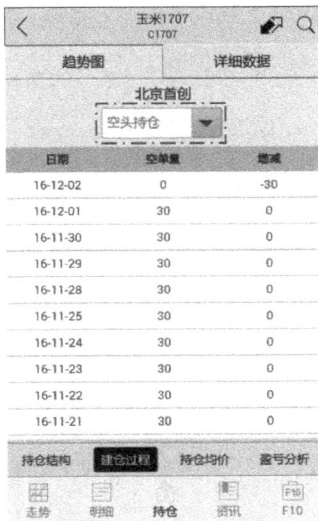

图 4-63 查看"空头持仓"

（5）选择"净持仓"选项，即可查看净多单和净空单（即多单与空单相抵后的数量），如图 4-64 所示。单击底部的"持仓均价"按钮进入其界面，可以查看持仓均价的估算值趋势图和详细数据，如图 4-65 所示。

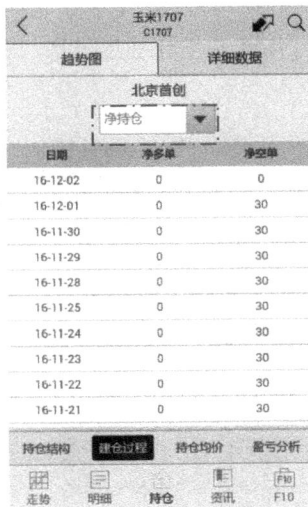

图 4-64 查看"净持仓"

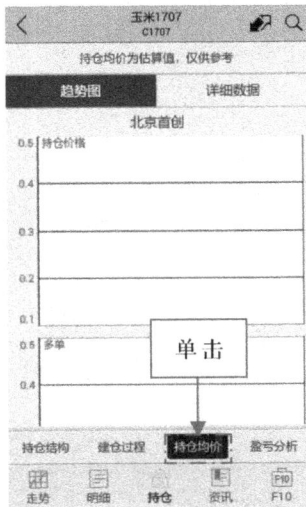

图 4-65 查看"持仓均价"

（6）单击底部的"亏盈分析"按钮进入其界面，可以查看亏盈的估算值趋势图和详细数据，如图 4-66 所示。

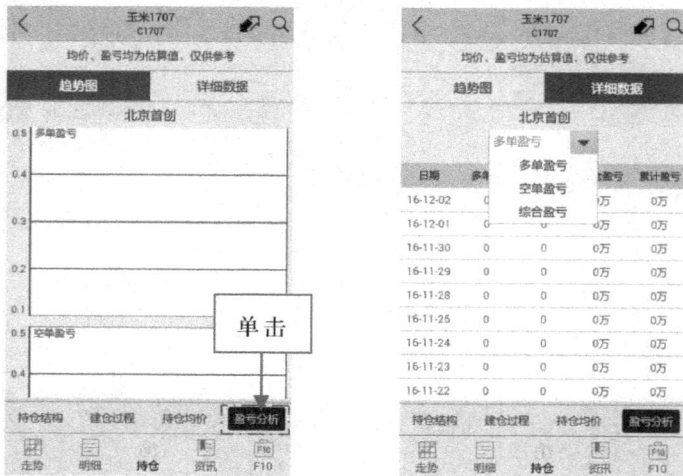

图 4-66 亏盈的估算值趋势图和详细数据

👉 **【案例分析】通过 APP 查看品种和行业资讯**

下面介绍使用和讯期货 APP 查看品种和行业资讯的具体操作方法。

（1）进入相应期货产品的详情走势界面，单击底部的"资讯"按钮进入"品种资讯"界面，如图 4-67 所示。单击标题即可查看相应的资讯详情，如图 4-68 所示。

图 4-67 "品种资讯"界面

图 4-68 查看品种资讯详情

（2）切换至"行业资讯"界面，单击相应的资讯标题，如图4-69所示。
执行操作后，即可查看行业资讯详情，如图4-70所示。

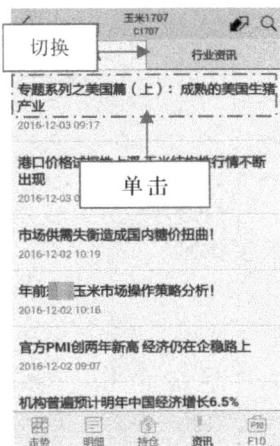

图4-69　"行业资讯"界面

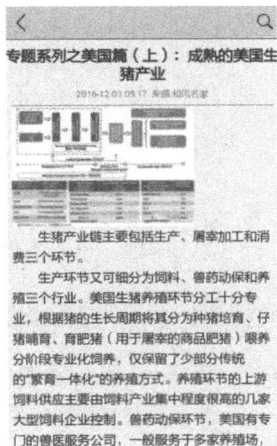

图4-70　查看行业资讯详情

【案例分析】通过APP查看F10行情信息

单击期货产品的详情走势界面右下角的"F10"按钮，即可查看F10行情信息，包括交易品种、交易代码、起始日期、终止日期、交易单位、报价单位、最低保证金、交易手续费、上市交易所、交割日期、品种概况、性能用途、相关品种、影响因素等信息，如图4-71所示。

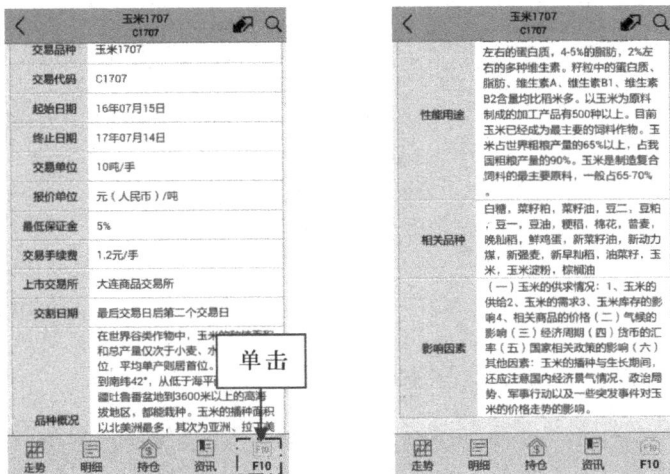

图4-71　查看F10行情信息

4.3.2 操作策略，轻松实现赚钱目标

在"操作策略"界面中，和讯期货 APP 为投资者提供了多种功能，可以帮助投资者轻松实现赚钱目标，具体如图 4-72 所示。

图 4-72 和讯期货 APP 提供的功能

下面以专家建议和焦点透视为例，进行相关讲解。

【案例分析】查看专家操作建议

在和讯期货 APP 的左侧菜单中单击"操作策略"按钮进入"操作建议"界面，如图 4-73 所示。这里集合了交易所平台、专家平台、机构平台，强大的专家阵容、卓越的机构队伍，为投资者分析市场、把握投资机遇提供权威、精确的参考。单击相应的标题，投资者即可查看具体的专家操作建议内容，如图 4-74 所示。

图 4-73 "操作建议"界面

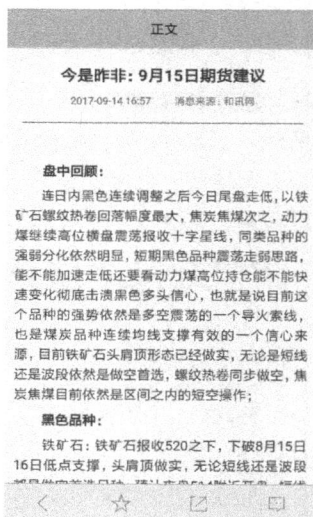

图 4-74 查看具体的专家操作建议内容

【案例分析】焦点透视，把握买卖点

"焦点透视"主要是对期货投资者普遍关心的问题进行揭露和剖析的，以让投资者知晓期货行业的基本面动态，把握其中的买卖点。图 4-75 所示为"焦点透视"界面及其相关内容。

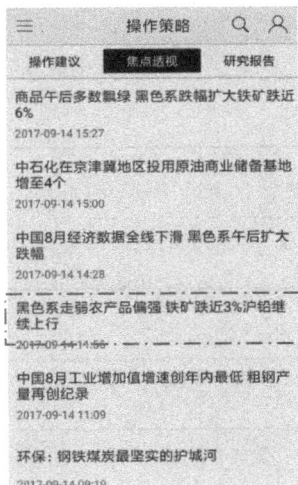

图 4-75　"焦点透视"界面及其相关内容

【案例分析】研究报告，洞悉期货大数据

"研究报告"主要是期货相关的行业投资决策者和主管机关审批的研究性报告，其通过独特的看法、创新的见解和严密的逻辑，以及图表、统计结果和各种文献资料，帮助投资者洞悉期货大数据，把握期货市场的投资先机。图 4-76 所示为"研究报告"界面及其相关内容。

图 4-76　"研究报告"界面及其相关内容

4.3.3 委托交易，手机随时随地可投资

投资者可以使用和讯期货 APP 进行委托交易，下面将介绍具体的方法。

👉 **【案例分析】添加常用期货公司**

下面介绍使用和讯期货 APP 添加常用期货公司的具体操作方法。

（1）在和讯期货 APP 的左侧菜单中单击"委托交易"按钮进入其界面，如图 4-77 所示。单击中间的"＋"按钮后，进入"添加期货公司"界面，这时，投资者可以单击界面右侧的首字母快速找到相应的期货公司，如图 4-78 所示。

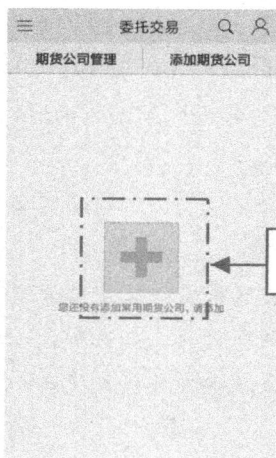

图 4-77 "委托交易"界面　　图 4-78 "添加期货公司"界面

（2）单击相应期货公司右侧的 ⌄ 图标，即可展开查看旗下的营业部，如图 4-79 所示。单击相应期货公司营业部右侧的＋号按钮，即可添加常用期货公司，如图 4-80 所示。

图 4-79 展开查看旗下的营业部

图 4-80 添加常用期货公司

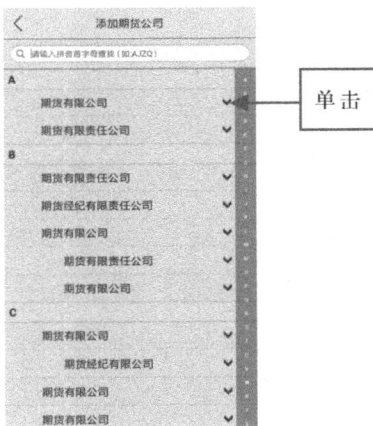

【案例分析】通过电话委托交易

　　添加期货公司后，投资者可以在和讯期货 APP 中找到中意的期货投资产品。首先进入详情界面，单击右上角的 图标，如图 4-81 所示。弹出"温馨提示"对话框后，单击"确定"按钮，如图 4-82 所示，即可自动拨号至相应期货公司，通过电话委托相应的交易操作。

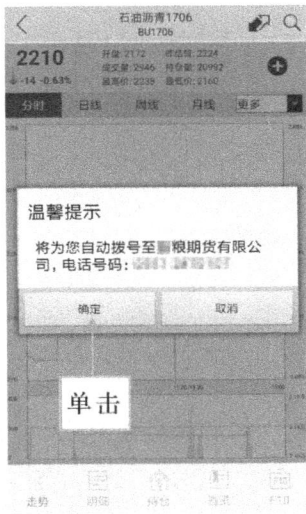

图 4-81 单击 图标

图 4-82 单击"确定"按钮

第5章

基本面分析入门与实战

学前提示 >>>   基本面分析是通过市场的供需状况来判断市场的走势，从一些客观影响期货商品价格的因素出发，对期货的走势进行分析。

要点展示 >>> 宏观经济的基本面分析
供需是基本面的分析理论依据
不同期货品种的基本面分析

5.1 宏观经济的基本面分析

宏观经济是指国民经济的总体活动。国家总的水平指标，可以在很大程度上反映出其微观的水平指标。宏观经济分析是以整个国民经济作为分析对象，研究各个相关的总量及其变动，特别是国民生产总值和国民收入的变动及其与就业、经济周期波动、通货膨胀、经济增长之间的关系。这 4 项关系又称为宏观经济的四大目标。

投资活动效果的好坏、效率的高低，不仅受国民经济基本单位的影响，更受宏观经济形势的直接制约。因此，宏观经济分析无论是对投资者、投资对象，还是对资本市场本身乃至整个国民经济的快速健康发展都具有非常重要的意义。

5.1.1 宏观经济总需求的研究

宏观经济中的总需求指的是对应于既定的价格总水平的社会总支出水平或总需求量。研究宏观经济总需求，就需要提到总需求曲线，如图 5-1 所示。

图 5-1 中的曲线表示经济中需求总量与价格水平之间的关系，其公式如下。

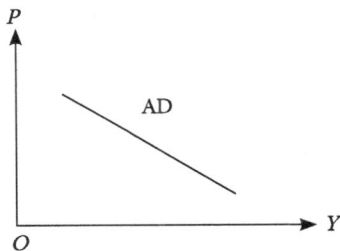

图 5-1 需求曲线

$$AD = Y/P$$

公式中各部分的相关含义如下。

（1）AD：总需求曲线。

（2）Y：国民收入。

（3）P：一般价格水平。

👉 【技巧解析】影响社会总需求的十大因素

当然，上述公式描述的是一种理想情况，其建立在一般物价水平不变的基础上。然而，一般物价水平上涨已经成为一种普遍现象，所以随后发展出了许多复杂的总需求函数模型，但都是基于"$AD = Y/P$"衍生而来的。若物价水平不变，则影响总需求的因素主要有以下 10 点，如表 5-1 所示。

表 5-1 影响总需求的因素

引起总需求增加的因素	引起总需求减少的因素
利率下降	利率上升
汇率下降	汇率上升
人口增加	人口减少
总财产增加	总财产减少
国外收入增加	国外收入减少
货币总量增加	货币总量减少
预期未来利润增加	预期未来利润减少
预期通货膨胀率上升	预期通货膨胀率下降
税收减少或转移支付增加	税收增加或转移支付减少
政府对物品与劳务的支出增加	政府对物品与劳务的支出减少

5.1.2 宏观经济总供给的研究

总供给是经济社会的总产量，其描述了经济社会的基本资源用于生产时可能有的产量。一般情况下，总供给是由生产性投入的数量和这些投入组合的效率决定的。

☞ 【技巧解析】诱使总供给曲线变动的因素

在研究宏观经济总供给时，研究人员首先需了解总供给函数。该函数描述的是总供给的价格水平之间的关系，具体为 $AS = Y/P$，其中，AS 代表总供给函数，Y 代表经济中的产出，P 代表一般价格水平。

多数经济学家认为，短期内实现的总供给曲线会表现为向右上方倾斜的曲线，如图 5-2 所示，其中 Y_1 表示潜在产量。

当然也有一些极端的情况，例如社会存在较为严重的失业时，生产者可以在现行工资水平下得到其所需要的任何数量的劳动力，此时的总供给曲线，如图 5-3 所示。

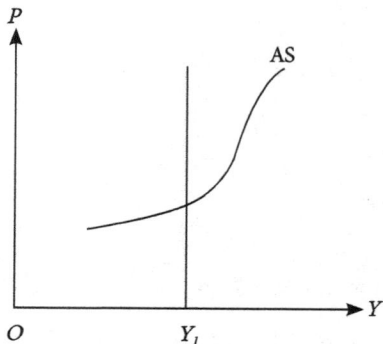

图 5-2 短期总供给曲线

当社会处于充分就业状态时，无论价格水平如何变化，总供给量都是固定不变的，如图 5-4 所示。

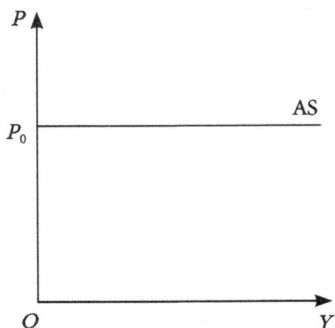

图 5-3 大量失业时的曲线　　　　图 5-4 充分就业时的曲线

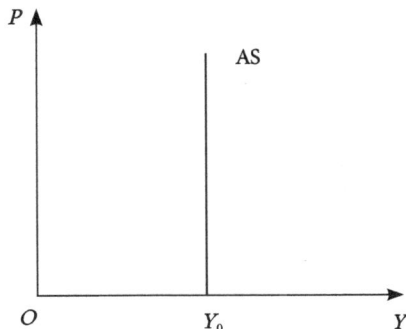

总供给曲线会经常移动，诱使其移动的因素较为复杂，但主要的影响因素有以下几点。

（1）生产积累。生产增长靠的是生产能力的增加和资金的积累。资金的积累包括 3 个方面，即企业自有资金、银行贷款、上市融资。

（2）劳动力稳定。国内劳动力质量好数量多，同时，其价格也比较低。

（3）技术进步。技术进步能有效提升总供给量，这也是可能制约我国经济增长的重要因素。技术进步分为技术创新、技术扩散和技术的转移与引进。技术进步最终能提升国民思想。

5.1.3 影响期价波动的八大因素

期货价格的波动会受到各方面原素的影响。这些因素主要为供需关系、经济周期、政策因素、政治因素、社会因素、季节性因素、心理因素和金融货币变动因素等引起，相关分析如下。

1. 供需关系

期货交易是市场经济的产物，因此，期货的价格变化受市场供需关系的影响。它的基本规律是：当供大于需时，期货价格下跌；反之，期货价格就上升。例如，某年因为东北大旱，玉米收成极为不好，当时市场上玉米供不应求，而玉米期货的价格更是节节攀升。

商品供需除了与自身有关外，还与相关产品有关。相关产品指与该期货生产与使用密切相关的产品，或者是可以替代该期货的商品。这些产品的价格波动会间接影响某一期货的价格。对于大宗粮食期货来说，其可能会出现一荣俱荣、一损俱损的局面，如玉米价格上涨，人们可能会多购买小麦和大米以作代替，从而拉动小麦和大米的需求量，进而导致这两种商品的价格也跟着上涨。

2. 经济周期

在期货市场上，价格变动还受经济周期的影响。经济周期的各个阶段，都会出现随之波动的价格上涨和下跌现象。

一般来说，经济周期由复苏、繁荣、衰退和萧条 4 个阶段组成。对于不同的期货，其经济周期阶段出现的月份各不相同，可由历年的数据了解某一期货的经济周期。

3. 政策因素

各国政府制定的某些政策和措施会对期货市场价格带来不同程度的影响。单一期货商品并不只是受到该行业的政策影响，还会受到与该商品相关的各方面的政策的影响。例如，农产品期货不仅受农业方面的政策的影响，还有可能受进出口等方面的政策的影响。

4. 政治因素

期货市场对政治环境的变化非常敏感，各种政治性事件的发生常常对价格造成不同程度的影响。例如，战争是最具代表性的政治因素，而原油期货的价格是受战争影响比较大的期货品种。

投资者只有关注各方面的时事和要闻，才能做到提前预判，而在实际投资中，一般的投资者很难在这一层次上做预判，只能被动接受各种政治因素带来的价格变动。

5. 社会因素

社会因素指公众的观念、社会心理趋势、传播媒介的信息影响，或者说是一种潮流趋势。这方面的影响一般在价格上反应得比较轻微，但是一旦表现出来，相关反应会非常剧烈。

6. 季节性因素

许多期货商品，尤其是农产品，具有明显的季节性，其价格随季节变化而波动。一些特殊的节假日也会导致特定的期货价格波动。例如，中秋节需要大量的食糖制作月饼，所以白糖期货的价格也会随之波动。

7. 心理因素

心理因素是交易者对市场的信心程度，俗称"人气"。如果大多数投资者对某商品看好，则即使无任何利好因素，该商品价格也会上涨；当投资者对某商品看空时，即使无任何利空消息，其价格也会下跌。

8. 金融货币变动因素

在世界经济发展过程中，各国的通货膨胀、货币汇价以及利率的上下波动，已成为经济生活中的普遍现象，而这些现象对期货市场带来的影响是明显的。特别是一些以美元作为标准价格的期货，美元汇率对这些期货有直接的影响。

5.2 基本面分析的理论依据

影响期货基本面的因素，最终都会上升到供需层面上来。也就是说，期货的基本面分析的根本就是分析商品的供应与需求状况。

5.2.1 期货的四种定价理论

期货的定价理论主要有四种，分别为持有成本理论、预期理论、有效市场假说和行为金融学对期货的定价。投资者在分析期货基本面对价格的影响之前，应该先在理论上了解商品价格的构成。

1. 持有成本理论

持有成本理论是一种利用期货与现货的套利关系为基础而发展出来的定价模式。该理论认为期货价格决定于期货合约标的物商品的现货价格和持有该现货商品至期货合约交割日之间的持有成本。持有成本定价模式解释了现货与期货市场价格间的关系，有三个基本假设前提，如图 5-5 所示。

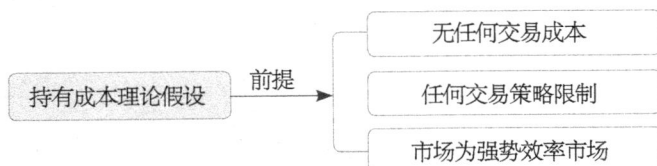

图 5-5 持有成本理论的假设前提

持有成本理论建立在无任何交易成本、策略限制和市场为强势效率市场等假设的前提下。在实际操作中，会有许多因素影响持有成本理论的准确性。若将这些因素考虑到定价模型中，就会让持有成本理论的模型变得十分复杂。具体可反映在四个方面，如图 5-6 所示。

交易成本	由于交易成本的存在，一些原本有的套利机会会丧失。例如，对某一股指期货套利，预期有 500 元的收益，但如果交易手续费超过 500 元的话，则此套利完全是多余的行为
商品储存限制	商品储存的限制会妨碍到无风险套利。例如，大多数的粮食都无法在霉雨季节长时间保存等
借贷成本不一致	投资者的借入和贷出的成本是无法一致的。例如，在现货市场做空时，供货商提供给投资者一定数量的商品，但是投资者在归还商品时，除了要归还商品外，很有可能需要多支付一些费用
市场限制做空	现货市场对做空的行为会有许多限制。最基本的就是投资者想要做空时，没有现货资源

图 5-6 影响持有成本理论准确性的因素

2. 预期理论

预期理论强调未来的不确定性对于人们的经济行为的决定性影响作用。预期理论实际上是一种对价格的预判理论。例如，根据往年玉米的价格，推断下个月玉米的情况会如何发展，进而形成预期等。预期理论一个显著的假说是假定单个经济个体在做出预期的时候，使用了一切有关的可以获得的信息，并且对这些信息进行了理智的整理。

例如，市场中理性的投资者就会从基本面、技术面、市场心态等这些基本的角度来尽可能地了解市场目前的情况和未来的情况，进而形成预期，最后得出决策结论。

3. 有效市场假说

有效市场假说认为，假设参与市场的投资者足够理性，能够迅速对所有市场信息做出正确的判断，由于理性投资者以理性的方式与非理性投资者博弈，前者将主导市场。有效市场假说只是一种理论假说，基于有效市场这个前提。

4.行为金融学

行为金融学理论认为，金融市场的价格并不只是由标的物的内在价值决定的，其在很大程度上还会受到投资者主体的行为影响。该理论和有效市场假说相对应。人类由于其社会性而存在一个非常普遍的现象，即经常在一起交流的人由于相互影响，他们往往具有类似或者近似的思想，这种行为可以被称为羊群行为。

在实际的期货市场上，行为金融学研究的是投资者对市场信息的反应投资者对市场信息的反应表现为反应过度与反应不足两种情况。投资者在投资决策过程中，做出涉及与统计有关的投资行为时，其会进行扭曲推理。对我国期货市场的研究表明，投资者确实会在某些情况下反应过度和反应不足。这主要表现为投资者对利多消息反应不足，对利空消息反应过度。

5.2.2 商品的供求理论分析

从大的层面来说，供应与需求是一切商品交易活动的前提，没有供应或是需求将不会有商品交易。假设某商品价格用 P 表示，数量用 Q 表示，则标准的供需模型如图 5-7 所示。

从图 5-7 可以得知，需求与供给曲线的交点就是供需平衡的位置（即均衡点），生产企业与销售商可以根据该数据制定生产计划，以确定市场的需求量等相关信息。

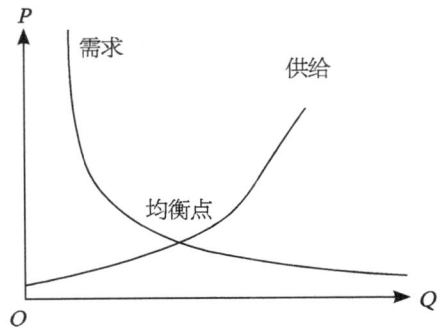

图 5-7 供需模型

5.2.3 供需价格弹性理论分析

价格的弹性又称供需价格弹性，其反映的是供需对价格变动的依存关系，以及价格变动所引起的供需的相应的变动率，即供给量和需求量对价格信息的敏感程度。价格弹性取决于该商品的替代品的数目及其相关联（即可替代性）的程度、该商品在购买者预算中的重要性和该商品的用途等因素。投资者在分析价格弹性时，应该将需求弹性和供应弹性分开讨论。

【技巧解析】需求弹性

需求弹性又称为需求的价格弹性，在经济学中一般用来衡量需求的数量随商品的价格的变动而变动的情况，其计算公式如下。

$$需求的价格弹性 = \frac{需求量变化的百分比}{价格变化的百分比}$$

决定需求价格弹性的因素涉及 3 个方面，如图 5-8 所示。

替代品	→	如果某商品的替代品种越多，则该商品的可替代程度越高，弹性就越大；反之亦然
支出比例	→	购买商品的支出比例在消费者总支出中所占的比例越大，弹性越大；反之亦然
价格变化时间	→	一些具有较大价格弹性的产品，短期内可能体现不出来，需要较长的时间周期才能体现

图 5-8 决定需求价格弹性的因素

【技巧解析】供应弹性

供给弹性有时候也被称为供给的价格弹性，其表示价格变动 1% 引起供给量变动的程度，其计算公式如下。

$$供应的价格弹性 = \frac{供应量变化的百分比}{价格变化的百分比}$$

影响供给弹性大小的主要因素有以下两个方面。

（1）**投资费用**。增加产量所需追加生产要素的费用较小，则供给弹性大；反之，供给弹性小。

（2）**时间的长短**。一般在短时期内，厂商只能在固定的厂房设备下增加产量，因而供给量的变动有限，这时供给弹性就小。在长期内，厂商能够通过调整规模来扩大产量，这时供给弹性将大于同种商品在短期内的供给弹性。

专家 提醒	经销商或生产商必须常常关注其经营商品的价格弹性。这样不仅有助于提升商品促销的投资收益，更有助于其在与零售商合作的过程中进行定价决策，帮助其分析是否应该由自己承担持续的降价损失以及可能是只对零售商有利的促销费用。

5.3 不同期货品种的基本面分析

　　不同类型的期货品种，其基本面的重心也不一样。按照基本面的属性，可将期货分为以下 4 类。

5.3.1 分析农产品期货的基本面

　　农产品期货除了具有商品期货的大多属性外，还有一些独特的属性，所以影响农产品价格的基本面因素比较多，具体可分为八大方面，以下将详细说明。

1. 需求方面

　　本期商品供不应求时，期末结存将会减少；反之则增加。所以，分析本期期末存量的实际变动情况时，即可从商品实物运动的角度看出本期商品的供求状况及其对下期商品供求状况和价格的影响。

2. 供给方面

　　影响农产品的供给方面的因素，包括前期储备、当期产量、当期进口量等。不同商品生产量的影响因素可能相差很大，必须对具体商品生产量的影响因素进行具体的分析，以便能较为准确地把握其可能的变动。

3. 经济周期

　　农产品波动通常与经济波动周期紧密相关，期货价格也不例外。经济周期一般由复苏、繁荣、衰退和萧条 4 个阶段构成。

4. 自然条件因素

　　自然条件因素主要包括气候条件、地理变化和自然灾害等。对于农作物来说，气候条件是影响其产品的重要因素，一旦因为气候原因导致作物歉收，那么其价格自然水涨船高。

　　期货交易所上市的粮食、金属、能源等商品，其生产和消费与自然条件因素密切相关。有时因为自然因素的变化，会对运输和仓储造成影响，从而也间接影响生产和消费。

5. 货币因素

商品期货交易与金融货币市场有着紧密的联系。利率的高低、汇率的变动都直接影响商品期货的价格。

例如，当本币贬值时，即使外国商品价格不变，但以本国货币表示的外国商品价格将上升；反之，当本币升值时，外国商品价格将下降。因此，汇率的高低变化必然影响相应的期货价格变化。

6. 政策因素

对于农产品期货来说，影响它的政策不仅仅只有农业方面的政策，还有与之相关的多个方面的政策，如食品政策、贸易政策、组织协定等。

例如，当国家对甜品加工管理较严时，白糖期货的需求会明显减少等。

7. 政治因素

政治因素属于投资者难以分析的方面，主要指国际国内政治局势、国际性政治事件的爆发及由此引起的国际关系格局的变化、各种国际性经贸组织的建立及有关商品协议的达成、政府对经济干预所采取的各种政策和措施等。这些因素将会引起期货市场价格的波动，且波动的方向往往不好确定。

8. 投资心理

期货本身是交易未来的商品，投资者对未来走势的看法会决定其交易方向，大量的交易会直接影响期货的价格。因此，期货交易中的价格预期和投机心理对期货价格波动具有极强的推波助澜、加剧波动的作用。

5.3.2 分析金属期货的基本面

由于金属品种本身的差异性，金属期货的基本面分析应将工业金属与贵金属分开讨论，如图 5-9 所示。

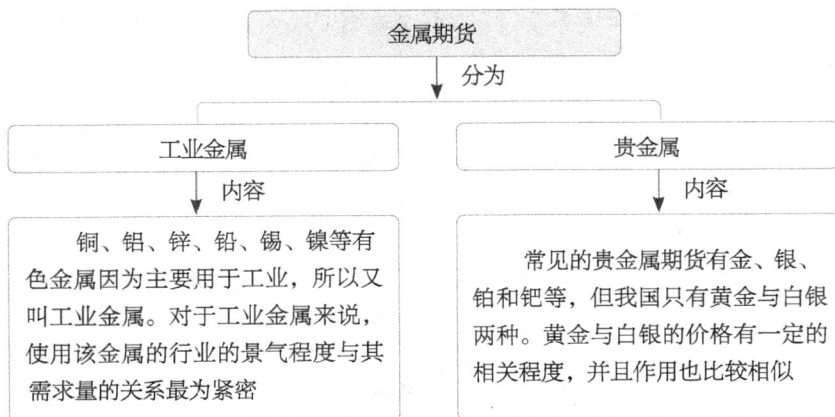

图 5-9 金属期货基本面分析

5.3.3 分析能源、化工期货的基本面

能源类期货是商品期货中的重要一环，材料类期货也可以统称为能源期货。世界上的能源类期货有原油及其下游产物；新兴品种包括气温、二氧化碳排放额等。目前，我国的能源类期货包括燃料油、焦炭等。

石化产业链较为复杂，影响因素众多，且各品种具有各自的特点。无论是分析成本还是分析供需，投资者都需要对各个环节有清晰的认识，忽视了任何一个环节的客观现实都容易产生反应过度或反应滞后的现象。

化工产业的终端产品价格具有垄断性。分析化工产业终端产品价格不易，因为石化领域的"中间体"价格往往由生产企业根据成本加上企业的加工利润报价形成，而买方只能被动接受，所以化工品具有垄断性。越是靠近产业链上端的企业，其价格垄断性越强。

5.3.4 分析金融期货的基本面

金融期货是比较年轻的期货品种，我国目前的金融期货品种只有股指期货和国债期货两种。

【技巧解析】股指期货基本面分析

我国现有的股指期货只有沪深300这一种。由于股指期货的标的物是股票指数，所以股指期货的基本面分析，应该从股票市场出发，其具体分析如图 5-10 所示。

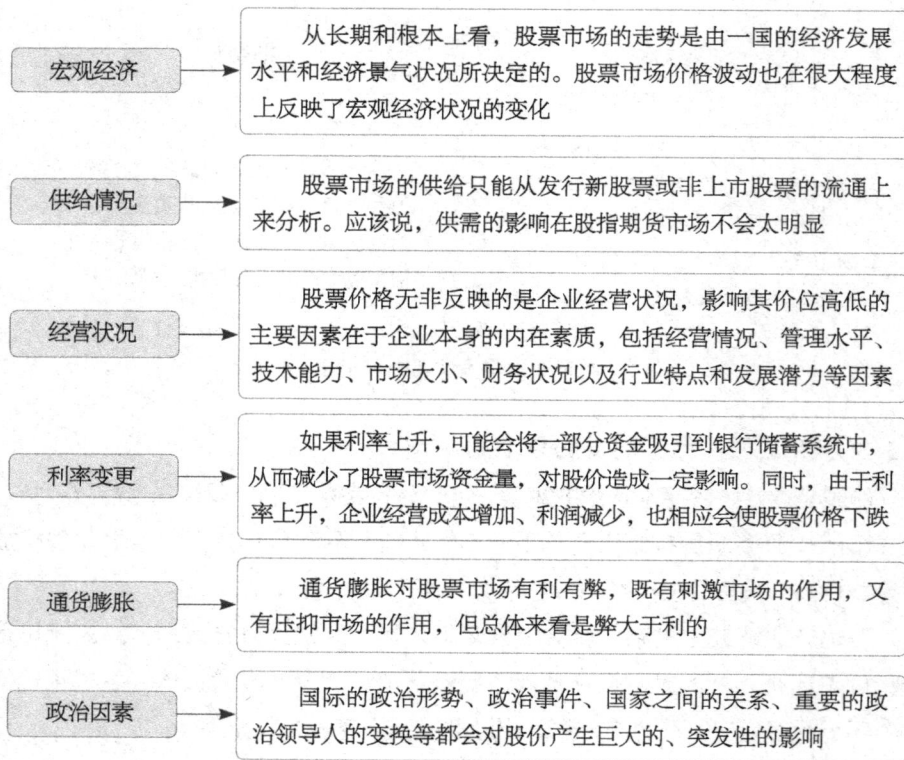

宏观经济	从长期和根本上看，股票市场的走势是由一国的经济发展水平和经济景气状况所决定的。股票市场价格波动也在很大程度上反映了宏观经济状况的变化
供给情况	股票市场的供给只能从发行新股票或非上市股票的流通上来分析。应该说，供需的影响在股指期货市场不会太明显
经营状况	股票价格无非反映的是企业经营状况，影响其价位高低的主要因素在于企业本身的内在素质，包括经营情况、管理水平、技术能力、市场大小、财务状况以及行业特点和发展潜力等因素
利率变更	如果利率上升，可能会将一部分资金吸引到银行储蓄系统中，从而减少了股票市场资金量，对股价造成一定影响。同时，由于利率上升，企业经营成本增加、利润减少，也相应会使股票价格下跌
通货膨胀	通货膨胀对股票市场有利有弊，既有刺激市场的作用，又有压抑市场的作用，但总体来看是弊大于利的
政治因素	国际的政治形势、政治事件、国家之间的关系、重要的政治领导人的变换等都会对股价产生巨大的、突发性的影响

图 5-10 股指期货基本面分析

总之，股指期货属于一揽子股票的投资组合，投资者应该更注重"股指"，而不是"期货"。

☞ 【技巧解析】国债期货基本面分析

证监会于 2013 年 9 月 6 日批准中金所重新发行国债期货。影响国债期货的基本面因素主要包括经济基本面、政策、资金和心理等 4 方面，如图 5-11 所示。

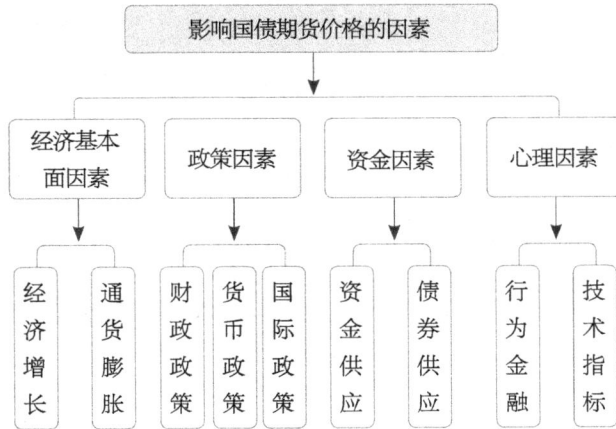

图 5-11 影响国债期货基本面因素

在上述影响因素中，经济基本面因素起决定性的作用，政策因素与资金因素对国债期货的价格起到扰动作用。因此，投资国债期货的投资者，一定要多关注国家的宏观经济。

第6章

技术面分析入门与实战

学前提示 >>>　　　期货投资专家认为"在期货交易的时机选择方面，技术分析更有前瞻性和可操作性"。当一个重要的期货市场转折初露端倪时，从基本面上也许找不到理由，但通过技术分析可以看清其本质。

　　　本章就为大家介绍技术分析的相关知识。

要点展示 >>>　　认识技术分析
　　　利用技术指标分析走势
　　　常见的技术面分析方法

6.1 认识技术分析

市场是由人参与的，人的心理也能反映在价格上，同时，参与市场的是千千万万不同年龄、不同地区、不同性格、不同经济状况的投资者，那么由人的内心波动导致的价格波动，肯定是无迹可寻的。因此，技术分析不可能是完全正确的"定律"，而是一种概率学。

6.1.1 技术分析的基本类型

在价、量历史资料基础上进行的统计、数学计算、绘制图表的方法是技术分析方法的主要表现形式。从这个意义上讲，技术分析方法可以有多种。一般说来，可以将技术分析方法分为以下 5 类。

1. 指标类

根据各种市场行为，建立一个数学模型，一并给出数学上的计算公式，得到一个体现证券市场某个方面内在实质的数字，这个数字叫指标值。指标值的具体数值和相互间的关系，直接反映市场所处的状态，为投资者的操作行为提供指导方向。

2. 切线类

按一定方法和原则，在价格数据所绘制的图表中画出一些辅助线，然后根据这些线的情况推测价格的未来趋势，这些直线就叫切线。切线主要是起支撑和压力的作用。

3. 形态类

根据价格图表中过去一段时间走过的轨迹形态，来预测价格未来趋势，这就是形态类分析。价格走过的形态是市场行为的重要部分，是证券和期货市场对各种信息感受之后的具体表现，用价格图的轨迹或者形态来推测价格的未来走势是有一定道理的。从价格轨迹的形态中，投资者可以推测出市场处在一个什么样的大环境之中，由此对投资者今后的投资给予一定的指导。价格走势主要的形态有"M"形顶、"W"形底、"U"形顶和"U"形底等十几种。

例如，"W"形底又叫做双重底，如果商品价格下跌形成了底部，接着就开始了持续几周或更长时间的反弹，然后再跌到与第一次相同水平的位置，再一次形成底部，之后又一次上升并突破之间的顶部。这样，一个"W"形底就形成了，如图6-1所示。

一般认为，市场处于顶部或者"W"中间即突破点的时间就是投资者的买入时机。

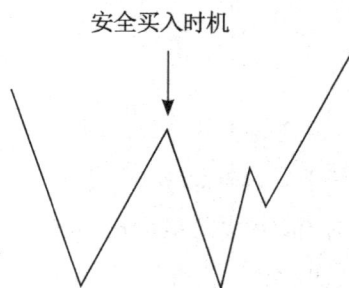

图6-1 "W"形底

4. 波浪类

波浪定律的实际发明者和奠基人是艾略特，他在20世纪30年代就有了波浪理论最初的想法。波浪定律把股价的上下变动和不同时期的持续上涨、下跌看成是波浪的上下起伏。波浪的起伏遵循自然界的规律，价格运动也遵循波浪起伏的规律。

波浪理论较之于别的技术分析流派，最大的区别就是能提前很长的时间预计到行情的底和顶，而别的流派往往要等到新的趋势已经确立之后才能看到。但是，波浪理论又是公认的较难掌握的技术分析方法。

5.K线类

K线类是技术分析中最常见的方法，其研究手法侧重若干天的K线组合情况，推测市场中多空双方力量的对比，进而判断市场多空双方谁占优势。K线最初由日本人发明，并在东亚地区广为流行。许多股票投资者进行技术分析时往往首先接触的是K线图。

分析师经过不断地总结经验，发现了一些对买卖有指导意义的K线组合，而且新的研究结果正不断地被发现、被运用。K线图是进行各种技术分析的最重要的图表，单独一天的K线形态有十几种，若干天的K线组合种类就更多了。

6.1.2 技术分析的基本特点

总的来说，技术分析的特点表现在以下3个方面。

（1）**量化指标的特征性**。技术分析提供的量化指标可以指示行情转折之所在，明确指标的特征。

（2）**趋势追逐特性**。由技术分析得出的结果指导投资者如何去跟随趋势，而并非是创造趋势或引导趋势。

（3）**技术分析客观性**。技术分析提供的图表，是历史轨迹的记录，没有臆断的弊端，体现了分析的客观性。

☞ **【技巧解析】牛市突破之后的回撤买入点**

在牛市突破之后的 40% 回撤，或许正是绝妙的买入点。但在下降趋势中，40% ~ 60% 的向上反弹通常提供了优越的抛空机会。同时，在日内价格图上，投资者也可以应用百分比回撤的概念。

6.1.3 技术分析的主要作用

技术分析可以用于期货交易的各个环节，从开仓到平仓，技术分析都可以发挥其作用。下面将展现不同的技术分析指标在期货投资中的各个环节的作用。

1. 有利于投资者挑选交易时机

在选择出、入市点这两方面，支撑和阻挡水平是最行之有效的图表工具。当阻挡被击破时，可能就是构成开立新的多头的信号。这个新头寸的保护性止损指令就可以设置在最近的支撑点的下方。投资者甚至还可以更接近地设置止损指令，把它安排在实际的突破点之下，因为这个水平现在应该起到支撑作用了。

虽然说交易时机的问题是针对很短暂的时间区间而言的，其与逐周、逐月的筹划相对立，但是所采用的技术方法依然是一致的。

2. 有利于投资者发现趋势变化

投资者如果正在寻找趋势变化的技术信号，并将其用作开立新头寸的判断，或者正找机会平仓了结原有头寸，紧凑趋势线的突破常常构成绝妙的出手信号。当然，其他技术信号也必须同时考虑。

趋势线起支撑或阻挡作用的位置也可以用作入市点和卖出点。在主要的上升趋势线的上侧买入，或者在主要的下降趋势线的下侧卖出，均不失为有效的时机抉择的对策。

3. 指导投资者开设头寸

在上升趋势中，向下的调整常常回撤到前面的上涨进程 40% ~ 60% 的位置，投资者可以利用这一点来开立新的多头头寸。目前，投资者主要考虑的是时机抉择问题，所以投资者把百分比回撤也应用于价格非常短期的变化之中。

6.1.4 技术分析的不足之处

在实践中，技术分析的假设条件同样会受到限制。这就决定了技术分析也有不足之处，具体表现为 3 个方面，如图 6-2 所示。

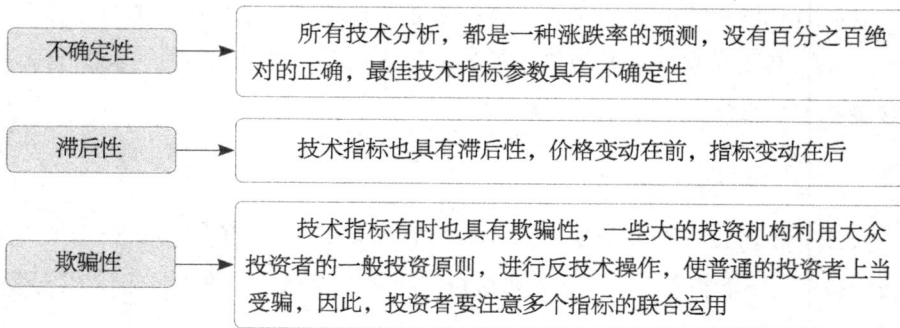

不确定性 → 所有技术分析，都是一种涨跌率的预测，没有百分之百绝对的正确，最佳技术指标参数具有不确定性

滞后性 → 技术指标也具有滞后性，价格变动在前，指标变动在后

欺骗性 → 技术指标有时也具有欺骗性，一些大的投资机构利用大众投资者的一般投资原则，进行反技术操作，使普通的投资者上当受骗，因此，投资者要注意多个指标的联合运用

图 6-2 技术分析的不足

6.1.5 技术分析的三大假设

技术分析的三大假设是技术分析存在的基础，如果没有这三大假设，技术分析就不会存在。从根本上说，技术分析人士是通过价格的变化间接地研究基本面的。大多数技术派人士也会认为，正是某种商品的供需关系，即基本面决定了该商品的看涨或者看跌。图表数据本身并不能导致市场的升跌，只是简明地显示了市场上流行的乐观或悲观的心态。

1. 市场行为反映一切

投资者必须理解和接受"市场行为反映一切"这个前提条件；否则，学习技术分析就会毫无意义。这是技术分析的基础。

这个前提的实质含义其实就是价格变化必定反映供需关系，如果需求大于供给，则价格必然上涨；如果供给大于需求，则价格必然下跌。供需规律是所有经济预测方法的出发点，可以反向思考供需关系：如果价格上涨，不论是因为什么具体的原因，需求一定超过供给，从经济基础上说必定看好；如果价格下跌，从经济基础上说必定看淡。由此可以得出，研究价格变化就是投资者必须要做的事情之一。

在价格趋势形成的早期或者市场正处在关键转折点时，往往没人可以了解市场为什么会如此。恰恰是在这种至关紧要的时刻，技术分析能让投资者独辟蹊径。所以，随着投资者市场经验的日益丰富，其遇到市场反常的情况越多，对"市场行为反映一切"这句话的理解就更加深刻。

虽然说影响市场价格的所有因素最终必定要通过市场价格反映出来，但不代表投资者研究价格就够了。实际上，图表分析师只不过是通过研究价格图表及大量的辅助技术指标，让市场自己揭示它最可能的走势的，而并不是通过技术分析征服了市场的。

2. 价格呈趋势变动

趋势性是技术分析的核心。研究价格图标的全部意义，就是要在一个趋势发生或转折的早期，及时准确地把它揭示出来，从而达到顺势交易的目的的。如果价格不成趋势变化，那么技术分析将难以实现。"价格呈趋势变动"指的是，对于一个既成的趋势来说，下一步常常是沿着现存趋势方向继续演变，而掉头反向的可能性要小得多。这也可以说是金融学上的"惯性定律"。可能短时间难以看出，但只要把价格的区间无限拉长，它们总会呈现趋势化变动。

专家提醒 趋势顺应理论的源头是：坚定不移地顺应一个既成趋势，直至有反向的征兆为止。"价格呈趋势变动"这句话虽然比较好理解，但投资者不见得能按照趋势，而不是带着"说不定明天就涨回来了"这样的主观意愿去执行操作。

3. 历史会重演

技术分析和市场行为学与人类心理学有着千丝万缕的联系，例如价格形态，它们通过一些特定的价格图表形状表现出来，而这些图形表示了人们对某市场看好或看淡的心理。其实，这些图形在过去的几百年里早已广为人知，并已被分门别类。既然它们在过去很管用，就不妨认为它们在未来同样有效，因为它们是以人类心理为根据的。"历史会重演"可以解释为：通往未来的道路会隐藏在历史里，或者说将来是过去的翻版。

历史虽然会重演，但却会以不同方式进行"重演"，因为现实中没有完全相同的"两片树叶"。例如，牛市中某个期货品种大跌只预示着牛市中会有下跌的期货品种，但在下次牛市时，就不见得是上次牛市中下跌的品种下跌了。

6.1.6 技术分析的四大要素

技术分析中有四大要素，分别为价格、成交量、时间和涨跌空间。

1. 价格

价格是四大要素之首。期货品种或股票本身所具备的价值涉及基本面分析，因为价格归根结底是由其基本面决定的。

期货品种目前的价格在市场价格体系中的位置也是投资者对价格所做出的理解的一致体现。投资者可以把市场所有的期货品种的价格大致分成高价区、中价区和低价区，看看自己的目标品种目前处于什么位置。从概率上来说，目标期货品种目前的价位越低，其未来上涨空间也就越大。投资者也可以对照目标期货行业的景气程度，看看期货的价格与相关行业的景气度是否相符。参照某一期货品种的历史价位分析目前价格所处的状况是技术分析中最常用到的手段。技术分析本身就是依据历史经验，得出的一个关于概率而非必然的推论，而最重要的历史经验自然来源于期货本身。

> **专家提醒**
>
> 一般情况下，期货目前价位距离其本身历史高点、近期高点越遥远，其上涨的概率自然越大，而一旦突破历史高点，那么就说明这个品种或者市场环境发生了根本变化，并到了投资者调整对该期货品种的固有认识的时候了。

2. 成交量

在技术分析中，对成交量的分析是仅次于价格分析的，其实作为对市场价格短期运动的分析，成交量分析的价值更甚于价格分析的价值。原因是，很多时候，市场的行为并非是完全理性的，价格的波动是围绕期货本身的价值进行波动，但又并不限于期货本身的价值。期货买卖的并不仅仅是现在，还有未来，正因这一特性，期货才有了动人的魅力。特别是对于我国这样的新兴市场，投资者更需要提高对成交量分析的重视，因为对一个价格的认同与否，需要以成交量来体现，其表现方式如下。

（1）**市场对价格认同度越高，成交量往往越小**。成交量越小的时候，越容易成为底部的先兆，但这需要观察其最近的调整幅度才能判定。通常认为，调整幅度越大,成交量缩小所代表的意义越可靠,但是这里还有一个前提:此时价格必须停止创新低。

（2）市场对价格分歧越大,成交量越有可能持续放大或突然放大。成交量大幅放大的情况一般会出现在 3 个位置,如图 6-3 所示。

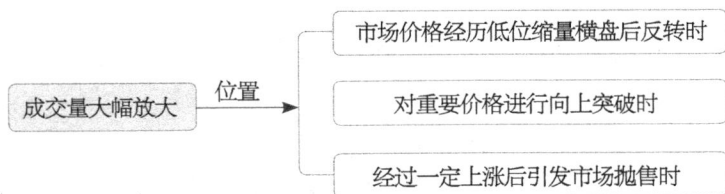

图 6-3　出现成交量大幅放大情况的位置

以上 3 个位置的放量是标志性的、易于把握的,而其他位置的放量多带有一定的欺骗性,投资者应该慎重对待。一般情况下,成交量越大,越能说明市场主力活跃其中,而投资者的任务,就是观察成交量放大后的价格运动方向和力度,分析其中利弊,从而做出对自己有利的抉择。

> 投资者对成交量的研判,必须以其他三大要素为基础。研究成交量的价值,主要在于识别中短期的价格波动方向,从而可以比较清晰地判断出较佳的介入时机。

3. 时间

时间也是技术分析必须考虑的重要因素。当市场价格在一个区域维持运动越久,那么市场成本会越集中于这个价格区域。当向上或向下有效突破该价格区间的时候,其所具有的意义也就越大。所谓"横有多长,竖有多高",就是这个意思:价格横向发展的时间越长,价格突破之后的幅度也就越大。

另外,某一期货在上涨或下跌途中所花的时间越长,而价格波动幅度越小,则往往是该品种不活跃的象征,其在后来的下跌或上涨过程多数情况下也会相对缓慢,而且涨、跌幅度小,要改变这一局面几乎只有成交量发生突增才能实现。

4. 涨跌空间

涨跌空间也是投资者应该分析的重点之一。在分析时,投资者可以遵从 5 个原则,如图 6-4 所示。

分析价格的上涨或下跌空间首先要参考历史最高价和历史最低价，并以相关理论相互印证

当某一期货品种价格创出历史新高或新低时，投资者需要对该期货进行重新认识

短期涨跌空间可以参考该期货近期形态，并以形态理论为依据进行分析

成交量的堆积位置对价格影响也很大，因此，投资者要特别关注成交量突增的位置及其对价格的推动方向以及推动速度

移动平均线系统对于价格有吸引、支撑和阻力作用，其中，吸引作用在股价距离均线系统越远时发生越有效；支撑、阻力作用在股价调整幅度越大时越有效

涨跌空间分析原则 —— 包括 ——>

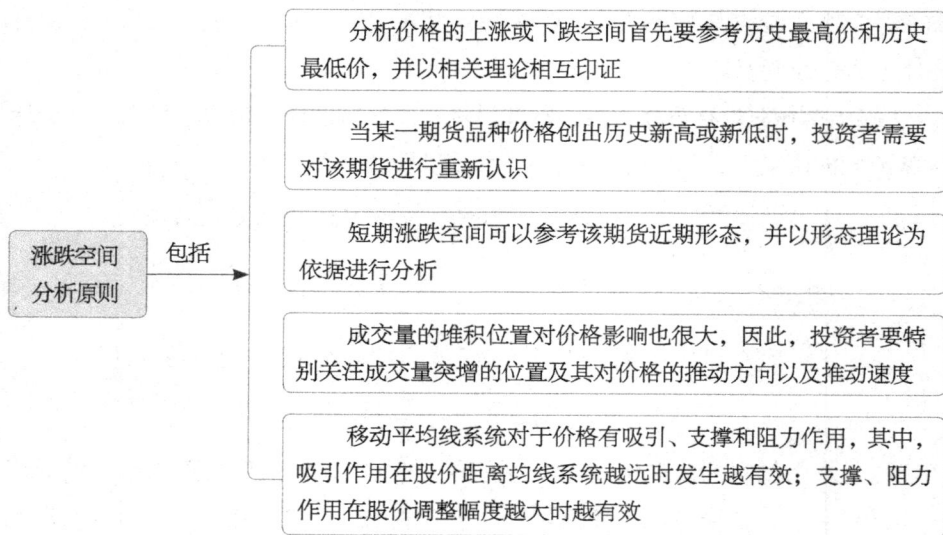

图 6-4 涨跌空间分析原则

6.2 利用技术指标分析走势

指标类是技术分析的实质，是通过数学模型的计算得出价格走势的结论。因此，投资者在学习这些技术指标时，需要了解它们的计算方法。

6.2.1 应用布林线指标（BOLL）

布林线指标又称为 BOLL 指标，是美国股市分析家约翰·布林根据统计学中的标准差原理，设计出来的一种非常简单实用的技术分析指标。布林线属于比较特殊的一类指标。绝大多数技术分析指标都是通过数量的方法构造出来的，其本身不依赖趋势分析和形态分析，而却与价格的趋势有着密不可分的联系。

布林线由 3 条轨线组成，一般情况下，布林线认为各类市场都是互动的，市场内和市场间的各种变化存在相对性，而不存在绝对性。总之，布林线中的期货价格通道，对预测未来行情的走势起着重要的参考作用。它也是布林线指标所特有的分析手段。

【案例分析】棉花连续（030520）布林线指标

下面就以棉花连续（030520）为例，讲解布林线指标的应用，如图 6-5 所示。

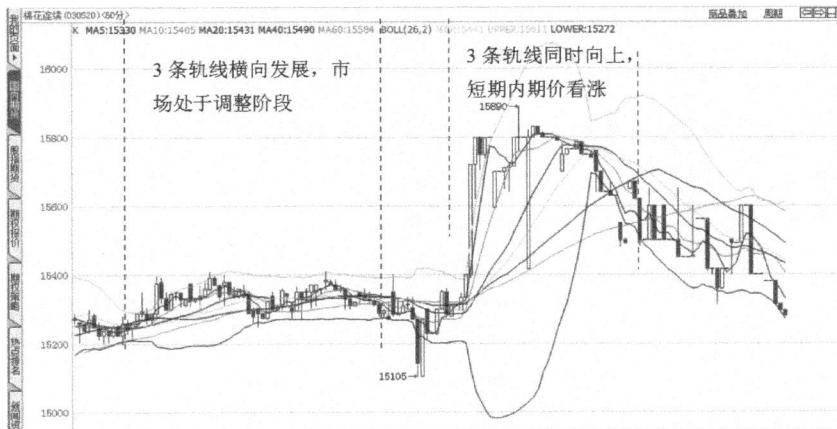

图 6-5 布林线指标

布林线可直接在 K 线图上画出。对布林线的分析主要集中在对其 3 条轨线的分析上。通过对历史数据的统计，布林线指标可以得出以下结论。

（1）当 3 条轨线同时向上时，表明价格强势的特征非常明显，短期内看涨，投资者可以持仓待涨。

（2）当 3 条轨线同时向下时，表明价格弱势的特征非常明显，短期内看跌，投资者可以选择做空。

（3）当上轨线向下、下轨线向上时，表明期货价格处于整理状态。此时，若期货价格处于上升趋势，那么表明是上涨途中的整理阶段，投资者可以逢低短线买入；若期货价格处于下跌趋势，则投资者可以逢高做空。

（4）当 3 条轨线横向运动时，市场多半处于不明朗状态，投资者最好持观望态度或考虑其他指标。

6.2.2 应用随机指标（KDJ）

KDJ 指标由乔治·蓝恩博士最先提出，又叫随机指标，被广泛用于期货和股票的短期趋势分析中。KDJ 指标的原理是利用价格波动的幅度，来反映价格走势的强弱和超买超卖现象，在价格尚未上升或下降之前发出买卖信号的一种技术工具。由于 KDJ 指标本质上是一个随机波动的观念，故其对于掌握中短期行情走势比较准确。

KDJ 指标在设计过程中主要是研究最高价、最低价和收盘价之间的关系，同时也融合了动量观念、强弱指标和移动平均线的一些优点，所以能够比较迅速、快捷、直观地研判行情。

【案例分析】棉花主力（030590）KDJ 反映超买与超卖

下面就以棉花主力（030590）为例，讲解KDJ反映超买与超卖的知识，如图6-6所示。

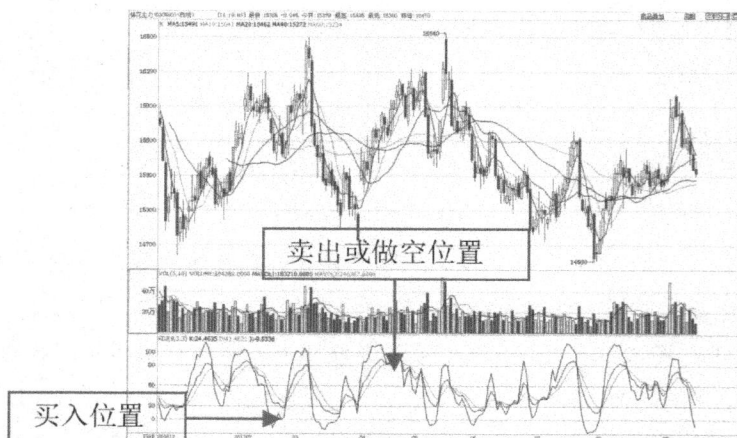

图 6-6 KDJ 指标曲线

目前，多数期货交易软件都提供了自动计算KDJ指标的功能，并且直观地与日K线相对应。KDJ的数值可以反映超买与超卖现象：一般K、D、J的值在20以下为超卖区域，是买入信号；K、D、J的值在80以上是超买区域，是卖出信号；K、D、J的值在20～80之间为徘徊区域，投资者最好持观望态度。不过，在一些特殊情况下，D值大于90容易出现瞬间回档；D值小于15容易产生瞬间反弹，这样的瞬间反应不代表有大趋势的变化。

6.2.3 应用相对强弱指标（RSI）

RSI指标是由韦尔斯·怀尔德（Welles Wilder）提出的。该指标又叫作相对强弱指标，是衡量证券自身内在相对强度的指标。

RSI指标是根据一定时期内上涨和下跌幅度之和的比率，制作出的一种技术曲线。它能够反映出市场在一定时期内的景气程度。简单来说，就是以数字计算的方法得出买卖双方的力量对比。例如，有10个人在市场之中，其中有5个

人以上要买同一商品，竞相抬价，那么该商品的价格必然上涨；反之，则价格
下跌。

👉 **【案例分析】甲醇 1702（030402）超买和超卖**

下面就以甲醇 1702（030402）为例，讲解用 RSI 指标判断超买与超卖的知识，
如图 6-7 所示。

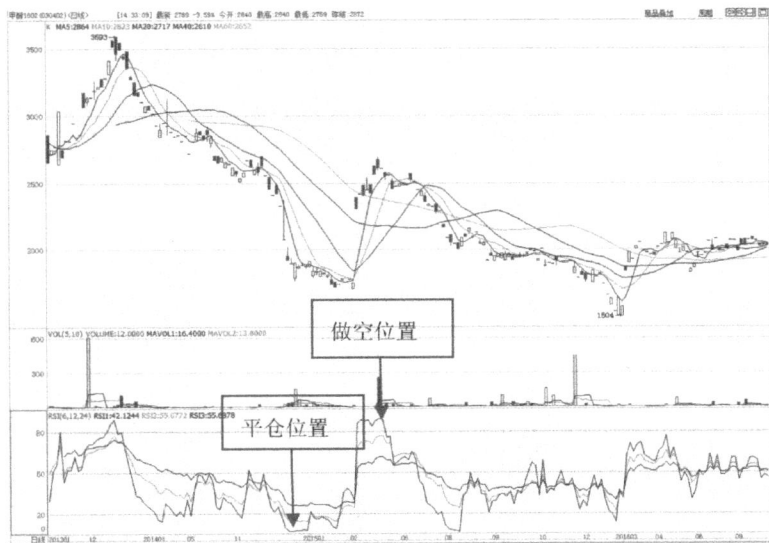

图 6-7 RSI 指标曲线

RIS 指标与 KDJ 指标的应用方法类似，其取值区间在 0 ～ 100 之间，其主
要作用也是判断超买和超卖。RSI 指标值常在 30 ～ 70 之间波动。一般认为，
RSI 指标值在 80 以上，则认为市场已达到了超买状态；RSI 指标值在 20 以下，
则认为市场达到了超卖状态。需要注意的是，RSI 指标更适合对中长期趋势做判
断，而不适合用来直接做交易指导，只能作为辅助工具。

6.2.4 应用情绪指标（BRAR）

情绪指标（BRAR）也称为人气意愿指标，由人气指标（AR）和意愿指标（BR）
两个指标构成，是主要用来反映市场上多空较量的指标。

期货价格变化的本质就是由多空双方的力量造成的，如果某一时间内多方
力量占优势，则期货价格会不断上涨；如果空方力量占优势，则期货价格会下跌；

如果双方力量比较平衡，则期货价格会在某一狭窄区间波动。

（1）人气指标（AR）：是以分析历史股价为手段的技术指标。人气指标是以当天开市价为基础，即以当天市价分别比较当天最高、最低价，通过一定时期内开市价在股价中的地位，反映市场的买卖人气。

（2）意愿指标（BR）：以前一交易日的收市价为基础，分别与当日最高、最低价相比，通过一定时期收市价在股价中的地位，反映市场买卖意愿的程度。

【案例分析】甲醇1706（030406）情绪指标反映多空较量

下面就以甲醇1706（030406）为例，讲解BRAR指标反映多空较量的知识，如图6-8所示。

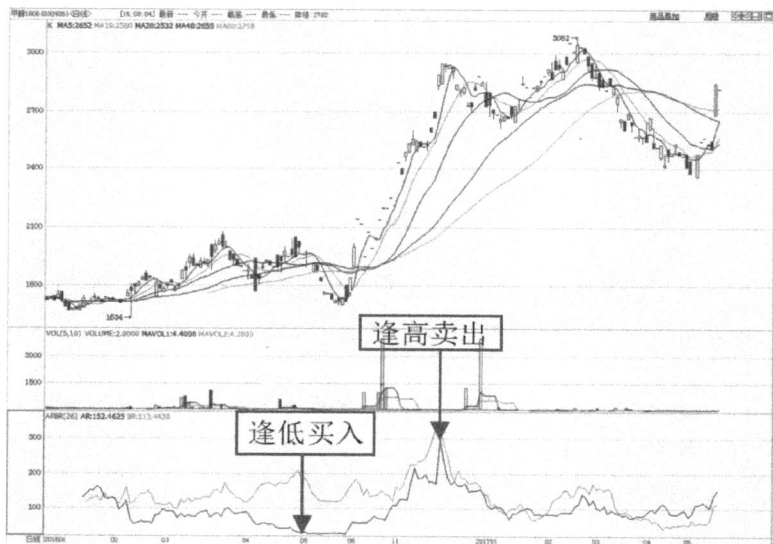

图6-8 BRAR指标曲线

一般来说，AR指标可以单独使用，BR指标则需要与AR指标并用，BR指标的波动比AR指标值敏感。投资者可以通过期货交易软件分析情绪指标的曲线。

6.2.5 应用平滑异同移动平均线指标（MACD）

平滑异同移动平均线指标（MACD）由查拉尔·阿佩尔发明，是最为简单而可靠的指标之一。

MACD 的意义和移动平均线的意义基本相同，但更易理解。一般来说，当 MACD 从负数转向正数时，是买入信号；当 MACD 从正数转向负数时，是卖出信号。当 MACD 以大角度变化时，表示快的移动平均线和慢的移动平均线的差距非常迅速地拉开，代表市场会出现大趋势的转变。

利用 MACD 指标预测行情时，投资者还应该了解与 MACD 指标相关的一些技术指标，包括如下几个。

（1）**DIF 指标**：这是指短期的指数平滑移动平均线（EMA）和长期的指数平滑移动平均线（EMA）之间差离的值。

（2）**DEA 指标**：这是 DIF 的移动平均，也就是连续数日 DIF 的算术平均。

👉 **【案例分析】玻璃连续（033020）MACD 指标的意义**

下面就以玻璃连续（033020）为例，讲解 MACD 指标的意义，如图 6-9 所示。

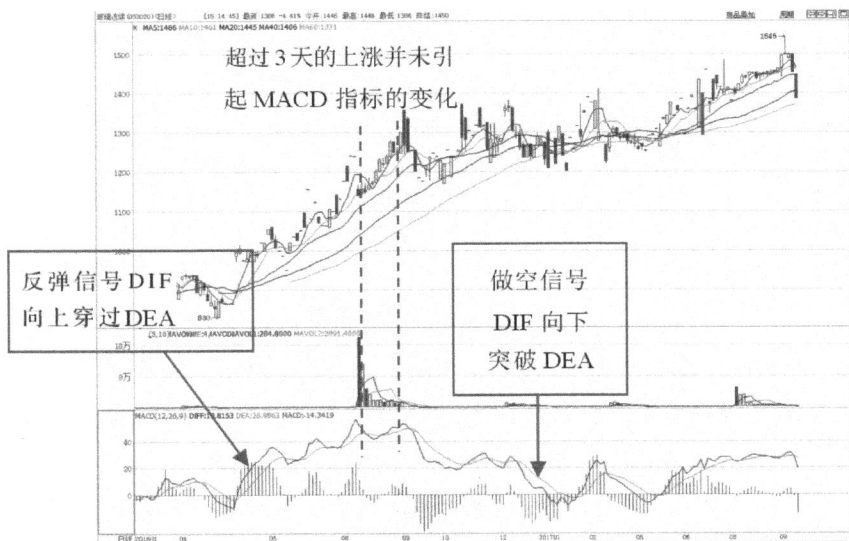

图 6-9 MACD 指标曲线

一般来说，小幅涨跌（几日内）不会让 MACD 指标发出涨跌信号。当 DIF 和 DEA 均为正数时，属于多头市场，DIF 向上突破 DEA 是买入信号。如果 DIF 向下跌破 DEA，则只能认为是回档。这时，投资者可以进行获利了结操作。当 DIF 和 DEA 均为负数时，属于空头市场，DIF 向下突破 DEA 是卖出信号，如果 DIF 向上穿过 DEA，则只能认为是反弹。

6.2.6 应用乖离率指标（BIAS）

乖离率指标（BIAS）是测量期货与股票价格偏离均线大小程度的指标。当价格偏离市场平均成本太大时，其都有一个回归的过程。

☞ **【案例分析】玻璃 1806（033006）乖离率指标变化**

下面就以玻璃 1806（033006）为例，讲解 BIAS 的变化，如图 6-10 所示。

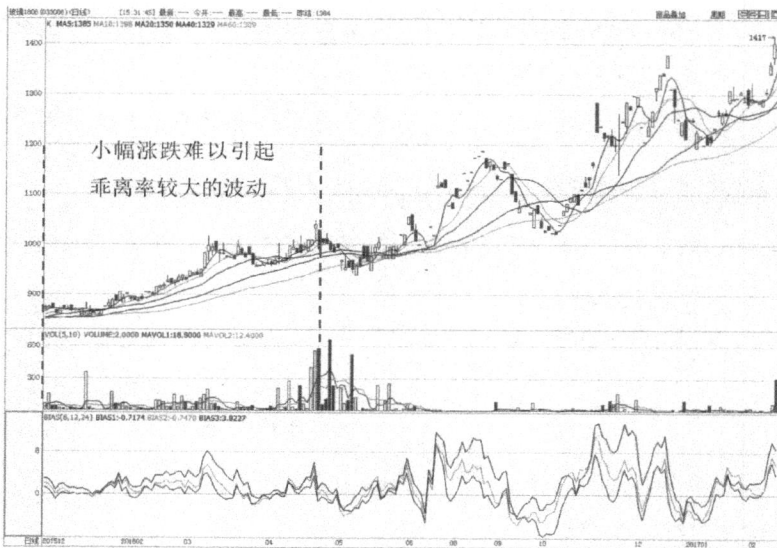

图 6-10 乖离率指标曲线

可以看出，若乖离率中的天数 N 取不同的值（图 6-10 为 N 取 6、12 和 24），则其曲线数值会有较大的变化。

通过对历史数据的统计，分以下情况具体判断超买超卖。

（1）N 为 6 日：乖离率为＋3% 时代表卖出时机到来，乖离率为 -3% 时代表买入时机到来。

（2）N 为 12 日：乖离率为＋5% 时代表卖出时机到来，乖离率为 -5% 时代表买入时机到来。

（3）N 为 24 日：乖离率为＋7% 时代表卖出时机到来，乖离率为 -7% 时代表买入时机到来。

（4）N 为 72 日：乖离率为＋11% 时代表卖出时机到来，乖离率为 -11% 时代表买入时机到来。

6.2.7 应用动向指标（DMI）

动向指标（DMI）属于趋势判断的技术性指标，又称为移动方向指数或趋向指数，其基本原理是通过分析价格在上升及下跌过程中供需关系的均衡点，即供需关系受价格变动的影响而发生由均衡到失衡的循环过程，从而提供对趋势判断的依据。

☞ **【案例分析】玻璃1710（033010）DMI 趋势判断**

下面就以玻璃1710（033010）为例，讲解DMI趋势判断，如图6-11所示。

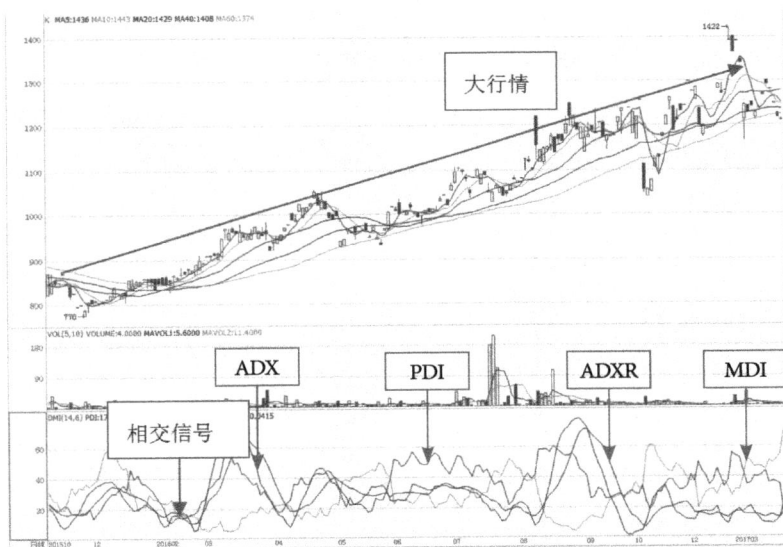

图 6-11 动向指标曲线

PDI（即 +DI，上升动向值）与MDI（即 +DI，下降动向值）的运用方法是：当图形的PDI从下向上突破MDI时，说明有新的多头入市，是买入信号；反之则是卖出信号。

ADXR（即平均动向评估值）是ADX（即平均动向指标，反映趋势变动的程度）的评估指数。一般情况下，ADXR比ADX平缓。当PDI与MDI发出交易信号时，ADXR又与ADX相交的时候则是最后入市或出市机会的时机。如果随后出现了大行情，则投资者应该立即执行交易。

6.2.8 应用威廉指标（Williams %R）

威廉指标（Williams %R）由拉里·威廉斯在 1973 年首先提出。它又可以简称为 W%R、WM% 或 %R。

威廉指标与 KDJ 指标的原理比较相似。它是一个振荡指标，依据价格的最高点和最低点来度量市场是否处于超买或超卖的状态。它衡量多空双方创出的峰值（最高价）与每天收市价的距离与一定时间内（如 7 天等）的价格波动范围的比例，以提供市场趋势反转的信号。

这里对以上边界为 100、下边界为 0 的指标刻度，n 取 14 的以日为周期的威廉指标在期货中的应用进行说明。

【案例分析】菜粕值数（033288）威廉指标度量市场

下面就以菜粕值数（033288）为例，讲解用 Williams %R 指标度量市场的方法，如图 6-12 所示。

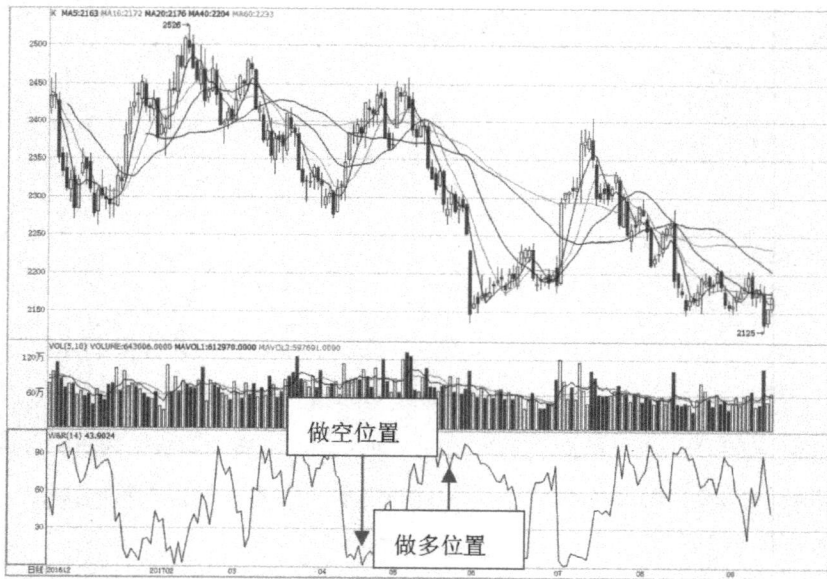

图 6-12 威廉指标曲线

从图 6-12 上可以看出，若以上边界为 100，则威廉指标与 K 线走势相反；反之，则与 K 线走势相同。一般认为，当威廉指标达到 80 以上时，则市场处于超卖状态，价格走势应该见底；当威廉指标低于 20 以下时，则市场处于超买状态，价格走势可能见顶；当威廉指标处于 30 ~ 60 之间时，投资者应持观望态度。

从图 6-12 还可以得出，若投资者在威廉指标达到 80 时买入该期货，并在威廉指标到达 20 时卖出，那么他并没有在最低价买入，而且也在市场进行到最高价之前就卖出了。从这也可以看出，威廉指标可对价格走势作出预判。

6.3 常见的技术面分析方法

在所有预测理论中，有两种预测比较简单而且十分有效：一是趋势线理论，投资者只要划出简单的直线就基本可以捕捉到买入点；二是黄金分割线定律，即利用特定的比率确定交易位置。

6.3.1 黄金分割

人们经过长时间经验积累发现，大自然中所有美丽的动植物，在它们的形体构造上都有一个固定的比值，使它们散发出一种令人着迷的气质。这个比值就是 0.618，也即黄金分割比。

黄金分割定律将 1 分割为 0.618 和 0.382，从这两个数以及先前提到的数列中，我们可以找到如下特点。

（1）数列中任意数字都是由前两个数字之和构成的。

（2）前一数字与后一数字之比例，趋近于 0.618 这一固定常数。

（3）后一数字与前一数字之比例，趋近于 1.618 这一固定常数。

（4）1.618 与 0.618 互为倒数，其乘积则约等于 1。

（5）任意数字如与前面第 2 个数字相比，其值趋近于 2.618；如与后面第 2 个数字相比，其值则趋近于 0.382。

奇异数字组合除能反映黄金分割的两个基本比值 0.618 和 0.382 以外，还存在 0.191、0.382、0.5、0.618、0.809 这几个比值。

👉 【案例分析】菜粕 1803（033203）的黄金分割线

下面就以菜粕 1803（033203）为例，讲解黄金分割线，如图 6-13 所示。

从图 6-13 中可以看到，当前的价格走势（1 771 元的位置）已经见底，一旦出现逆转，其价格可能会上涨到 2 659 元的位置。投资者可以将黄金分割线作为价格上涨时的目标位置。

一些技术分析者认为，黄金分割率的奇异数字是一种巧合，没有任何理论依据。但自然界的确存在一些奇妙的巧合，而这一直难以用科学的方法进行解释。

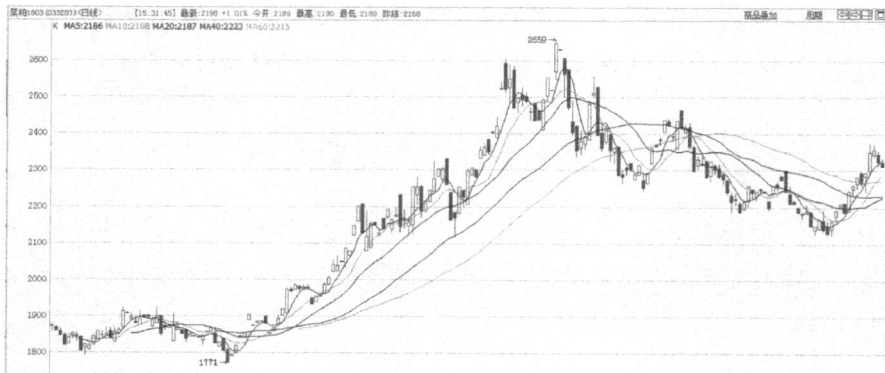

图 6-13 黄金分割线

6.3.2 应用波浪定律

波浪定律是由技术专家拉尔夫·纳尔逊·艾略特发明的一种价格趋势分析工具。它是一套完全利用观察得到的结论规律。

艾略特曾发现股票市场指数以可识别的模式做趋势运动和反转。他分析出的这些模式在形态上不断重复，但并不一定在时间上或幅度上重复。艾略特分离出了 13 种这样的价格运动模式或"波浪"，它们会在市场数据中反复出现。艾略特逐一对这些模式进行分析，并解释了它们是如何，形成它们自身的更大的变体的，以及它们是如何依次相连形成大一级的相同模式的。以此类推，从而产生结构化的价格行进，艾略特称这种现象是波浪理论。

波浪理论主要不是一种预测工具，而是对市场行为的细致刻画。不过，这种刻画的确传达了有关市场在行为连续统一体中所处的位置，及其随后的运动轨迹方面的学问。波浪理论的主要价值在于它为市场分析提供了一种背景，这种背景既奠定了严密思考的基础，又提供了对市场总体位置及前景的展望。

【技巧解析】波浪定律的 5 浪形态

在各种市场中，价格行进最终采取一种特定结构的 5 浪形态。这也是波浪定律中最基本、最重要的核心，如图 6-14 所示。

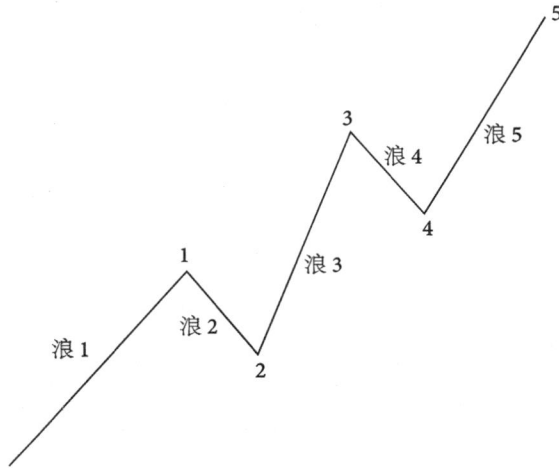

图 6-14 5 浪形态

但图 6-14 中的浪 1、浪 3 和浪 5 三个浪会真正影响有向运动（非横向运动），
但它们又被两个表示为浪 2 和浪 4 的逆势休整期所分割。对于将要发生的整个
有向运动，这两个休整期显然是必不可少的。

艾略特记录了 5 浪形态中的 3 个不变的真理，具体如图 6-15 所示。

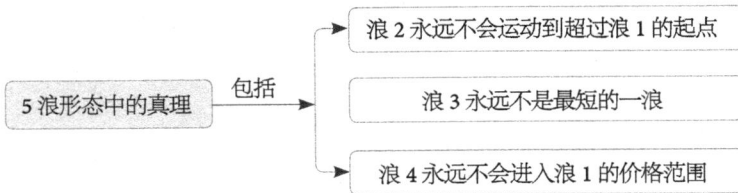

图 6-15 5 浪形态中的真理

波浪定律并未具体说明仅有 5 浪形态这一种支配形态，但这是不可否认的
事实。在任何时候，市场都处于最大级数趋势中的基本 5 浪形态中的某个位置。
由于 5 浪的模式是市场行进中的主导形态，其他所有模式都被包含在了其中。

第7章

K线图分析入门与实战

K线就是一种以小见大的技术分析指标。它可直观地反映走势。因此，无论对技术分析抱有何种态度，投资者都应学会分析K线图。

要点展示 >>>

了解期货的K线图

分析期货K线图的形态

利用K线图分析期价趋势

7.1 了解期货的K线图

K线的原始形式是一名日本的粮食商人发明的。他全力研究稻米现货买卖及定期交易的价格信息及走势，并以K线的形式记录下来。靠着他研究的行情战术及过人的胆识，其所预估的行情可谓神准。他不但获得了巨额财富，其所发明的K线也在日本引起了很大的轰动。

1990年，美国人史蒂夫·尼森将"日本K线图"引进西方金融界，立即引起轰动。史蒂夫·尼森向西方金融界展示了日本长期以来具有强大生命力的4种技术分析手段，破解了日本金融界投资人的秘密，展示了蜡烛图、三线反转图、砖块图、折线图的魅力。同年，我国股市开市时直接起用了K线，但对K线的研究、使用一直局限于日本人的研究成果，主要以单K线、双K线、多K线的局部零散的统计为主，没有形成系统的、完整的模式。

7.1.1 K线图的主要作用

K线图是期货技术指标中最常见的形式，也是进行技术分析的基础。K线形似一根蜡烛，所以又叫蜡烛线或者日本线、阴阳线等，由上、下影线和阴、阳实体组成。一般用红色阳线表示某一天的收盘价比开盘价高（即价格上涨），用绿色阴线表示某一天的收盘价比开盘价低（即价格下跌），如图7-1所示（注意：本书中以白色实体代表阳线，以黑色实体代表阴线）。

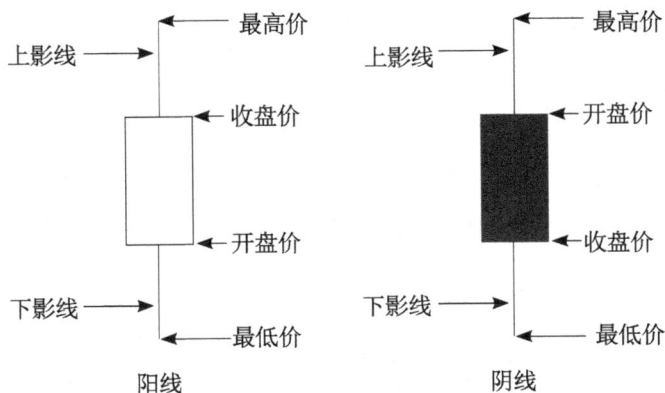

图 7-1 阳线与阴线

K线可以反映投资者对于市场的心理，但其是虚构出来的，实际是不存在的，也可以认为其是为了方便人们直观地观察市场行情的走势而设计出来的。所以简单地说，K线只是做技术分析之用，并不代表实际的东西。K线可以是5分钟K线、30分钟K线或日K线等。许多分析软件都提供不同的K线时间选择，不过一般用得最多的是日K线。日K线的上、下线影线代表不同的含义，如图7-2所示。

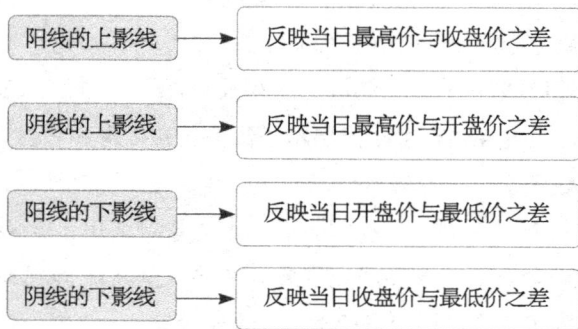

阳线的上影线	→	反映当日最高价与收盘价之差
阴线的上影线	→	反映当日最高价与开盘价之差
阳线的下影线	→	反映当日开盘价与最低价之差
阴线的下影线	→	反映当日收盘价与最低价之差

图 7-2 日 K 线的影线可反映的内容

从K线图中，我们不但可以看到价格的趋势，同时还能了解每日的市场波动。它最大的特点就是简单直观，即便是对于看到数据就"头疼"的新手投资者来说，其也能在短时间内对K线图有一定的了解。

7.1.2 单根K线图操作技巧

对于单根K线研究，我们需要从阴阳、实体大小、影线长短和K线位置这4个方面去入手，下面将做具体分析。

（1）**阴阳**。阴线表示下跌，阳线表示上涨。阴阳线可以直观地反映出行情的涨跌情况。投资者在对单根K线图进行操作分析时需特别注意。

（2）**实体大小**。实体大，涨跌的趋势就大；实体小，涨跌的趋势也就小。实体大小可以直观地反映出行情的涨跌趋势，投资者在对单根K线图进行操作分析时需特别注意。

（3）**影线长短**。上影线越长，次日涨跌趋势的阻力就越大；下影线越长，次日涨跌趋势的支撑力就越强。

（4）**K线位置**。出现在高位的K线与出现在低位的K线，其意义是有差别的，需要研究者用辩证的眼光去观察、分析。

7.1.3 K线图的常见类型

根据上、下影线和中间柱体的长短不同，可将K线分为不同类型。

【技巧解析】光脚K线

光脚阳（阴）线是没有下影线且上影线长的K线，如图7-3所示。

光脚阳线一般表示股价上涨时遇到强劲反压力道。这种K线若出现在高价区，则后市看跌。光脚阴线一般表示先涨后跌，反弹无力，空头强势。这种情况下，卖方占很大的优势。

【技巧解析】上吊线

上吊线没有上影线且下影线长，实体处于整个价格区间的上端，实体本身的颜色无所谓，但是上吊线如果是阴线，则其代表下跌的信号就越明显，可能是高位反转的信号，如图7-4所示。

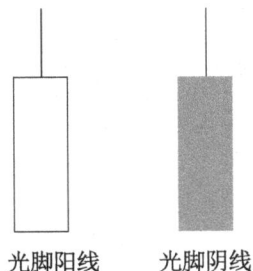

光脚阳线　　光脚阴线

图7-3 光脚K线

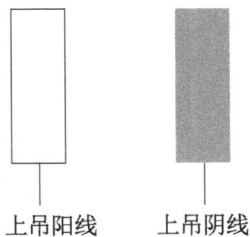

上吊阳线　　上吊阴线

图7-4 上吊线

【技巧解析】假阳（阴）线

假阳（阴）线的上、下影线短且实体柱长，如图7-5所示。

假阳线一般表示涨势强劲，股票价格坚挺；假阴线一般表示下跌力度仍然强劲，大涨后出现，表示后市可能急速下跌。

【技巧解析】上影K线

上影K线是上影线长且下影线短的K线，如图7-6所示。

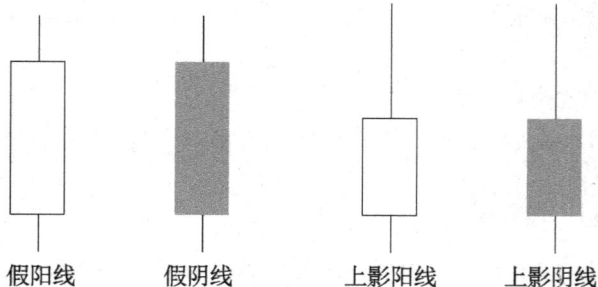

| 假阳线 | 假阴线 | 上影阳线 | 上影阴线 |

图 7-5 假阳（阴）线　　　图 7-6 上影 K 线

上影阳线一般表示多空交战，多头方更强势，被认为是反转信号。需要注意的是，出现大涨后，常代表后市可能下跌，而出现大跌后，则代表后市可能触底反弹。上影阴线一般表示空方较强势，反弹无力。

【技巧解析】下影 K 线

下影 K 线是上影线短且下影线长的 K 线，如图 7-7 所示。

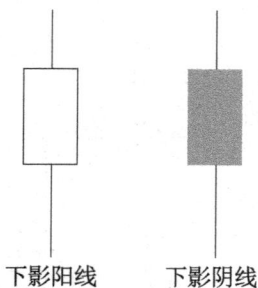

下影阳线　　　下影阴线

图 7-7 下影 K 线

下影阳线一般表示上涨力度强劲，下跌后能够收回。下影阴线一般表示空方较强势，但是下跌时有强劲力量支撑。

7.2 分析期货 K 线图的形态

K 线类的研究是侧重若干天的 K 线组合情况，如二根、三根或者更多的 K 线组合来推测证券市场多空双方力量的对比，一些特定的图形也有其代表的意思。

投资者可以记住一些常见的 K 线组合，有助于其进行投资分析。

7.2.1 孕线形态

孕线形态又叫孕育线。该形态的出现，往往代表市场已经进入多空平衡状态，市场上升或下跌的力量已经近衰竭，随之而来的很可能是行情的逆转。

一般情况下，在上升趋势中，高位孕育线是明显见顶的信号，即将下跌的可能性比较大，投资者可以考虑做空；在下跌趋势中，低位孕育线的出现是见底的信号，即将上涨的可能性较大，投资者可以选择做多。

👉 **【案例解析】棉花值数（030588）出现孕线形态**

图7-8所示为棉花值数（030588）在2016年1~6月的走势图。图中，该期货合约经历了一波下跌行情，产生见底信号，在底部横盘时出现大阴线报收、次日高开高走收阳线、阳线实体在大阴线内部的现象，形成明显的孕线形态。这是空方阶段性抛压减轻而多方力量则逐步增强的标志，是明显的买入信号。

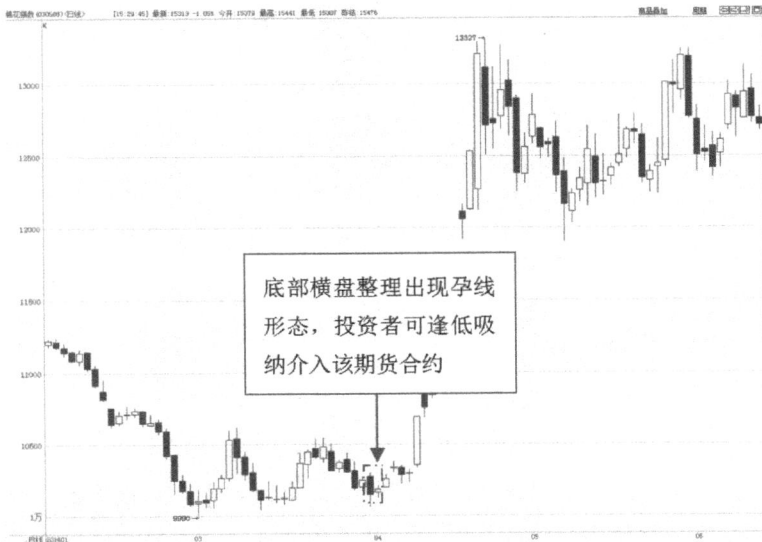

图7-8 孕线形态

专家提醒　在孕线形态中，如果前面一根长K线为阳线，后面的一根短K线为阴线，则这种孕线称为阴孕线。阴孕线多出现在一波上涨走势后的高位区，是多方力量阶段性枯竭、空方力量开始转强的信号，预示着一波回调下跌走势即将出现。

7.2.2 锤子底与上吊线形态

锤子底是指具有比较长的上影线、较小的实体居于整个价格范围下端的一种K线形态。锤子底一般出现在行情的底部区域，前面应该有一段时间的下跌。

如果锤子底与"早晨之星"形态同时出现，见底信号就更加可靠；如果锤子底出现在上涨后相对的高位，则属于看空信号，称之为"射击之星"形态。

☞ 【案例解析】棉花1807（030507）出现锤子底

图7-9所示为棉花1807（030507）在2016年1～3月的走势图。当锤子底出现时，投资者不应着急入市，而要等到其他看涨信号出现时再执行做多操作。锤子底的实体与次日开盘价格向上的缺口（跳空）越大，越能说明市场的底部已经形成。

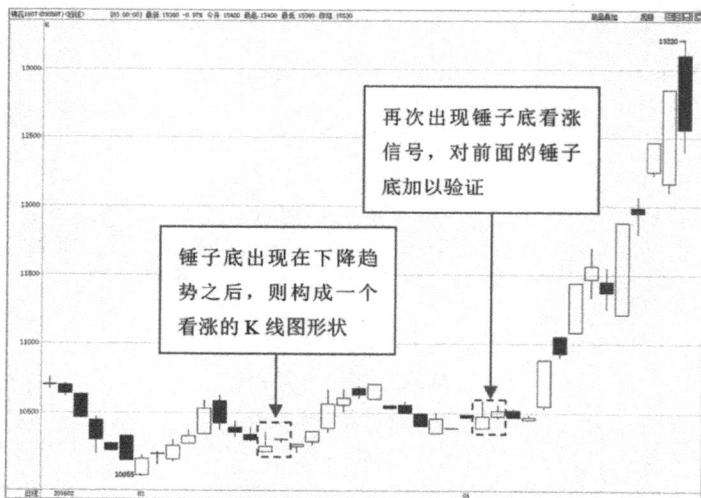

图7-9 锤子底形态

上吊线具有较长的下影线，实体较小，多出现在上涨行情末期，代表市场上冲运动也许已经结束。通常而言，上吊线的下影线长度应在K线实体的两倍以上，由于其形状与绞架颇为相似，故而得名。上吊线一般出现在股价高位区，其下影线越长，转势信号越强烈。

上吊线的出现表明：在屡屡做多后，买卖双方力量达到平衡，在一个交易日内，多方努力将价格上推，可能创出当天高点，但无心维持高位；其后，卖方力量势不可当，多日来卖方被压制的能量瞬间释放，价格大力下挫；但当天收盘价仍处于较高位置，接近最高价，形成的实体部分相当小。

👉 **【案例分析】棉花1807（030507）出现上吊线**

图7-10所示为棉花1807（030507）在2016年6～10月的走势图。图中，该合约在阶段性顶部出现了一个上吊线形态。上吊线的意义与锤子底的意义相似，其是一种看跌信号：上吊线的实体与次日开盘价格向下的缺口（跳空）越大，越能说明市场的顶部已经到来。

图7-10 上吊线形态

因为锤子底和上吊线都出现在已存在的趋势中，它们的出现往往代表趋势的变化。这种逆转的力量通过上影线或下影线反映出来。所以，上、下影线的长度也是评判逆转能否发生的标准，上、下影线越长，越能说明趋势将要改变。

> 👔 **专家提醒**
>
> 　　在实战操作中，投资者应用上吊线形态时，应注意以下3个问题。
> 　　（1）若上吊线实体部分与前一根K线形成"跳空缺口"，则说明追高一族的成本高于前一天，此时多为散户行为。
> 　　（2）上吊线出现后的第二根K线一般为阴线，阴线长度越长，新一轮跌势开始的概率越大。
> 　　（3）上吊线出现时，若当时成交量萎缩，则投资者要在下一个确认性的信号出现时才能做出最后的判断。

7.2.3 乌云盖顶形态

乌云盖顶形态由两根 K 线组成，是一种在顶部出现的反转信号。该形态通常出现在上升趋势中，第一根 K 线应该是阳线，第二根 K 线应该是阴线，并且出现向上跳空的情况，其收盘价也应该在前一日阳线实体的一半以下，如图 7-11 所示。

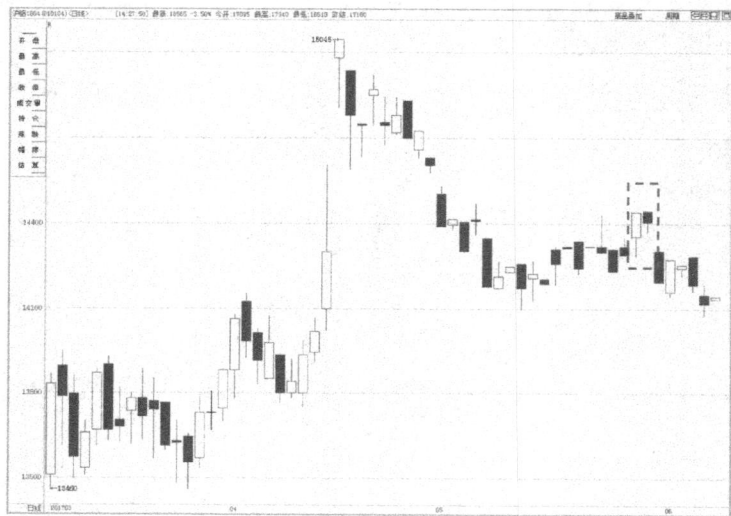

图 7-11 乌云盖顶形态

第二日的长阴 K 线，意味着市场价格上升动力耗尽，买方策划的最后一番上攻失利，卖方已控制大局，是一波下跌走势即将出现的信号。

> **专家提醒**　如果大幅高开低走的大阴线完全覆盖了前一天的阳线，形成了完全包容线，则转势信号更强烈。

在乌云盖顶形态中，阴线出现在阳线的上方。这是市场逆转向下的信号。一般来说，绿色实体的收市价向下穿入前一个红色实体的程度越深，则该形态构成市场顶部的概率越大。

7.2.4 穿刺形态

穿刺形态与乌云盖顶形态是相互对立的形态。穿刺形态发生在下跌行情中，是反弹信号。穿刺形态通常由两根 K 线组成，其中，第一根 K 线是下跌阴线，而第二根上涨K线应具有较长的红色实体，其下影线应该在前一天的实体之下。

【案例解析】玻璃主力（033090）出现穿刺形态

图7-12所示为玻璃主力（033090）在2016年5～9月的走势图。图中，该合约在上升过程中出现多个穿刺形态。在穿刺形态中，红色上涨的K线在开盘后会跌至前一天绿色K线之下，但之后价格会反弹上来，在最后收盘时的价格会高于前一天绿色实体的中点。

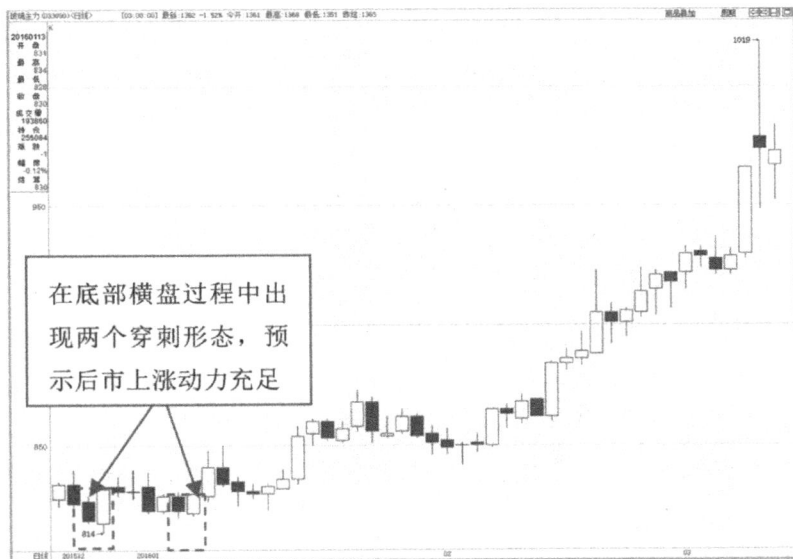

图7-12 穿刺形态

7.2.5 黄昏星形态

一般来说，黄昏星形态由3根K线组成，是一种看跌信号。在黄昏星形态中，第一根K线为较长的红色实体；第二根K线为上涨或下跌的十字星（或者是类十字星的图形）；第三根K线为绿色下跌K线，如图7-13所示。

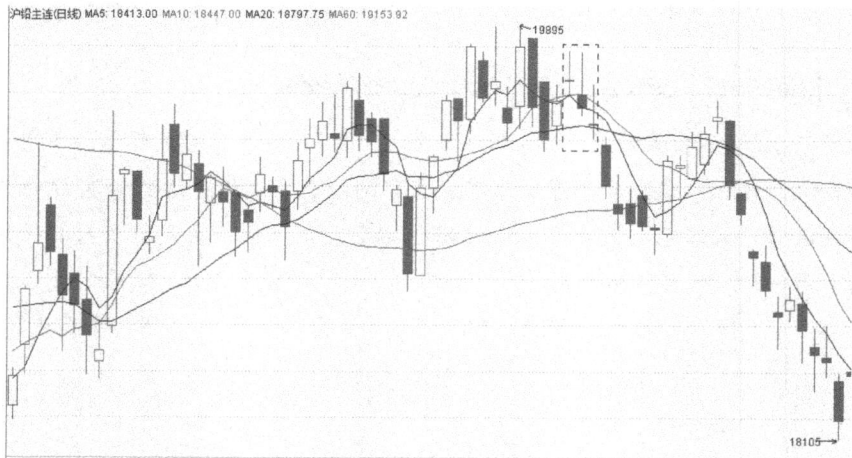

图 7-13 黄昏星形态

黄昏星形态的 3 根 K 线中，应该满足以下特征。

（1）只出现在上升趋势中。

（2）第二根星线出现向上跳空。

（3）第三根阴线出现向下跳空。

（4）第三根阴线扎入第一根红色实体内部。

需要注意的是，第三根 K 线的实体越长，深入第一根阳线的实体越深，则说明空方反击力量越强。

7.2.6 十字星形态

十字星形态是实体部分极短但影线较长的 K 线，即开盘价与收盘价几乎没有变化。它的出现往往是市场趋势即将发生变化的信号。十字星形态的显著特征是出现跳空：在上升趋势中，应该出现向上的跳空；在下降趋势中，应该出现向下的跳空。

👉 【案例分析】沪铜连续（010020）出现十字星

图 7-14 所示为沪铜连续（010020）在 2016 年 9～11 月的走势图。图中，该合约在上升阶段时出现了十字星形态。十字星形态表明多空双方力量相对平衡，之前以多头或空头为主的市场已经出现变化。上、下影线的长度对该形态具有一定的指导意义，通常影响越长，则越能说明多空双方争夺的激烈程度。

图 7-14　十字星形态

7.2.7 三只乌鸦形态

三只乌鸦形态一般出现在市场顶部：在期货价格出现连续上涨后，形成 3 根阶梯下跌的阴线，并且每一根阴线的开盘价格都应该在前一天的收盘价之下。

👉 **【案例分析】沪铝 1809（010109）出现三只乌鸦**

图 7-15 所示为沪铝 1890（010109）在 2017 年 3～6 月的走势图。图中，该合约在下跌阶段就出现了三只乌鸦形态。一般来说，三只乌鸦形态的出现意味着上涨行情即将结束。从图形上来看，3 根阴线的下影线应该较短，即收市价都在当日最低价附近。

图7-15 三只乌鸦形态

有分析师指出，三只乌鸦形态的第一根阴线的实体最好居于它之前的阳线的最高点以下，这样才能表示市场上悲观情绪较多，多头方市场遭到了强大的股价拉低。

7.2.8 红三兵形态

红三兵形态与三只乌鸦形态相反。该形态出现在市场的底部，在连续下跌后，形成3根阶梯向上的阳线。

【案例分析】沪锌1708（010308）出现红三兵

图7-16所示为沪锌1708（010308）在2017年5～8月的走势图。图中，该合约在上升阶段出现了红三兵形态。一般来说，红三兵形态的出现是市场强烈反转的信号。如果该形态出现在长时间的横向走势后，则往往代表市场即将启动，投资者应该密切留意市场变化。

有资深投资者认为，真正意义上的红三兵形态的第三根阳线应该"光头""光脚"，至少应该是光头阳线。如果出现上影线，则表明做多方力量开始衰竭，不会再出现大的涨势。

图 7-16 红三兵形态

7.2.9 分手形态

分手形态是由两根具有相同开盘价但颜色相反的 K 线组成的。该形态同样分为看涨分手形态和看跌分手形态。

一般来说，分手形态是趋势将继续下去的信号。以看涨分手形态为例，趋势继续的原因是当第一天出现大阴线时，投资者可能会出现一定的恐慌，不坚定的投资者可能会进行获利了结，趁早离开。但此时市场仍处于上涨趋势，第二天价格的向上跳空和大幅上涨无异于给市场打了一剂强心针，向上的趋势会继续发展。

☞ 【技巧解析】分手形态的判断标准

看涨分手形态中有一根红色的看涨捉腰带线；看跌分手形态中有一根绿色的看跌捉腰带线，如图 7-17 所示。

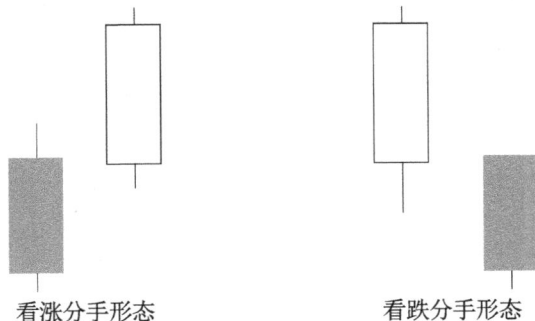

看涨分手形态　　　　　　　看跌分手形态

图 7-17 分手形态

分手形态顾名思义，其两根K线的价格会呈现反向的走势。分手形态的判断标准有3点，如图7-18所示。

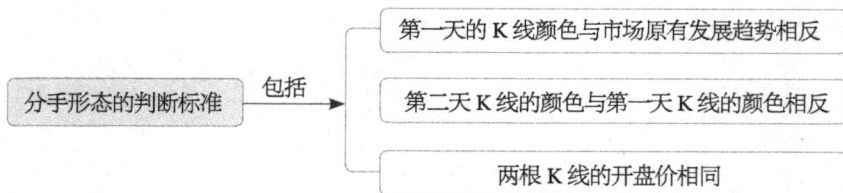

图7-18 分手形态的判断标准

7.2.10 约会形态

约会形态是由两根有相同收盘价且颜色相反的K线组成的。它与分手形态正好相反，分为看涨约会形态和看跌约会形态。

（1）看涨约会形态常常出现在下跌趋势中。该形态的第一天的K线应该是大阴线，第二天市场出现向下跳空，然后低开高走一路上涨，最后在最高价附近收盘。

（2）看跌约会形态与乌云盖顶形态相关，常常出现在上涨趋势中。该形态的第一天的K线应该是大阳线，第二天市场出现向上跳空形成最高价，然后一路下跌，最后在最低价附近收盘。

【技巧解析】约会形态的识别方法

图7-19所示为通常的约会形态模型。

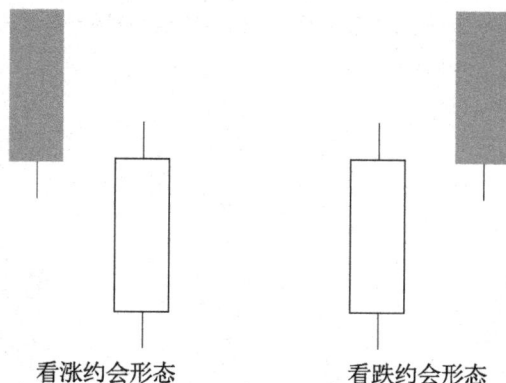

看涨约会形态　　　　看跌约会形态

图7-19 约会形态

一般来说，约会形态是市场反转的信号，其识别方法如图 7-20 所示。

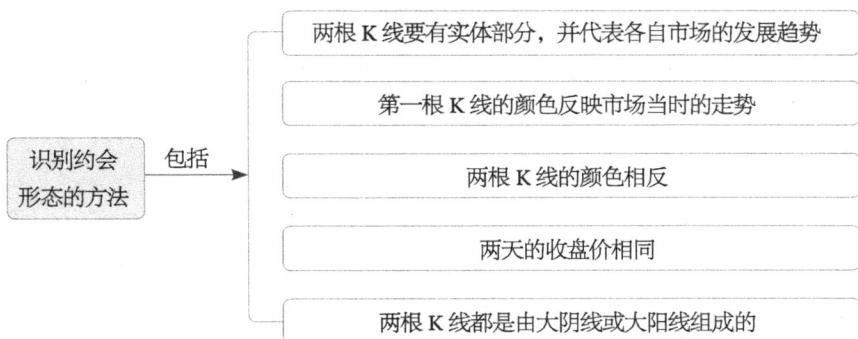

图 7-20 识别约会形态的方法

7.3 利用 K 线图分析期价趋势

无数个 K 线放在一起就构成了价格的大趋势。投资者通过分析不同情况下的价格走势，可以预测相对应的变化趋势。

7.3.1 分析 K 线形成的顶部

在出现双重顶或多重顶，但价格并未涨破原有顶部时，即便是牛市，投资者也不应该过早进入。一旦价格涨破原有顶部，在其回落之前，价格常常会出现明显的上升迹象，这时投资者进入做多才会更好。

☞【案例分析】沪锌 1809（010309）K 线形成顶部

在市场看跌的情况下，任何没有超过原有顶部的反弹都不能被认为是趋势的改变。图 7-21 所示为沪锌 1809（010309）在 2015 年 4 ~ 12 月的 K 线图形。

由该期货 8 个多月的 K 线走势可以看出，有些向上的走势的确有趋势反转的态势，但因价格在上涨途中出现下跌时，均未超过上一次的顶部，因此大趋势并未发生改变。在反弹时做多的投资者，如果不及时获利了结，那么很有可能会出现亏损。

需要注意的是，以假乱真的价格变动经常出现在牛市或熊市的最后阶段。投资者应该在有明确看涨或看跌信号出现时，再进行交易操作。

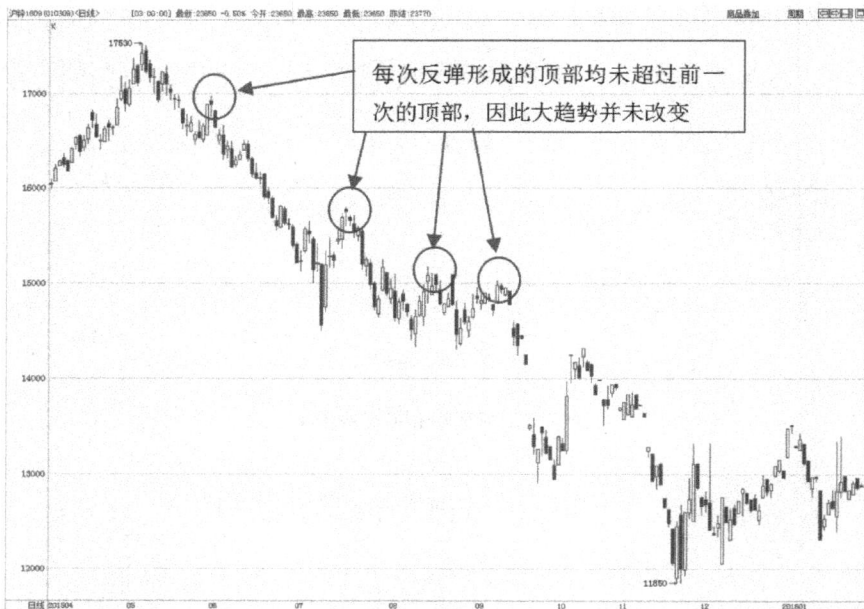

图 7-21 沪锌 1809（010309）合约走势

7.3.2 分析 K 线形成的底部

在价格没有突破前一段时间的底部或顶部时，投资者千万不能过早断定大势或小趋势已经出现了变化。

👉 【案例分析】IF1712（040112）K 线形成底部

在市场看涨的情况下，某一期货的价格下跌不久就将反弹，并且下跌的幅度也不会很大，形成位于底部之上的双重底或多重底。图 7-22 所示为 IF1712（040112）合约在 2016 年 4 ~ 12 月的 K 线走势。由该期货近 8 个月的 K 线走势可以看出，有些上涨的走势的确有趋势反转的态势，但因价格下跌途中出现上涨时，均未超过上一次的底部，因此大趋势并未发生改变。但是一旦价格跌破原有的底部，就表示在出现一些重要反弹之前，价格将要下跌至更低点。

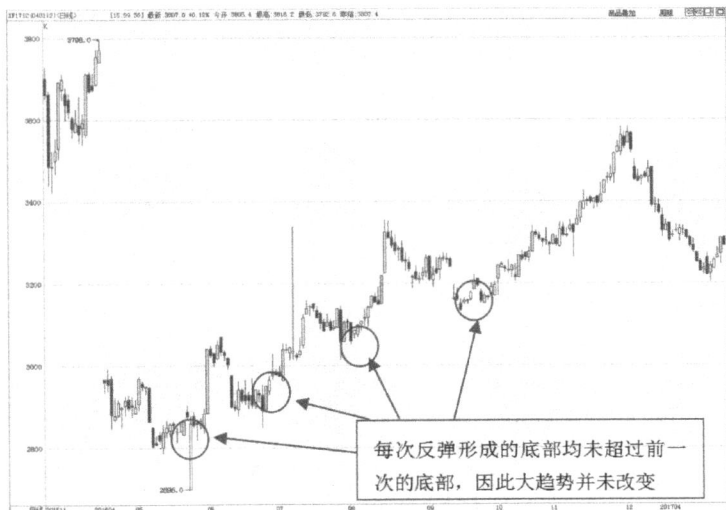

图 7-22 IF1712（040112）合约走势

7.3.3 分析 K 线回落的时间

时间长度是判断大势是否变化的一个重要途径，其具体规则是：在大行情经过了一段时间后（即到了势头萧条的阶段），萧条阶段出现回落的时间超出了之前最长的回落时间，这往往代表大势开始出现变化。

【案例分析】甲醇主力（030490）K 线回落时间短

图 7-23 所示为甲醇主力（030490）合约在 2017 年 1 ～ 4 月的 K 线走势。

以往的数据显示，牛市中小顶部时间或者回落期为 4 周左右，如果市场在萧条阶段连续回落时间超过了 5 周，就表明大势已经转变。对于熊市同样适用，一旦空间变动或者价格反弹的点数被超过，就表示牛市即将开始。从图 7-23 的牛市发生变化的回落时间，就可以很好地印证该说法。因此，记录同一颜色 K 线出现的数量也是很有意义的行为。

需要注意的是，无论牛市还是熊市，它们前期出现的空间变动的反转，是无法表现出行情最后阶段将要出现的重大逆转的。也就是说，在牛市中上升劲头强势时，即便当前回落期比牛市开始时长，也不代表大势发生了改变。

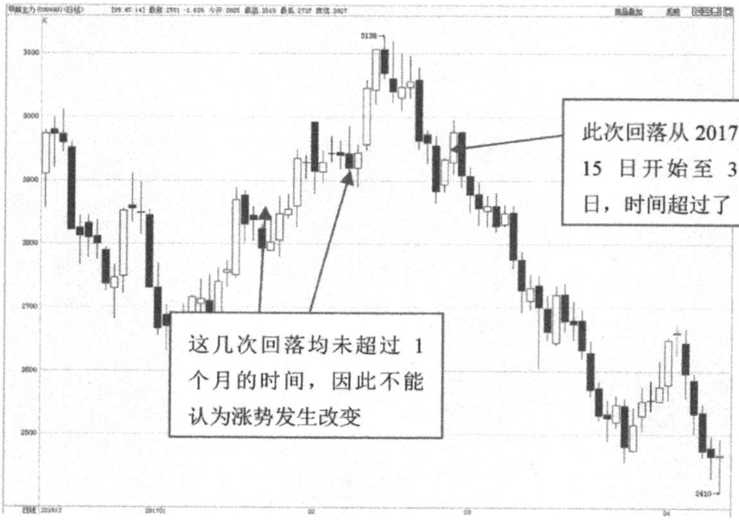

图 7-23 甲醇主力（030490）合约走势

> **专家提醒**　在期货价格进入高点区间以后，常会出现一些标志性的风险信号，如高位上长影线等。上影线是资金在高点进行抛售的结果。抛售的力度越大，上影线也就越长，随之引发的风险也就越大。

7.3.4 分析大行情末期的趋势

一般来说，当市场处于牛市最后的迅速上涨的阶段时，随着价格不断上升，回落会逐渐减小，直到行情的结束。然后，价格就会迅速回落，市场趋势也将随之改变。而在熊市中，越接近底部，下落的幅度越小。

☞ 【**案例分析**】玉米淀粉 1711（023511）见顶的信号

图 7-24 所示为玉米淀粉（023511）在 2016 年 8 月～2017 年 4 月的 K 线走势图。

由图可知，该期货的整体趋势是向上的，然而，随着价格的不断上升，其回落的次数在减少，而每次回落的幅度也逐渐减小，是见顶的信号，这也是在牛市的最后阶段中投资者不能逆势而行的原因。

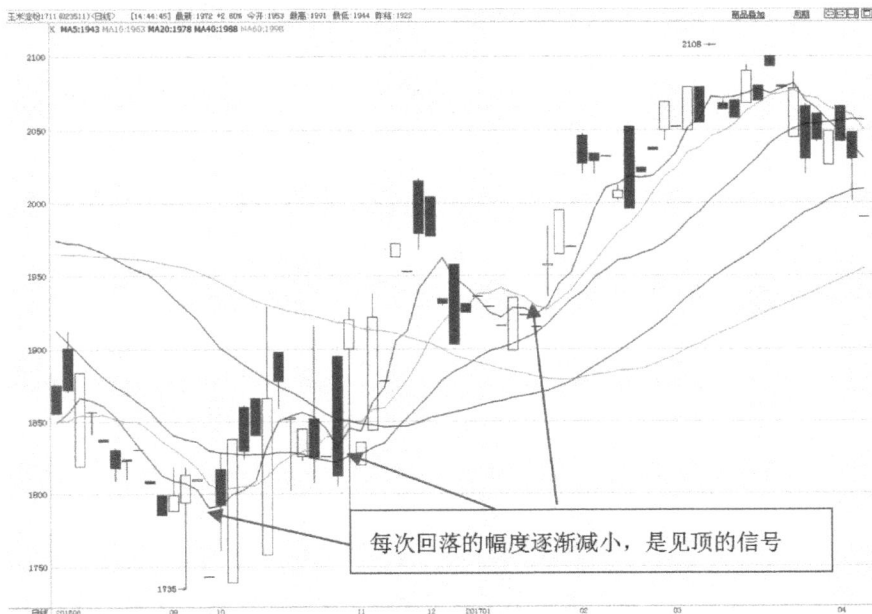

每次回落的幅度逐渐减小，是见顶的信号

图 7-24 大行情末的回落

7.3.5 分析狭窄区间的 K 线图

在某一狭窄的交易区间内，如果某一期货的价格持续震荡数周或数月后，突破了原有的底部或顶部，则这就在很大程度上意味着大势已经发生改变。另外，价格在该狭长区间停留的时间越长，突破该区间后变动的幅度也将越大。

【案例分析】白糖 1901（031301）长时间短幅波动

图 7-25 所示为白糖 1901（031301）合约自 2015 年 8 月到 2016 年 10 月的走势图。

期货市场的价格走势并不仅仅只有上涨或下跌两种，还有一种横向运动，即价格在狭窄区间波动的走势。当某一期货品种的价格属于横向运动时，其就会在一个狭窄的交易区间维持较长的时间，即该期货品种的价格既不高于以往最高点，也不低于以往最低点。

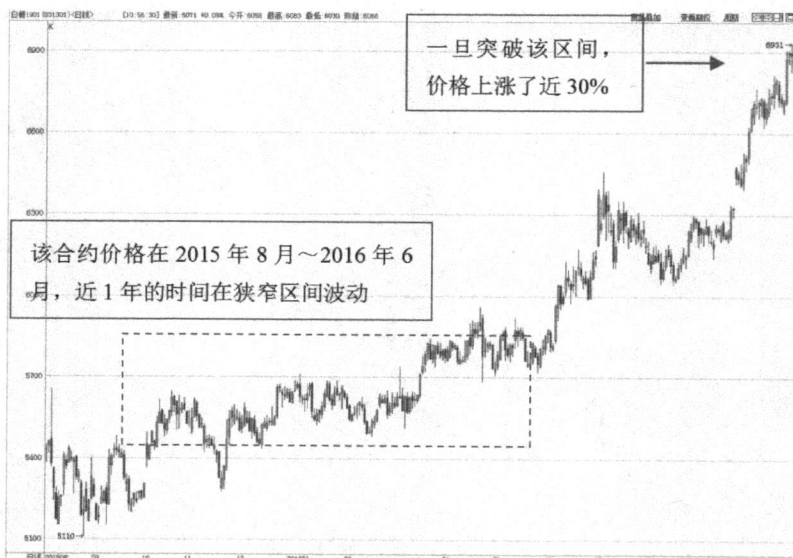

图 7-25　白糖 1901（031301）合约走势

专家提醒　这样的走势会让投资者浪费大量时间，并需要支付长时间的持仓费用。投资者如果能在价格突破横向运动之后进行交易，不但能省下大量的持仓费，还能利用资金做更为有利的交易操作。

在这样的情况下，最好的策略就是观望，直到价格突破了这一狭长区间。这种横向运动一旦被摆脱，之后，无论上涨，还是下跌，多半情况下，其价格都将进入到一个新的领域。投资者如果在市场进入一个新的领域之后再进入，就能更为准确地设置止损价位，进而在市场价格不变动的情况下得到保护，或者能够安全离场。对不同情况下的横向发展有不同的对策，具体分为以下两种。

（1）大行情下的横向发展。当牛市行情临近结束时，期货价格很有可能出现横向运动，并开始积累、发展。价格一般会在这一交易区间维持较长时间，该区间的顶部也许会低于极限最高价位。投资者在遇到这样的情况时，一定要密切关注横向运动的发展区间，当期货价格处于这个横向发展区间的顶部时，就可以认为是空头出售的好时机了。在它突破了这个区间的最低点之后出售会更加安全。

当熊市行情进入末期时，首次剧烈上涨之后，会有一个次级回落，接着就很有可能进入横向积累并发展的阶段。在此期间，期货价格会在横向发展区间的最高点与最低点之间反复波动数次，这个幅度的最低点就是一个较为不错的买入价位。

（2）低价位的横向发展。低价位之上的积累是市场横向运动比较不错的买入时机。此时，市场下跌并形成较为陡峭的底部，一般在这之后会反弹、回落，但仍然远远保持在老底部之上，在这种底部以上的狭窄范围内的价格波动，可以证明市场开始处于坚挺状态。

一些投资者在还没等到价格恢复到原来的低水平线时，就开始买入等待上涨，因为他们通过分析低价位上的横向运动，了解到该期货价格很难以回到原来的低水平。

第8章

日内交易入门与实战

学前提示 >>>　　在期货价格的短线波动过程中，投资者拥有相当多的操作机会，只要可以把握住正确的买卖机会，即可获得丰厚的利润。不过，要正确判断期货价格的波动方向并不简单，投资者只有掌握短线操作策略，才能达到事半功倍的投资效果。

要点展示 >>>　　入场开仓的原则和技巧
制定短线投资的交易策略
短线投资的资金管理策略

8.1 入场开仓的原则和技巧

对于短线期货投资者来说，其在入场开仓进行日内交易之前，还需要掌握一定的技巧，这样才能获取更多的利益。

8.1.1 趋势线判断价格走势

趋势线是判断期货品种价格走势的重要工具。趋势线理论认为，一旦价格运行形成了一定的趋势，那么其还将沿该趋势继续进行下去。连接波动高点的直线为下降趋势线，连接波动低点的直线为上升趋势线。根据波段的时间，趋势线又可分为长期趋势线（连接长期波动点）和中期趋势线（连接中期波动点）。

👉 【技巧解析】趋势线应用法则

趋势线的判定标准是：每一条上升的趋势线，需要两个明显的底部才能决定；每一条下降的趋势线，则需要两个顶点。通常趋势线有以下几条基本应用原则，如图8-1所示。

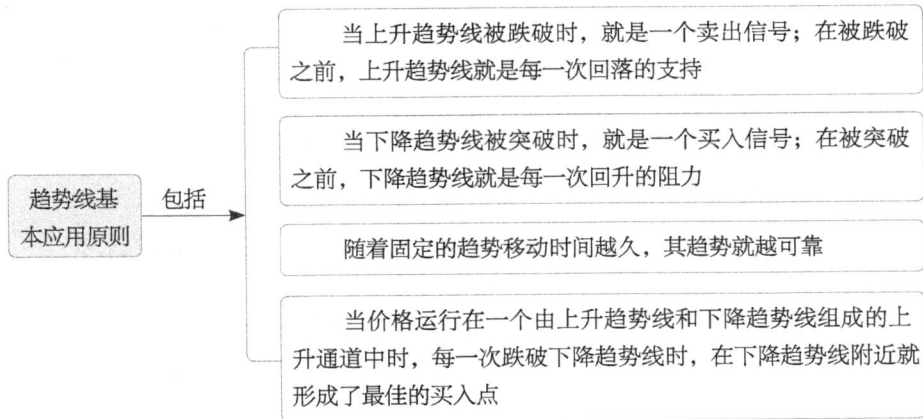

趋势线基本应用原则 — 包括 →
- 当上升趋势线被跌破时，就是一个卖出信号；在被跌破之前，上升趋势线就是每一次回落的支持
- 当下降趋势线被突破时，就是一个买入信号；在被突破之前，下降趋势线就是每一次回升的阻力
- 随着固定的趋势移动时间越久，其趋势就越可靠
- 当价格运行在一个由上升趋势线和下降趋势线组成的上升通道中时，每一次跌破下降趋势线时，在下降趋势线附近就形成了最佳的买入点

图8-1 趋势线基本应用原则

👉 【技巧解析】趋势线定律的扩展

其实从本质上讲，利用趋势支撑线捕捉买入点是从主力的资金成本出发的，跌到主力的成本区则大量资金自然要护盘，所以趋势支撑线就反映了主力的成

本线。趋势线定律有许多的扩展用法，具体如图 8-2 所示。

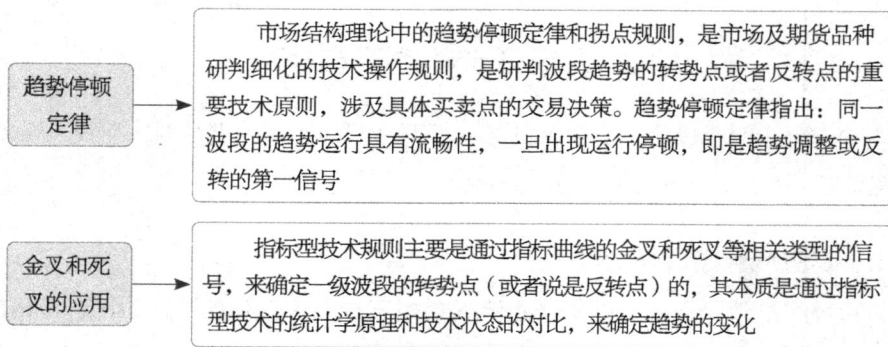

趋势停顿定律	市场结构理论中的趋势停顿定律和拐点规则，是市场及期货品种研判细化的技术操作规则，是研判波段趋势的转势点或者反转点的重要技术原则，涉及具体买卖点的交易决策。趋势停顿定律指出：同一波段的趋势运行具有流畅性，一旦出现运行停顿，即是趋势调整或反转的第一信号
金叉和死叉的应用	指标型技术规则主要是通过指标曲线的金叉和死叉等相关类型的信号，来确定一级波段的转势点（或者说是反转点）的，其本质是通过指标型技术的统计学原理和技术状态的对比，来确定趋势的变化

图 8-2 趋势线定律的扩展用法

专家提醒　"金叉"和"死叉"是技术分析中的专用名词，其中，"金叉"是指由一根时间短的均线在下方向上穿越时间长一点的均线，然后这两根均线方向均朝上的形态；反之被认为是"死叉"。

【技巧解析】图解趋势线的应用

通过图形来看更加直观，买入的情况一般认为有 5 种，如图 8-3 所示。

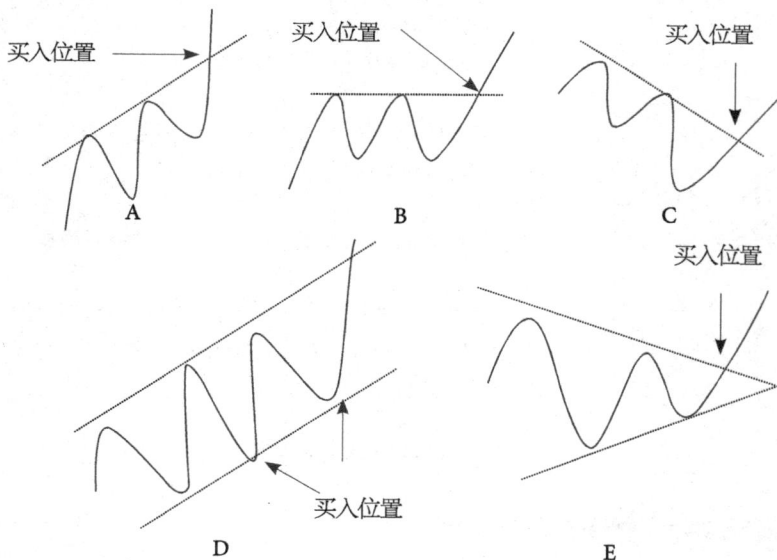

图 8-3 趋势线判断买入时机

通过趋势线判断卖出时机的方式也有 5 种，如图 8-4 所示。

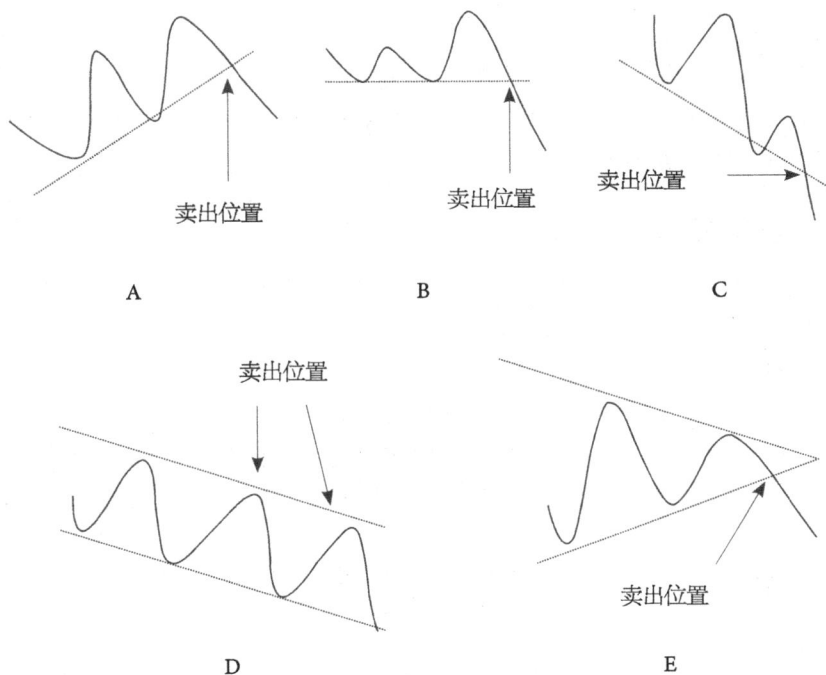

图 8-4 趋势线判断卖出时机

👉【技巧解析】趋势停顿定律技术要点

趋势停顿定律的技术要点主要包括以下 4 个方面。

（1）同一波段趋势延续性的运行特征是波段的趋势运行呈现出同向 K 线排列状态。同向 K 线排列是指与趋势运动方向相同的 K 线排列，可分为多头 K 线排列和空头 K 线排列。投资者需要注意的是，不同趋势方向的 K 线排列的基本原理来自于多空结构定律。

（2）当同一方向的 K 线排列出现停顿迹象时，意味着该波段的趋势运行的停顿。需要强调的是，整理性 K 线也是趋势运行停顿的警示信号。此外，平顶或平底型 K 线也属于整理性 K 线排列。这些 K 线的类型都是趋势运行 K 线排列所表现出来的停顿迹象。

（3）趋势停顿定律是同一波段的趋势跟踪技术，仅对同一波段有效。趋势运行的流畅性主要表现在同一个波段趋势运行之中。一个趋势波段是一个完整的趋势运行单位。当一个趋势波段结束时，趋势将开始一个新的趋势波段的运行。

（4）趋势停顿定律适用于所有的分析周期的趋势跟踪。对于任意的分析周期，趋势停顿定律都充分体现了趋势调整和转势的征兆，从1分钟K线到年K线，趋势停顿定律都是适合的。

【技巧解析】趋势停顿的推演

市场结构理论对趋势停顿定律进行了推演，具体如图8-5所示。

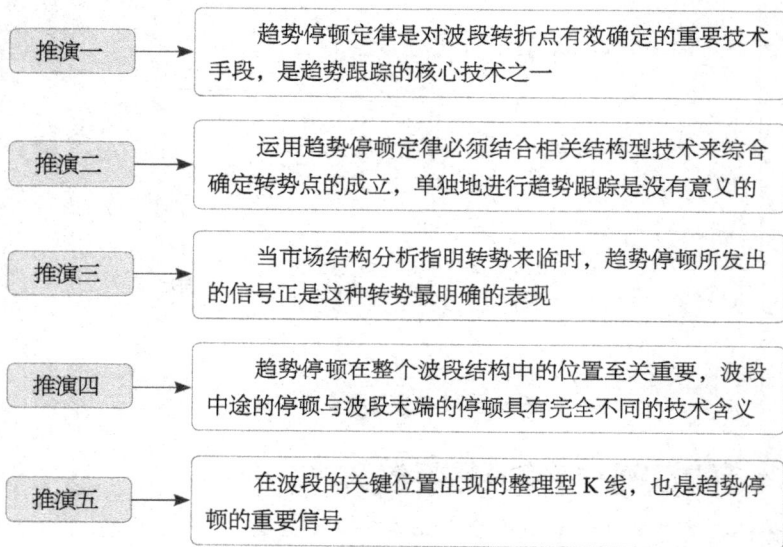

推演一	趋势停顿定律是对波段转折点有效确定的重要技术手段，是趋势跟踪的核心技术之一
推演二	运用趋势停顿定律必须结合相关结构型技术来综合确定转势点的成立，单独地进行趋势跟踪是没有意义的
推演三	当市场结构分析指明转势来临时，趋势停顿所发出的信号正是这种转势最明确的表现
推演四	趋势停顿在整个波段结构中的位置至关重要，波段中途的停顿与波段末端的停顿具有完全不同的技术含义
推演五	在波段的关键位置出现的整理型K线，也是趋势停顿的重要信号

图8-5 市场结构理论对趋势停顿定律做的推演

8.1.2 买涨和做空信号

操作信号分为两种情况，即买涨和做空。对于善于日内交易的投资者来说，大阳线通常是买涨信号，而大阴线则是做空信号。大阳（阴）线是指没有上下影线且长的实体柱，如图8-6所示。

在实际中通过大阳（阴）线分析行情时，上线影线都比较短而实体比较长的K线也能称之为大阳（阴）线。

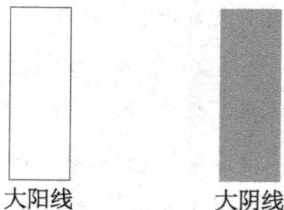

大阳线　　　大阴线

图8-6 大阳（阴）线

一般来说，大阳线表示一路上涨，买方的力量总大于卖方；大阴线表示一路下跌，卖方的力度强劲。

8.1.3 选择合适的操作时机

期价受涨停板制度的限制，其在日内盘中的波动幅度非常有限。因此，日内交易中的涨停价格和跌停价格，对于短线投资者来说形成了一些负面影响，不利于他们进行买涨和卖空的操作。

不过，投资者可以在这种有限的期价波动范围内，选择合适的操作时机，并保留不少于 50% 的操作空间，才能保障有足够的获利空间。

8.1.4 分析开仓的期价走势

每个交易日的开仓 30 分钟，是买卖双方交战最激烈的阶段，彼此都会用一些手段来达到自己的目的，因此，分析开仓 30 分钟的期价走势，对期价大势的研判有着十分重要的意义。

这段时间的走势基本上可成为期价全天走向的基础。短线投资者应充分关注这段时间量价的变化，为自己的决策做好准备。

对于期货日内交易来说，其如果开仓半小时内还没有处理获利状态的单子，那么持仓方向则很可能是错误的。

8.2 制定短线投资的交易策略

短线投资者在进行日内的期货交易之前，必须先制定好正确的交易策略，并在交易过程中有针对性地进行调整和买卖操作。这样才能避免因情绪影响而可能出现的操作错误。

8.2.1 使用 CRB 指数分析期价走势

CRB 是"Commodity Research Bureau"的缩写，它代表了大宗商品价格综合走势，一直在经济领域发挥着重要的指标作用。

【案例分析】CRB 指数波动加剧

在日内交易实战中，投资者可以利用 CRB 指标发现期货波动增强后的操作机会，如图 8-7 所示。

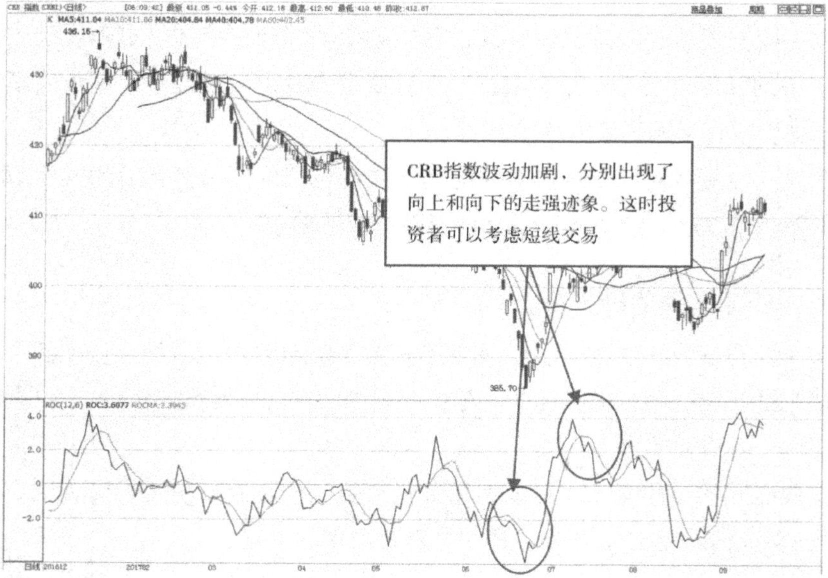

图 8-7 利用 CRB 指数分析价格走势

8.2.2 选择合适的短线投资品种

短线投资者可以从波动率的角度来选择合适的短线投资品种，其中适合日内投机交易的期货品种包括白糖、油类、PTA、沪铜和橡胶等品种。

这些期货品种的波动强度都非常高，可以提升投资者日内交易的获利机会。下面就以白糖为例，讲解短线操作的相关内容。

【案例分析】白糖 1803（032303）的短线操作

图 8-8 所示为白糖 1803（032303）的日 K 线走势图。从图中可以看到，在 2016 年 9～12 月短短的 3 个月间，ROC（12，6）（当日成交均价和 N 日前的成交均价之差所得结果，与 N 日前的成交均价的比值就是 ROC，其全称为 Price Rate of Change，即变动速率指标，用来表示期货成交均价变动速度的大小）就从低位的 0 附近上涨到高位的 39 附近，波动幅度非常强，很适合投资者进行

短线投资操作。

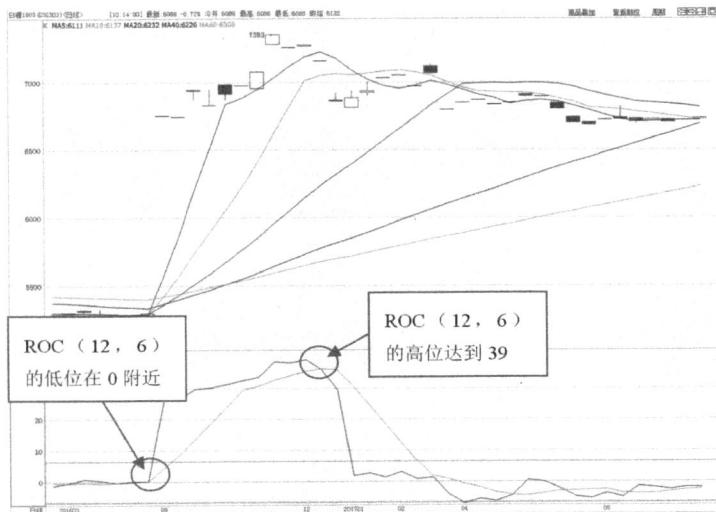

图 8-8 白糖 1803（032303）的日 K 线走势图

8.2.3 选择正确的入场点和出场点

价格上涨时，投资者都希望能在最恰当的时机买入期货产品，既希望买入的点位较低，又不愿意买入期货后等待漫长的上涨过程。

短线投资者可以利用分时图来寻找买入点。只有掌握了分时图中常见的买入位置，投资者在遇到价格上涨的走势时，才不会再有不知何时买入的困惑了。

投资者想要在日内交易中获利，不仅需要知道何时买入，还需要知道何时卖出，而且知道何时卖比知道何时买更加重要。

很多投资者通过短线操作获得了巨额浮盈后，不知道在何处离场，而且在最终期价转入下跌行情时还没有反应过来，则其原有的浮盈也因此可能荡然无存。

👉 **【案例分析】白糖 1809（032309）的卖出信号**

图 8-9 所示为白糖 1809（032309）在 2016 年 7 月 1 日的分时走势图。从图中可以看到，该期货品种早盘即大幅回落，随后股价有所反弹，但遭到均价线的阻挡，而且未能有效突破，由此发出卖出信号，表示后市期价将持续低迷。

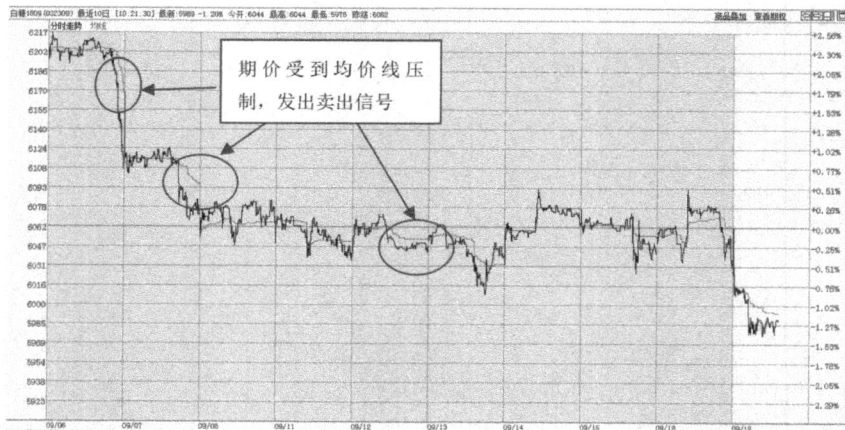

图 8-9 白糖 1809（032309）分时走势图

8.3 短线投资的资金管理策略

在日内期货交易过程中，资金管理策略的重要性是不言而喻的。口袋理论就是一种有效的资金管理策略，同时也揭示了期货中资金的流向，如图 8-10 所示。

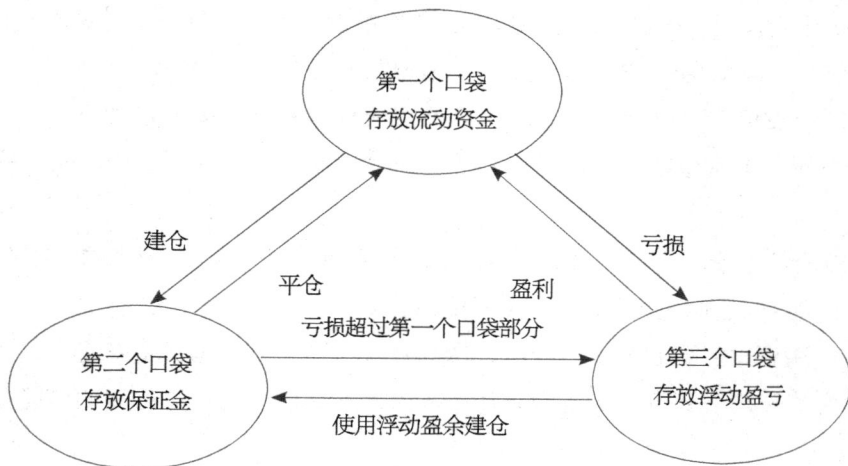

图 8-10 口袋理论模型

理论认为，期货投资分为 3 个口袋：第一个用于放可以划出账户同时可以建仓买卖的钱，即流动资金；第二个用于放保证金；第三个用于放投资者的浮动盈亏。建仓与平仓、盈利与亏损都会导致投资者资金的流动。

口袋理论模型是简化后的图形，不一定完全准确。在实际期货交易中，期货价格的涨跌会影响持仓筹码所需要的保证金，同时，浮动盈亏也对各个口袋资金存在影响。这些都是导致口袋理论模型变化更为复杂的原因。具体来说，可分为以下 4 种情况进行分析。

8.3.1 做多时价格上涨

如果投资者持有期货的多头合约，则当价格出现上涨时，其浮动盈利 = 保证金 × 价格涨幅 × 杠杆比率（一般认为是 10）。

👉【技巧解析】期货投资分为 3 个口袋

由于价格上涨，投资者持仓所需的保证金也相对应增加，所以第三个口袋的浮动亏损的 1/10 会被冻结在第二个口袋中，作为其持仓价值所增加的保证金，另外的 9/10 则可以用来加仓，或者转移到第一个口袋中，如图 8-11 所示。

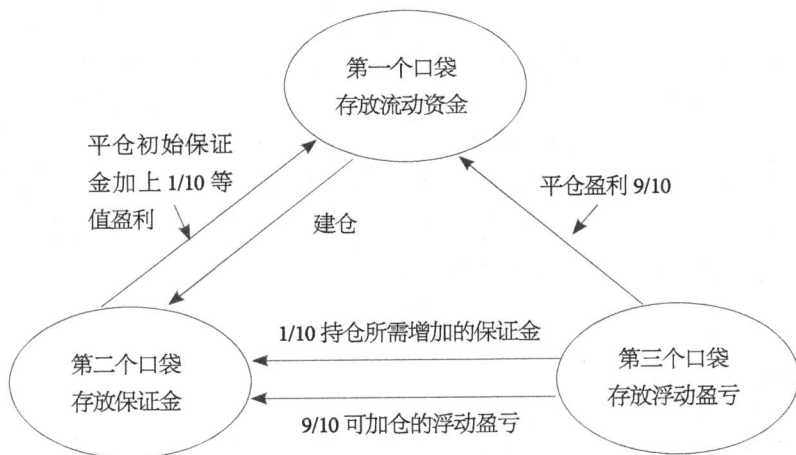

图 8-11 做多时价格上涨的情况

8.3.2 做多时价格下跌

如果投资者持有的多头合约价格下跌，则投资者将出现亏损的情况，其浮动亏损 = 保证金 × 价格跌幅 × 杠杆比率（一般认为是 10）。

由于价格下跌，投资者持仓所需的保证金也相对应减少，所以第三个口袋的浮动亏损的 1/10 对应的是持仓保证金减少的部分，是直接从第二个口袋扣除的，另外 9/10 则扣除第一个口袋的可用资金，如图 8-12 所示。

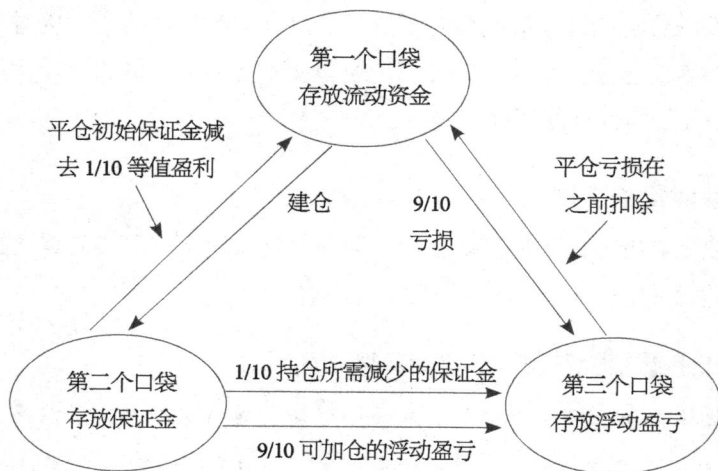

图 8-12 做多时价格下跌的情况

> 投资者想在期货市场取得成功并不需要巨额投入。当价格呈现单边剧烈走势时，由于期货的"口袋"特点，投资者在盈利头寸上可以不断加仓，从而出现超额收益的可能。有数据显示，资金账户低于 5 000 美元的投资者从事期货交易取得成功的可能性较大，反而是账户资金超过 5 万美元的客户群，极为容易在铤而走险的交易中一败涂地。成功交易的原因部分可以归结为适当的资金管理，而不是集中所有筹码进行交易。

专家提醒

8.3.3 做空时价格上涨

如果投资者持有的空头合约价格上涨，则投资者将遭遇浮动亏损，其浮动亏损额 = 保证金 × 价格涨幅 × 杠杆比率（一般认为是 10）。

由于价格上涨，投资者持仓所需的保证金相对应增加，则第一个口袋要扣除第三个口袋的浮动亏损，并补足第二个口袋的保证金。如果第一个口袋的资金不够，则不够的部分会从第二个口袋的保证金中扣除，如图 8-13 所示。

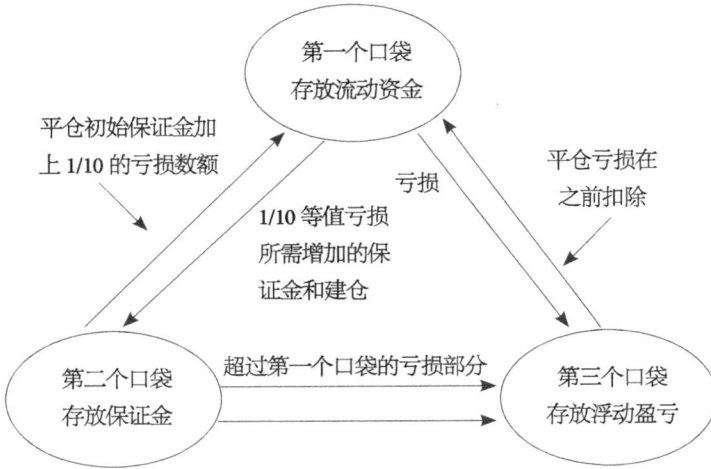

图 8-13 做空时价格上涨的情况

8.3.4 做空时价格下跌

如果投资者持有的空头合约价格下跌，则投资者将获得浮动盈利，其浮动盈利额 = 保证金 × 价格跌幅 × 杠杆比率（一般认为是 10）。

由于价格下跌，投资者持仓所需的保证金相对应减少，则第三个口袋中的盈利可以用来加仓，第二个口袋中多出来的保证金会流入第一个口袋中，如图 8-14 所示。

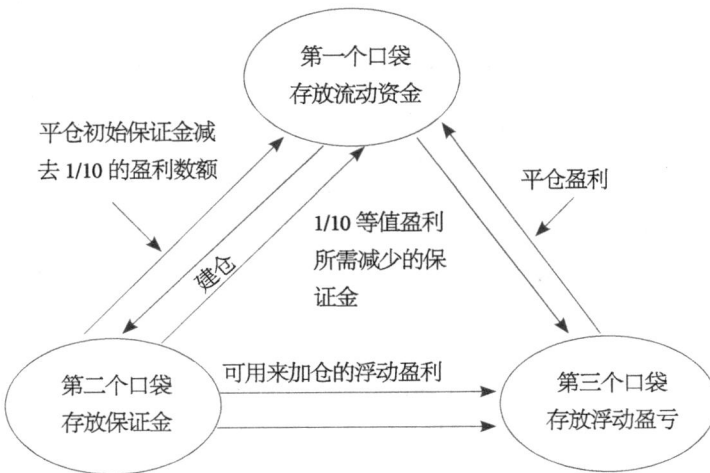

图 8-14 做空时价格下跌的情况

第9章

产品攻略入门与实战

学前提示 >>>

　　股指期货市场是一个充满刺激的"战场"。想进入这个"战场"的投资者必须首先认识股指期货和相关市场,并熟悉股指期货的交易规则。

　　这些就是本章将要介绍的重点内容。

要点展示 >>>

投资股指期货

投资金融期货

投资期权

投资不同期货品种

9.1 投资股指期货

股指期货的全称叫"股票价格指数期货",也可以称为"股票指数期货"或者"期指",英文名称为"Share Price Index Futures",英文简称为 SPIF。本节就将介绍股指期货的相关内容。

9.1.1 认识股指期货

在股指期货的名称中,"期"字体现了未来一段时间或时期,"货"字则表示投资者选定用于买卖的股票指数对象。

☞ 【案例分析】IF1701 代表沪深 300 股票指数

例如,IF1701 就是一个股指期货合约代码,表示标的物是沪深 300 股票指数,以 IF 来表示,而且是 2017 年 1 月到期交割的期货合约,其基本资料如图 9-1 所示。

沪深300股指期货合约表			
合约标的	沪深300指数	最低交易保证金	合约价值的8%
合约乘数	每点300元	最后交易日	合约到期月份的第三个周五,遇国家法定假日顺延
报价单位	指数点	交割日期	同最后交易日
最小变动价位	0.2点	交割方式	现金交割
合约月份	当月、下月及随后两个季月	交易代码	IF
交易时间	上午：9:30-11:30，下午：13:00-15:00	上市交易所	中国金融期货交易所
每日价格最大波动限制	上一个交易日结算价的±10%		

📑 合约信息表　🗒 结算业务参数表　　　　　　　　　　　　　　　　　　　2017年09月18日

合约代码	上市日	到期日	开始交割日	最后交割日	挂牌基准价
IF1710	20170821	20171020	20171020	20171020	3706.0
IF1711	20170918	20171117	20171117	20171117	3820.4
IF1712	20170424	20171215	20171215	20171215	3359.2
IF1803	20170724	20180316	20180316	20180316	3677.6

说明：该表格信息若有变动，将在当日结算完成后更新

图 9-1 IF1701 股指期货合约的基本资料

9.1.2 股指期货的产生

股指期货的产生原因主要是满足投资者规避股票价格风险的需求,具体分析如图 9-2 所示。

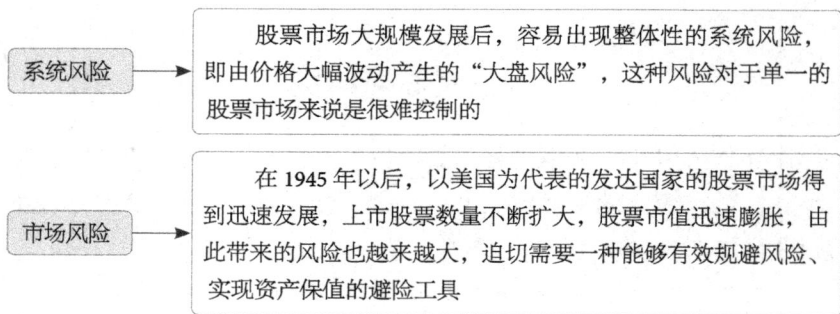

图 9-2 股指期货产生的原因分析

　　股指期货并不是单纯地对股票指数进行的投资，它有其自身的意义：投资者通过指数期货工具将整个股市价格指数的预期风险，转移至期货市场上来。这种风险是对股票走势的抱有不同预期的投资者，通过买卖操作来抵销的。

9.1.3 了解股指期货市场

　　如今，我国的股指期货市场已经日趋完善，逐渐形成了一个体系完整、层次分明、高度组织化和规范化的市场，其市场结构如图 9-3 所示。

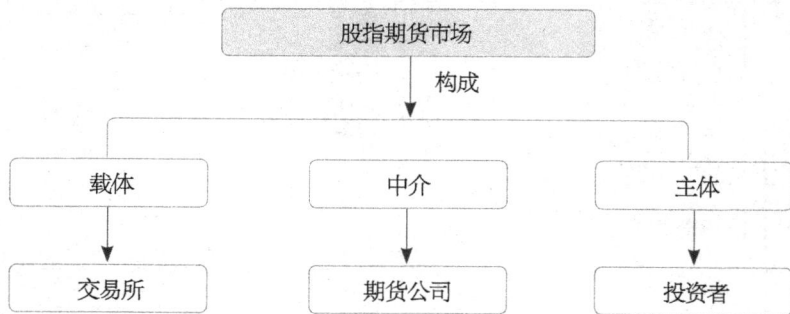

图 9-3 股指期货市场的组织结构

　　目前，我国只有中国金融期货交易所（简称"中金所"）是金融期货市场，也只有该交易所可以上市挂牌并交易股指期货产品，并陆续推出了其他金融衍生期货产品。

　　因此，只有成为中金所会员的期货公司，才具有代理股指期货交易的资格，投资者可以登录中金所网站中的"会员信息"栏目查询。

9.1.4 熟悉股指期货的交易规则

股指期货的合约及其交易规则等这些内容都是对股指期货的具体化详解了，对于从事股指期货交易有很大的帮助。

👉 【案例分析】沪深 300 股指期货合约内容解读

常见的股指期货有沪深 300 指数期货、恒生指数期货、道·琼斯指数期货等。我国目前上市的品种只有沪深 300 指数期货，其标准合约如表 9-1 所示。

表 9-1 沪深 300 指数期货标准合约

序号	合约项目	合约内容
1	合约标的物	沪深 300 指数
2	合约乘数	每点 300 元
3	合约价值	股指期货指数点乘以合约乘数
4	报价单位	指数点
5	最小变动价位	0.2 点
6	合约月份	当月、下月及随后两个季月
7	交易时间	上午 9：15 ~ 11：30，下午 13：00 ~ 15：15
8	最后交易日交易时间	上午 9：15 ~ 11：30，下午 13：00 ~ 15：00
9	日最大波动限制	上一个交易日结算价的 ±10%
10	最低交易保证金	合约价值的 12%
11	交割方式	现金交割
12	最后交易日	合约到期月的第 3 个周五，法定节假日顺延
13	交割日期	同最后交易日
14	手续费	成交金额的万分之零点五
15	交易代码	IF
16	上市交易所	中国金融期货交易所

9.1.5 掌握股指期货的操作技巧

对于股指期货这种期货投资中的高门槛、高风险、高回报的股货品种，投资者应该掌握更多的技巧。

1. 股指期货盈利方式

由于股指期货的一些特性，主要是风险对冲这个模式，使得股指期货投资有其特有的盈利模式。

股指期货目前的盈利模式有如下几种。

（1）做多，纯短线交易。

（2）买入股票、卖出股指期货的套期保值交易。

（3）买入或卖出近月合约、卖出或买入远月合约的套期保值交易。

（4）在沪深300成分股中选股，配置与指数不同比例的股指期货头寸，即持有现货抛空期指进行套利交易。这一交易的关注重点是价差变化。这种定量对冲套利交易（即高频交易）并不考虑股市的涨跌，只要价差存在，即使股市上涨，投资者也会开空仓。

此外，股指期货还有跨市场、跨资产类别进行对冲套利交易的盈利模式。例如，买入或卖出股指期货，卖出或买入外盘股票；买入或卖出股指期货，卖出或买入商品期货进行对冲等。还有另外一些情况，例如，有的券商的融券业务量较大，其为了防止股票上涨带来的风险，就会在股指期货上持有多仓。

虽然股指期货只是金融衍生品中的基础工具，但其却是一些大型券商免于亏损的主要手段之一。目前，券商等机构投资者在股指期货上只能做套期保值，还不是真正意义上的对冲。

股指期货投资门槛高，一手需要10多万元保证金。这将绝大部分中小投资者挡在了门外，没有办法对冲风险。面对市场的持续下跌，中小投资者只能不断减仓甚至陆续撤离股市。

2. 判断价格走势方向

由于股指期货的标的物是股票指数，所以判断股票市场价格走势的方向，是决定股指期货投资成败的最关键因素。一般来说，投资者会运用均线判断价格方向，而用MACD指标来判断开仓和平仓时机。

通过均线判断趋势的优点是稳定，信号可靠；缺点是有一定的滞后性，特别是使用较长时间的均线，其滞后时间可能会达到几个月之久。使用均线不太容易把握开仓和平仓时机，因为当投资者发现均线发出信号时，价格可能已经跌或涨了比较大一部分了。这使得投资者在心理上就不敢追涨或杀跌了。只要均线信号形成，则方向性导向作用明显。

投资者当均线判断出方向之后，利用MACD指标来寻找开仓信号和平仓信号。MACD 指标的优点是信号出现相对比较早，一般都是价格运动的初期。但由于是价格运动的初期，信号不那么可靠，错的概率相对就比较大。

均线和 MACD 指标的原理相同，可以相互取长补短。均线信号可靠，投资者可以用来判断方向；信号滞后，投资者不用它判断开仓信号和平仓信号。MACD 指标信号出现比较早，因此用它来判断开仓信号和平仓信号。

投资者使用均线判断价格走势时，必须遵守两条纪律，如图 9-4 所示。

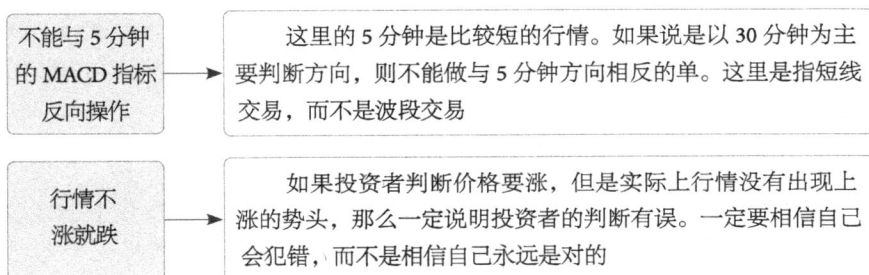

不能与 5 分钟的 MACD 指标反向操作	这里的 5 分钟是比较短的行情。如果说是以 30 分钟为主要判断方向，则不能做与 5 分钟方向相反的单。这里是指短线交易，而不是波段交易
行情不涨就跌	如果投资者判断价格要涨，但是实际上行情没有出现上涨的势头，那么一定说明投资者的判断有误。一定要相信自己会犯错，而不是相信自己永远是对的

图 9-4 使用均线判断价格走势时的纪律

3. 股指期货资金管理

美国一位成功的期货投资者说过："期货投资的困难之处并非期货投资的市场策略方面，因为确定入市、出市的方式并无大的不同，真正的变化在于对资金管理的重要性体验。"

股指期货交易作为一种新型的投资方式，和股票交易相比有许多不同，虽然两者都是追求风险收益的重要方式，但股指期货采取的是保证金制度，投资者可以进行相当于 7 倍保证金金额的交易（14% 的保证金比例）。另外，与股票市场相比，期货市场的波动更大、更频繁，因此，股票市场中"长期持有"的投资理念并不完全适合期货交易。资金在杠杆原理下发挥的效用和威力使得资金管理在期货市场中的重要作用突显出来。因此，投资者做好资金管理，就可以说是在股指期货市场上已成功了一半。

资金管理是指期货账户的资金配置问题，包括资金账户的总体风险测算、投资组合的搭配、投资的报偿与风险比以及设置保护性止损指令等内容。良好的资金管理体系能有效控制期货交易风险，更能提高期货投资者的最终收益。

如果股指期货按 2 500 点来计算，则操作一手至少需要 10 万元左右的资金。资金量越大，资金管理越难。股货投资的资金管理问题主要体现在：对期货交易的资金投入不进行合理计划；交易前没设定好风险限度和盈利目标；即使是制定了计划，也总是"半路出家"，并不坚持既定的计划等。这些问题使得股指期货投资者容易发生更大的亏损。因此，资金管理显得更加重要。投资者做好资金管理必须从以下 5 个方面入手（以下管理方案同样适用于商品期货）。

（1）**测算总体风险**。投资者在开始投资股指期货之前，要先根据自己的资金实力和心理承受能力确定在期货投资中能动用的资金额度和能承受的最大亏损额度。对散户来说，每次的交易现金都不要过半；对中户和大户而言，多次交易动用的现金不应超过总资金量的 10% ~ 20%。也就是说，在任何时候总有足够的储备资金用来保证交易不顺手时的临时支用。

每次交易的最大亏损额必须限制在总资金的 10% 以内。这个 10% 是指交易商在交易失败的情况下将承受的最大亏损。这对于投资者决定应该交易多少手合约以及把止损指令设置在何处来说是极为重要的。

另外，投资者还要注意分散风险。在单个期货市场上投入的资金应限定在总资本的 30% ~ 40%；在任何一个市场群类上，投资者投入的保证金总额应限定在总资本的 20% ~ 30%；投资者在相关商品期货市场上投入的资金应限定在总资本的 70% 以内。这些措施可以防止交易商在一类市场中投入过多本金，导致资金周转不灵或错过更好的投资机会，同时也保持了资金的流动性。

（2）**确定收益比率**。期货市场的一般规律是，亏损的次数远多于获利的次数。期货市场的保证金制度使得股指期货投资的灵敏度比股票投资的灵敏度更高，哪怕市场朝不利的方向产生细微的变化，投资者也不得不忍痛平仓。因此，投资者在真正捕捉到理想的市场运动以前，都要进行几番探索性的尝试。

由于亏损的次数多于获利的次数，投资者唯一希望的就是：确保获利交易的盈利额大于亏损交易的损失额。为达到这个目的，对报偿与风险比率的测算是必要的。在实际操作中，我们对每笔计划中的交易都应确定其相应的利润目标（报偿），以及在操作失败的情况下可能损失的金额（风险）。把利润目标与潜在亏损加以权衡，得出报偿与风险的比率，这一比率的通用标准是 3:1。根据这一比率，投资者在考虑交易时，其获利潜力就至少需要 3 倍于可能的亏损，才能付诸实施。

另外，在报偿与风险比率的测算中，投资者还应加入可能性因子的考虑。仅预估利润和亏损目标往往是不准确的，因为还有许多影响利润变动的因素，所以，投资者在预估潜在获利能力和亏损额时，还要分别乘以上述利润和亏损出现的概率。投资者如果在期货交易中能判定长期趋势，就能实现巨额利润，但这需要投资者有把握周期、耐心等待的长远眼光，因为就每年来说，这样的机会只有少数的几次。

（3）**搭配投资组合**。在期货交易中，进行投资组合搭配的目的是分散风险。投资组合的搭配是一门学问，我们不能孤注一掷，那样风险太大，但也不能平均用力，将投资平均分散到多个项目上，因为平均使用"兵力"往往会"劳民伤财"。所谓"打得准才能打得狠"的投资者往往都有几个重点的投资目标。

我国的股指期货虽然只有沪深300这一种，但同样有组合投资的方法，其中，有两种方法比较常见，如图9-5所示。

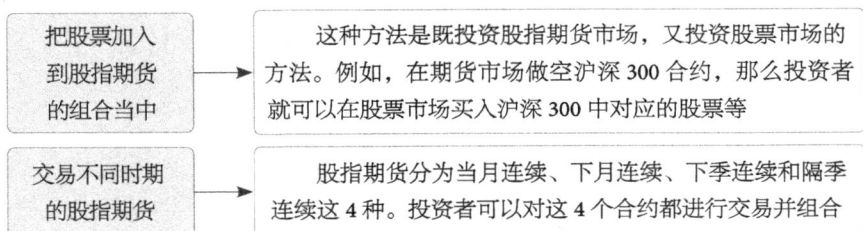

把股票加入到股指期货的组合当中	这种方法是既投资股指期货市场，又投资股票市场的方法。例如，在期市市场做空沪深300合约，那么投资者就可以在股票市场买入沪深300中对应的股票等
交易不同时期的股指期货	股指期货分为当月连续、下月连续、下季连续和隔季连续这4种。投资者可以对这4个合约都进行交易并组合

图9-5 组合投资股指期货的方法

（4）**严格执行止损**。止损指令可用来开立新头寸，也可用来限制已有的亏损，或保护已有头寸的账面利润。止损指令指明了有关交易指令的执行价格。投资者必须为自己的持仓头寸设置保护性止损指令，通过反向的限价（平仓）指令来完成。特别是对于股指期货这种高风险的投资，止损指令的设置需要从宏观和微观两方面来把握，具体相关分析如图9-6所示。

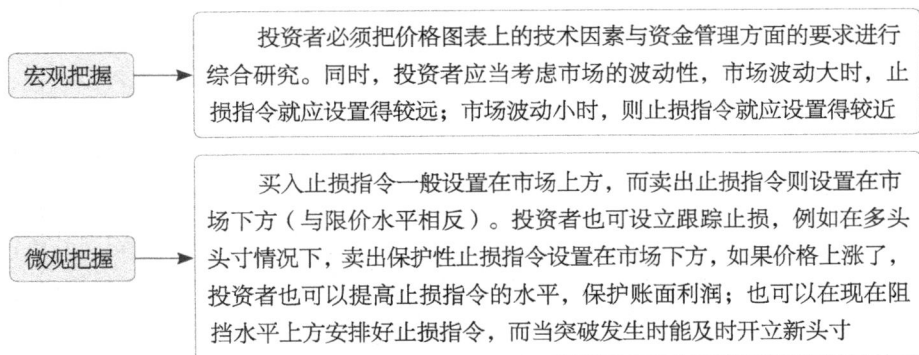

宏观把握	投资者必须把价格图表上的技术因素与资金管理方面的要求进行综合研究。同时，投资者应当考虑市场的波动性，市场波动大时，止损指令就应设置得较远；市场波动小时，则止损指令就应设置得较近
微观把握	买入止损指令一般设置在市场上方，而卖出止损指令则设置在市场下方（与限价水平相反）。投资者也可设立跟踪止损，例如在多头头寸情况下，卖出保护性止损指令设置在市场下方，如果价格上涨了，投资者也可以提高止损指令的水平，保护账面利润；也可以在现在阻挡水平上方安排好止损指令，而当突破发生时能及时开立新头寸

图9-6 止损指令设置的相关分析

（5）**理性看待盈亏**。在期货市场的投资中，成功和失败是很正常的事情，所有的投资者都会碰到，关键是在成功和失败后的做法。失败以后垂头丧气，成功以后乘胜追击、加大入注，都是投资者很常见的反应，但是这些做法是否可行、是否合理还有待讨论。

如果某一投资者的资金成本赔掉了 50%，那么要追回亏损，其就需要获得 100% 的收益，此时如果采取保守的做法，则难以赚回；相反，大胆入注，损则少损，赚则大赚。其实这涉及盈亏不对称理论：如果投资者先盈利，后亏损至所投入的资金，则该投资者亏损的比例 $z\%$ 可以用以下公式计算。

$$z\% = X \times y\% \ / \ X(1 + y\%)$$

化简可得：$z = y \ / \ (100 + y)$

同时又有：$y\% - z\% = y\% \times z\% > 0$

最终得出：$y > z$

公式中的相关含义如下。

① X：投资者总资金。

② $y\%$：盈利比例。

假设投资者的投入 10 万元，赚到 20 万元以后，再亏损至 10 万元，则其盈利幅度是 100%、亏损幅度是 50%。也就是说，盈利的比例大于亏损的比例。

如果投资者先亏损，后盈利至所投入的资金，则该投资者亏损的比例 $z\%$ 可以用以下公式计算。

$$z\% = X \times y\% \ / \ X(1 - y\%)$$

化简可得：$y = k \ / \ (100 - k)$

同时又有：$y\% - z\% = y\% \times z\% > 0$

最终得出：$y > z$

公式中的相关含义如下。

① X：投资者的总资金。

② $y\%$：盈利比例。

假设投资者投入 10 万元，亏损至 5 万元以后，再盈利回 10 万元，则其盈利幅度是 100%、亏损幅度是 50%。同样可以得出，盈利的比例大于亏损的比例。

如果投资者刚获利，已赚足本金的一倍，此时，其如果采用大胆的交易方式，用盈利将交易头寸扩大一倍，则可能产生这样的结果：连本金都会赔进去，即赔了夫人又折兵。因此，这里就需要考虑一下止赢的问题。明智的做法是：在资本金稍亏损时，开始增加投资，增加重头投入的机会；在资本金盈利时，见好就收，切不可太贪心。

"亏钱容易赚钱难"，这句话正好可以用盈亏不对等的理论来解释。该理论对广大投资者有以下启示，如图9-7所示。

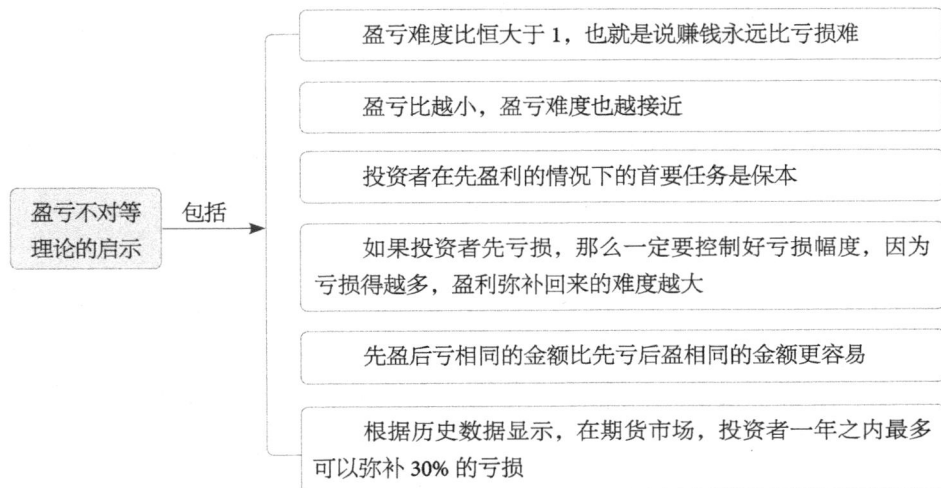

盈亏不对等
理论的启示 —包括→

盈亏难度比恒大于1，也就是说赚钱永远比亏损难

盈亏比越小，盈亏难度也越接近

投资者在先盈利的情况下的首要任务是保本

如果投资者先亏损，那么一定要控制好亏损幅度，因为亏损得越多，盈利弥补回来的难度越大

先盈后亏相同的金额比先亏后盈相同的金额更容易

根据历史数据显示，在期货市场，投资者一年之内最多可以弥补30%的亏损

图9-7 盈亏不对等理论的启示

专家提醒

期货市场投资中的资金管理，虽然充满了进退维谷和矛盾重重的困境，但是其对于成功者的意义非同一般，投资者应该充分认识到这一点。掌握科学的原理，借鉴别人的经验，然后结合自己的风格，形成一套适合自己的资金管理办法，才能得到自己想要的一切。因此，在熟知技术分析和基本面的情况下，资金管理的好坏直接决定着投资者的盈利程度。这也是为什么很多人认为自己看对行情，最终赚不到钱甚至亏钱的主要原因。

9.2 投资金融期货

上节介绍的股指期货便是一种最常见的金融期货。当然，金融期货远远不止这些，所有以金融工具为标的物的期货合约都属于金融期货。金融期货就是指投资双方在金融市场上，以约定的时间和价格买卖某种金融工具的标准化合约。

9.2.1 了解金融期货的种类和特点

除股指期货外，市场上目前还有货币期货和利率期货两种金融期货。

☞ 【案例分析】欧元／美元期货（EC）标准合约

经济的全球化使得越来越多的企业面临汇率波动的风险，市场需要一种规避这种风险的工具，于是，外汇期货应运而生。

我国目前还没有外汇期货的品种，而芝加哥商品交易所（CME）推出的欧元／美元期货（EC）标准合约大致如表9-2所示。

表9-2 欧元／美元期货（EC）标准合约

序号	合约项目	合约内容
1	合约规模	125 000 欧元
2	合约月份	6 个季月（3 月、6 月、9 月、12 月）
3	结算程序	实物交割
4	持仓限制	10 000 手
5	合约代码	EC
6	最小价格增幅	0.0001 美元／1 欧元（12.50 ／手）
7	交易时间	美中时间 7:20 ～ 14:00
8	最后交易时间	合约月份的第 3 个星期三之前第 2 个营业日（通常是周一）的美中时间 09:16
9	最小巨额交易规模	150 手
10	交易规则	该等合约在 CME 上市，受制于 CME 规范和规则

☞ 【案例分析】中金所发布的 5 年期国债期货合约

利率期货是指以债券类证券为标的物的期货合约，包括库券期货、市证债券、抵押担保有价证券等。

利率期货的种类繁多，按照期限来划分的话，其可分为短期利率期货和长期利率期货；按照债务凭证来划分的话，其可分为短期国库券期货、中长期国库券期货和欧洲美元定期存款期货。

一般来说，利率期货就是指国债期货。国债期货也是利率期货中最常见的

品种之一。它指的是通过有组织的交易场所，预先确定买卖价格并于未来特定
时间内进行金钱与债券交割的国债派生交易方式，是一种高级的金融衍生工具，
也是我国利率期货中唯一发行的品种。国债期货的特点如表9-3所示。

表9-3 国债期货的特点

序号	特点	具体内容
1	交易内容	国债期货交易不牵涉国债券所有权的转移，只是转移与这种所有权有关的价格变化的风险
2	交易地点	期货交易市场以公开化和自由化为宗旨，禁止场外交易和私下对冲。国债期货交易必须在指定的交易场所进行
3	标准合约	所有的国债期货合约都是标准化合约。国债期货交易实行保证金制度，是一种杠杆交易
4	结算制度	国债期货交易实行每日无负债的结算制度
5	现金交割	国债期货交易基本是现金交割，一般较少发生实物交割现象，正常情况下也无法交割出大量的国债

9.2.2 金融期货与金融现货的区别

金融期货与金融现货的最大区别也在于交割的方式。不过，金融期货也是
金融现货的衍生投资产品，二者的主要区别如下。

（1）交易目的的区别。

①金融现货：实现资产转移。

②金融期货：通过标的物价格的涨跌实现资产的保值和增值。

（2）价格决定制度的差异，如图9-8所示。

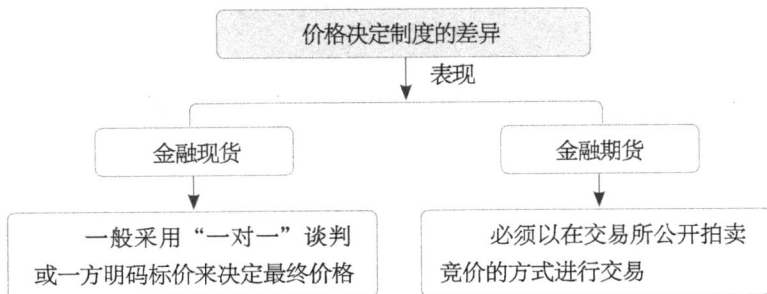

图9-8 价格决定制度的差异

（3）交易制度的区别，如表9-4所示。

表9-4 交易制度的区别

区别	金融现货	金融期货
期限	可以长期持有	有期限的限制
交易	只能先买后卖	可以双向交易
资金	足额交易原则	保证金交易
价格	可以无限涨跌	必须遵循涨停板制度

（4）组织化程度的区别，如图9-9所示。

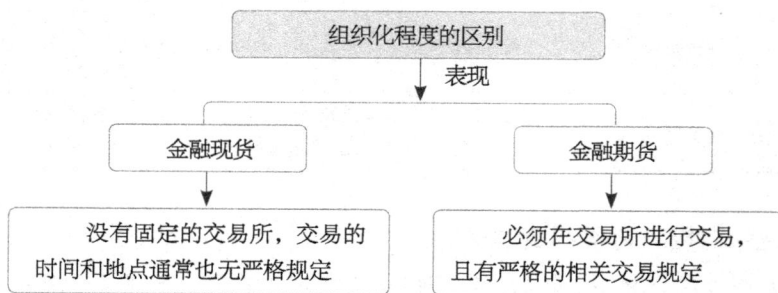

图 9-9 组织化程度的区别

9.2.3 货币期货的投资技巧

货币期货的标的物是外汇，因此，这种期货合约的盈利点就在于汇率的涨跌。目前，国际上重要的外汇期货交易所如图9-10所示。

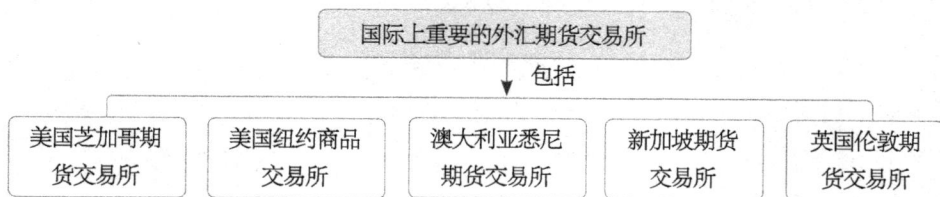

图 9-10 国际上重要的外汇期货交易所

货币期货的优势如图9-11所示。

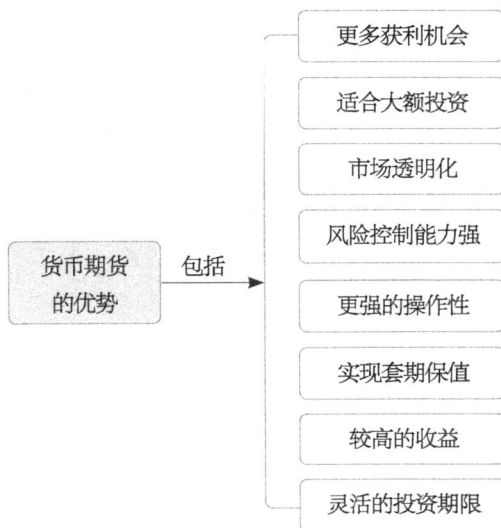

图 9-11 货币期货的优势

【案例分析】美元兑日元 [USDJPY] 的汇率走势

在短期和日内交易中，货币期货合约的价格波动都非常剧烈，几乎没有什么规律可循。不过，在日内交易中，外汇期货合约的价格波动与当天的汇率走势有很强的关联性。图 9-12 所示为美元兑日元 [USDJPY] 的汇率走势。

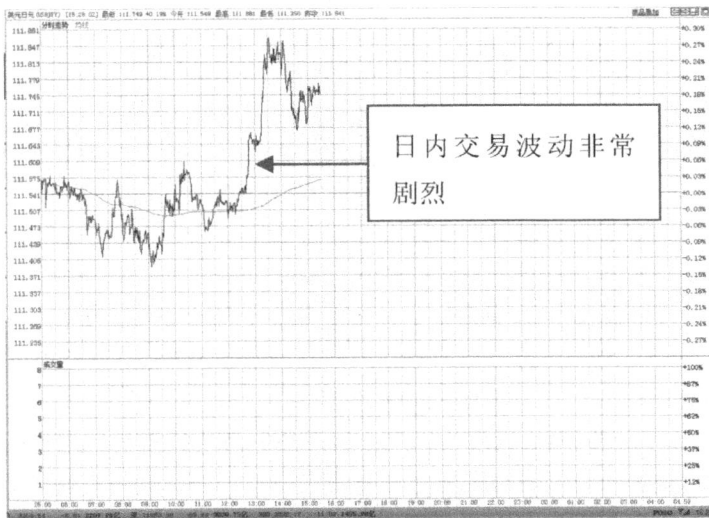

图 9-12 外汇期货盘面分析

9.2.4 利率期货的投资技巧

利率期货的标的物是国债，因此，价格稳定性是其最大的特征。投资者可以通过投资利率期货来有效避免银行利率波动所带来的证券价格变动的风险。

【案例分析】5 年国债 1712 的价格走势

图 9-13 所示为 5 年国债 1712 的价格走势，可以看到短期内价格比较稳定，并不像股指期货、货币期货等其他金融期货一样频繁波动。

需要注意的是，利率期货的价格与实际利率呈反方向变动关系，如图 9-14 所示。

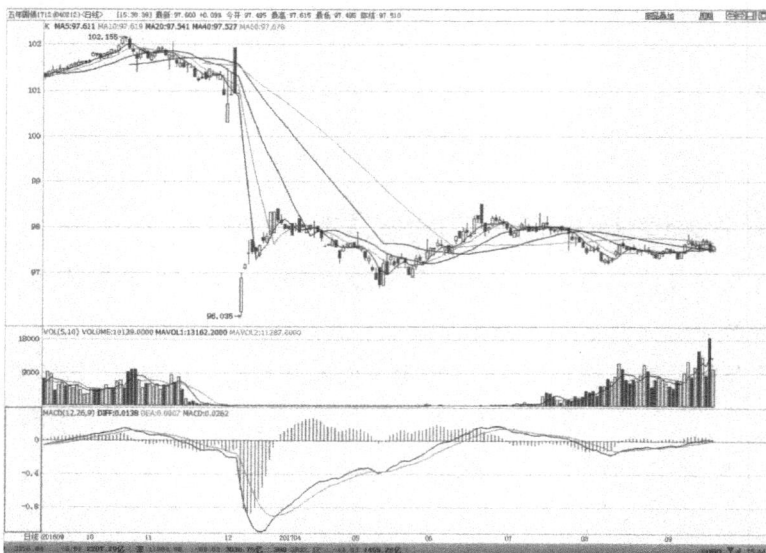

图 9-13 5 年国债 1712 的价格走势

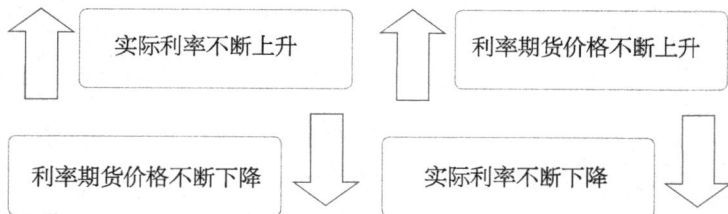

图 9-14 利率期货价格与实际利率的关系

9.3 投资期权

与现货相比，期货最大的特点就是当前不会涉及实物的交易，而还有一种投资方式在未来也不会涉及实物交易，那就是期权。

9.3.1 了解期权的种类和用途

期权是在期货的基础上发展而来的，是指在未来一定时期可以买卖特定标的物的权力。具体来说，期权就是买方向卖方支付一定数量的金额后，拥有的在未来一段时间内或未来某一特定日期，以事先规定好的价格向卖方购买或出售一定数量的特定标的物的权力，但不负有必须买进或卖出的义务。

期权具有转移风险、满足不同风险偏好投资者的需求、发现价格和提升标的物流动性等功能。图 9-15 所示为股票期权对投资者的用途。

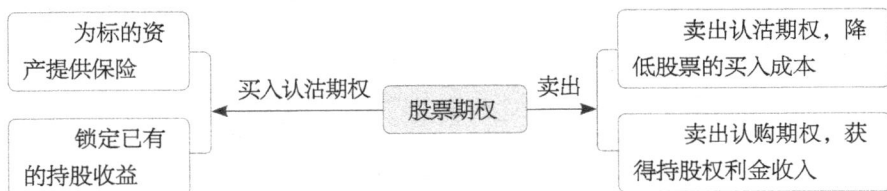

图 9-15 股票期权对投资者的用途

期权的种类比较复杂，下面介绍其具体的分类方法和品种，如表 9-5 所示。

表 9-5 期权的种类

分类方式	期权种类	具体内容
按期权买方的权利划分	看涨期权	期权的买方有权按照执行价格和规定时间从卖方手中买进一定数量的标的资产
	看跌期权	期权的买方有权按照执行价格和规定时间将一定数量的标的资产卖给卖方
按期权买方执行期权的时限划分	欧式期权	期权买方只能在期权到期日才能执行的期权
	美式期权	期权买方在期权到期前的任何时间均可执行的期权
按期权合约的标的资产划分	现货期权	标的物为现货资产，到期交割的是现货商品
	期货期权	标的物为期货合约，期权履约后，买卖双方的期权部位将转换为相应的期货部位

续表

分类方式	期权种类	具体内容
按是否在交易所交易划分	场内期权	在交易所内以固定的程序和方式进行的期权交易，又称上市期权
	场外期权	不能在交易所上市交易的期权，又称零售期权
按执行价格与标的物市价的关系划分	实值期权	期货价格高于执行价格的看涨期权以及期货价格低于执行价格的看跌期权
	平值期权	期货价格等于执行价格的期权
	虚值期权	期货价格低于执行价格的看涨期权以及期货价格高于执行价格的看跌期权

9.3.2 了解期权合约的相关内容

期权合约（Option Contract）产生于1973年的芝加哥期权交易所，其交易形式如图9-16所示。

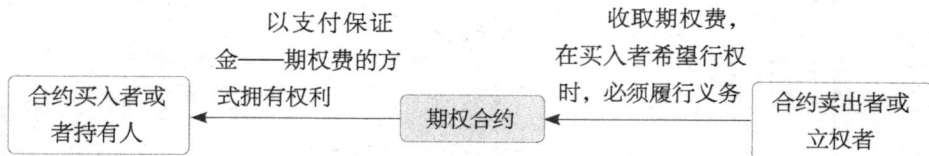

以支付保证金——期权费的方式拥有权利　　收取期权费，在买入者希望行权时，必须履行义务

合约买入者或者持有人　←　期权合约　←　合约卖出者或立权者

图 9-16　期权合约的交易形式

9.3.3 期权的三大投资渠道

期权在国内的市场目前还不够大，因此，投资者在投资这种产品时会比较麻烦。下面介绍几种常见的期权投资渠道。

（1）**期货经纪公司**。这些经纪公司通常拥有境外期货交易所的会员资格，可以为投资者提供期权交易，但投资者仍需要注意资金安全。

（2）**网络平台**。投资者可以在网上选择一些二元期权投资平台进行开户、入金等操作，实现二元期权的投资。

（3）**银行**。银行的期权投资产品虽然不多，但其却是投资者投资期权最重要的渠道之一，如工商银行、招商银行等都开通了外汇期权业务。表9-6所示为招商银行个人外汇期权合约买卖功能申请表。

表 9-6 招商银行个人外汇期权合约买卖功能申请表

特别提示：招商银行提醒您在填表申请办理个人外汇期权合约买卖业务前仔细阅读《招商银行个人外汇期权合约买卖交易规程》和下表所列"风险揭示"的内容

姓名	银行账号
身份证件类型	证件号码
风险揭示	鉴于外汇期权合约买卖的风险较大，招商银行在此郑重提醒您在申请招商银行个人外汇期权合约买卖功能之前仔细阅读本风险揭示，以便正确、全面地了解外汇期权合约买卖的风险。如果您在招商银行申请开通外汇期权合约买卖业务，则视为您已经完全知悉并了解外汇期权合约买卖的风险，同意并能够承受外汇期权合约买卖的风险，同意并能够自行承担由此带来的损失。 　外汇期权合约买卖与外汇买卖不同，外汇期权合约买卖具有财务杠杆效应，投资者虽然有机会以有限的成本获取较大的收益，但也有可能在短时间内蒙受全额或巨额的损失。投资者在参与外汇期权合约买卖前应审慎评估自身的经济状况和财务能力，充分考虑是否适宜参与此类杠杆性交易。在决定进行外汇期权合约买卖前，投资者应充分了解以下事项。 　（1）外汇期权合约买卖具有外汇交易所具备的各种风险。 　（2）外汇期权合约存续期间，外汇期权合约价格受其标的汇率的影响，且外汇期权合约价格的波动幅度通常大于其标的汇率的波动幅度，投资者应特别关注标的汇率波动对外汇期权合约价格的影响。 　（3）可交易的外汇期权合约由招商银行制定，并通过外汇期权合约的交易系统公布。 　（4）投资者在参与外汇期权合约买卖前，应充分了解所交易的外汇期权合约的内容。 　（5）外汇期权合约有一定的存续期间，其时间价值会随着到期日的临近而迅速递减。外汇期权合约到期且无其他履约价值时，外汇期权合约即无任何价值。 　（6）受国际上各种政治、经济、突发事件等因素的影响，或遭受通信故障、系统故障以及其他不可抗力等因素的影响，招商银行可能暂停报价甚至暂停交易，并对此无须承担任何责任。 　本风险揭示书的风险揭示事项仅为列举性质，未能详尽列明外汇期权合约买卖的所有风险和可能影响外汇期权合约价格的所有因素。投资者在参与外汇期权合约买卖前，应认真阅读《招商银行个人外汇期权合约买卖交易规程》（该交易规程的规定亦构成本风险揭示的有效组成部分），对其他可能影响外汇期权合约买卖或外汇期权合约价格的因素也必须有所了解和掌握，并确信自己已做好足够的风险评估与财务安排，避免因参与外汇期权合约买卖而遭受难以承受的损失。
申请功能	□开通　　　　　□关闭

续表

姓名	银行账号

本人已认真阅读《招商银行个人外汇期权合约买卖交易规程》和以上"风险揭示"的内容，完全知悉并了解外汇期权合约买卖的风险，并能够承担由此带来的损失。同意遵守《招商银行个人外汇期权合约买卖交易规程》及其他相关规定，自愿申请在招商银行开通外汇期权合约买卖业务。
签名：　　　　　　日期：

银行确认栏	

一式二联 第一联银行留存 第二联客户留存

9.3.4 外汇期权的投资技巧

由于我国的期权产品主要是外汇期权，所以下面重点介绍外汇期权的投资技巧。

例如，招商银行的个人外汇期权合约是投资者在根据银行的报价支付了期权费后，拥有的在未来按照约定的价格买入或卖出标的货币的权利，其具体内容如表9-7所示。

表9-7 招商银行的个人外汇期权合约

货币对	欧元/美元	英镑/美元	美元/日元	澳元/美元
标的金额（每份合约）	100 欧元	100 英镑	100 美元	100 澳元
看涨期权	看涨欧元 看跌美元	看涨英镑 看跌美元	看涨美元 看跌日元	看涨澳元 看跌美元
看跌期权	看跌欧元 看涨美元	看跌英镑 看涨美元	看跌美元 看涨日元	看跌澳元 看涨美元
类型	欧式期权（期权合约持有人仅在期权到期日有权行使权利）			
执行价格	由招商银行制定			
期限	3个月左右			
合约起始日	由招商银行制定			
合约到期日	由招商银行根据起始日及合约期限设定			
履约清算日	合约到期日			

☞ **【案例分析】招商银行外汇期货投资的基本流程**

投资者只有在向招商银行成功申请开通外汇期权合约买卖功能并在相应账户中存入交易所需的外汇资金后，方可进行外汇期权合约买卖业务。投资者在招商银行进行外汇期货投资的基本流程如图 9-17 所示。

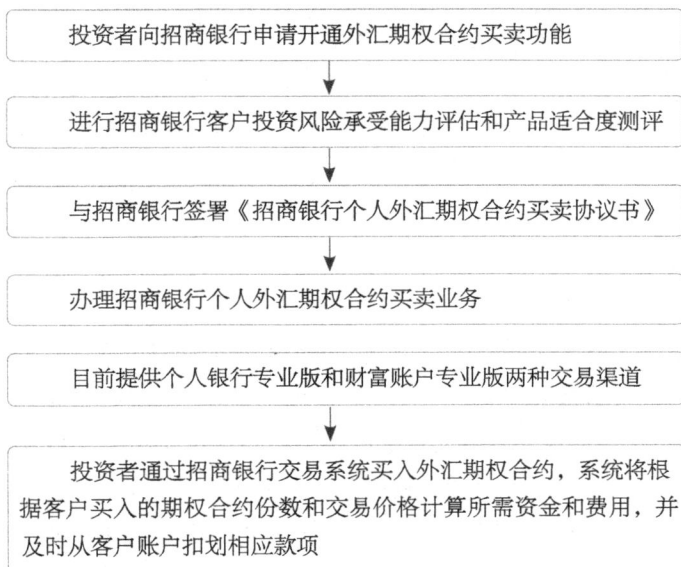

> 投资者向招商银行申请开通外汇期权合约买卖功能

> 进行招商银行客户投资风险承受能力评估和产品适合度测评

> 与招商银行签署《招商银行个人外汇期权合约买卖协议书》

> 办理招商银行个人外汇期权合约买卖业务

> 目前提供个人银行专业版和财富账户专业版两种交易渠道

> 投资者通过招商银行交易系统买入外汇期权合约，系统将根据客户买入的期权合约份数和交易价格计算所需资金和费用，并及时从客户账户扣划相应款项

图 9-17 招商银行外汇期货投资的基本流程

期权是比较复杂的期货衍生投资工具，投资者需要对这个新业务有较充分的了解，并结合实际操作，才能在期货投资的道路上找到一条成功理财的道路。

9.4 投资不同期货品种

本节主要选择不同交易所的不同期货品种的操作案例来分析讲解。投资者可以将本节作为自己亲身经历的期货实战交易过程来看待，并认真分析每一步的过程，为日后真正进行期货交易打好基础。

☞ **【案例分析】黄金期货应用实战**

下面分析黄金主力（010590）期货合约在 2016 年 2～12 月初的走势。

（1）图9-18所示为黄金主力（010590）期货合约在2016年2～6月的走势。从图中可以看出，前期，期价在一定范围内波动。

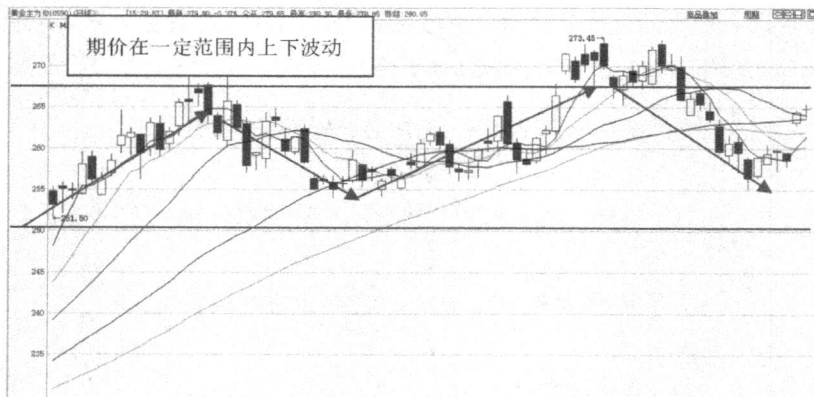

图9-18 黄金主力（010590）期货合约走势图（1）

（2）在一波短期下降后，期价止跌，在经过短短数日的调整后，便开始出现快速上升行情，形成明显的尖底反转形态，同时成交量明显增大，确定了尖底反转信号，如图9-19所示。尖底形态具有突然性，不太容易把握，尤其是在期价大幅下跌的后期，或者下跌后出现急速下跌行情，此时投资者最好不要轻易抛售。

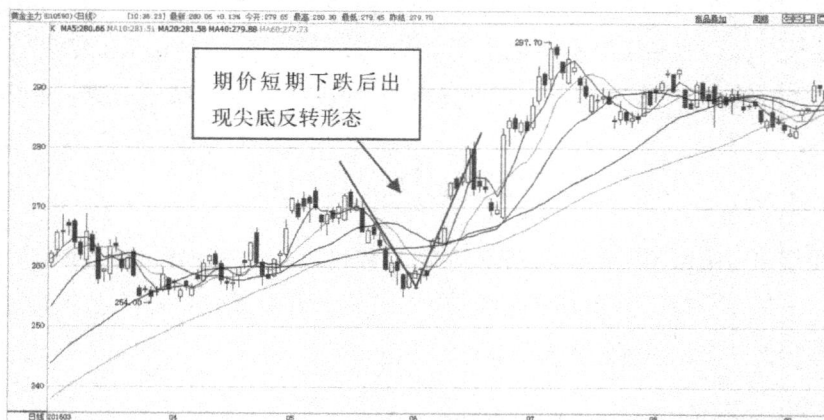

图9-19 黄金主力（010590）期货合约走势图（2）

（3）随后，该合约继续上涨，在顶部整理两三个交易日后出现跳空下跌的

K 线形态，期价从上升变为下跌，形成尖顶，该合约随即展开了一波下跌行情，如图 9-20 所示。

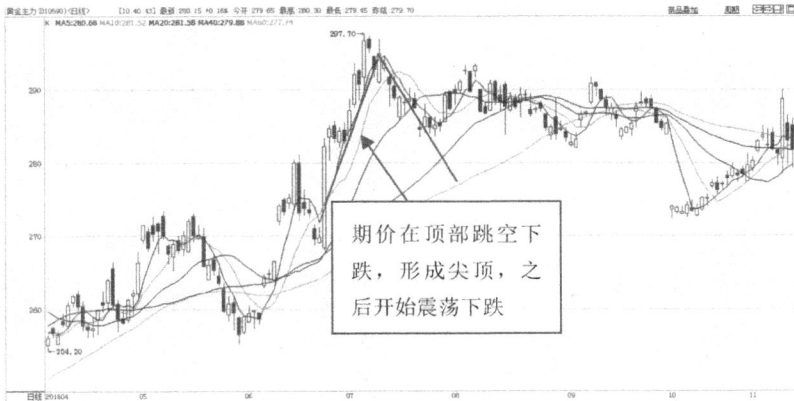

图 9-20 黄金主力（010590）期货合约走势图（3）

第10章

安全防范入门与实战

学前提示 >>>
　　期货投资的风险和陷阱总是在不经意间来到投资者的身边。对许多风险不能采取"亡羊补牢"的策略，对许多陷阱也不能抱着"吃一堑，长一智"的态度，因为这些风险或陷阱一旦出现，就会给投资者带来不可逆转的损失。因此，投资者必须防微杜渐，防患于未然。

要点展示 >>>
期货投资的陷阱与误区
期货投资的风险防范

10.1 期货投资的陷阱与误区

俗话说："常在河边走，哪能不湿鞋。"期货投资相对于股票等投资方式而言，普及程度并不是太高，投资者遇到期货陷阱的机会就更多。本节将为大家揭露期货投资中常见的陷阱。

10.1.1 注意期货投资的陷阱

以下为投资者介绍期货投资中常见的五大陷阱，希望投资者可以省下这笔"学费"。

1. 期货交易公司的陷阱

一些非法代理境外期货交易的公司称，行情完全依照公开的国际市场价格，没有造假的可能；资金存放在银行，除非账号密码泄露，否则，资金绝对安全。但在实际交易中，行情的演变过程往往会被公司做手脚，行情还会在关键时刻中断，交易系统也会在关键时刻瘫痪。这些情况，往往会造成投资者的重大损失。

目前，我国合法的期货交易所只有上海期货交易所、郑州商品交易所、大连商品交易所和中国金融期货交易所4家。在这4家交易所之外所进行的期货交易，包括参与境外期货交易等，均是非法的期货交易，投资者参与其中，其自身权益难以得到保障。

投资者进行期货交易时，务必要弄清市场及市场中介服务机构的合法性。我国曾发生过不少以期货公司名义进行不法交易或非法集资、诈骗之类的案件，给投资者带来严重损失。这些不法交易机构往往打出诱人的招牌，以高收入、高回报为诱饵，诱骗群众上当。更有一些投资者主动参与非法交易活动，企图"捞一把"就走。投资者在这些情况下发生的损失是不受法律保护的。

2. 投资者自身决策陷阱

做出错误的决策，通常是因为投资者自己没有跨越决策的陷阱。投资者如果没有预见这些陷阱，注定要重复同样的错误决策过程，同时会面对更多拙劣决策造成的痛苦。投资者典型的错误行为如下。

（1）**抱着错误的想法不放**。一些投资者经过努力收集信息并研究后所得出的结论，即使市场证明那样的想法不对，其也不愿承认自己看错了。

（2）**拿着赔钱的单子不放手**。一些投资者对于做错的单子不及时止损，一拖再拖，而且越赔越不止损。

（3）**一心求证自己是对的**。一些投资者手上一旦持有头寸，总是去寻找证明自己持有头寸正确的文章或其他持有同样头寸的投资者，而缺乏客观分析。

投资者以上的这些行为无异于给自己挖陷阱。

投资者应该经常去看一看过去的走势图，看是不是每隔一段时间就有一波大起大落的极端行情出现。投资者的交易系统应具有防范类似极端情况出现时发生损失的功能：在极端行情出现时，投资者所采用的交易系统应能帮助其从中赚钱，而不是赔钱。投资者应该把行情的不断变化视为好朋友，去欢迎变化而不是敌视变化，因为变化当中孕育着赚钱的机会。如果投资者尚不能做到这点，那么或许有必要进一步完善自己的交易系统。

3. 非法交易软件陷阱

一般的投资软件都是以历史交易数据为基础，通过一定的计算方法，对期货的未来价格进行预测。这种预测是有缺陷的。投资者使用软件，要保持理性的投资心态，不要被任何高额回报的口头承诺或"准确预测买卖点"等广告语所蛊惑。这些软件诱骗投资者的方式无非两种，如图 10-1 所示。

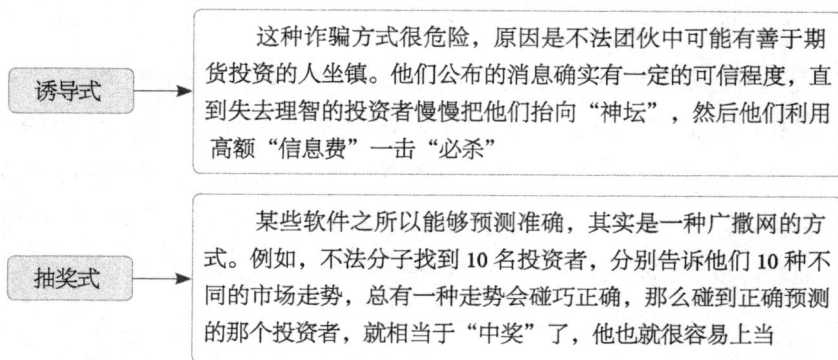

诱导式 → 这种诈骗方式很危险，原因是不法团伙中可能有善于期货投资的人坐镇。他们公布的消息确实有一定的可信程度，直到失去理智的投资者慢慢把他们抬向"神坛"，然后他们利用高额"信息费"一击"必杀"

抽奖式 → 某些软件之所以能够预测准确，其实是一种广撒网的方式。例如，不法分子找到 10 名投资者，分别告诉他们 10 种不同的市场走势，总有一种走势会碰巧正确，那么碰到正确预测的那个投资者，就相当于"中奖"了，他也就很容易上当

图 10-1 非法交易软件欺骗投资者的方式

投资者要规避这些陷阱，最好的办法还是使用正规的期货软件，无论是看盘、交易，还是带有资讯功能、发布消息的期货软件，都应该从正规的渠道下载、使用，

最好是使用与自己开户的期货公司有合作关系的软件。

4. 网络不正规诈骗陷阱

目前，网络诈骗的方式越来越隐蔽，往往让投资者防不胜防。乍看之下，公司网站显得很正规，但非法网站就是利用网络虚拟环境，假冒合法机构名义，公布虚假的专业资质证书、专业团队，利用提供涨停板股票等营销策略，引诱投资者上钩的。

一些不法分子更是通过非法网站、博客以及 QQ、MSN 等新型媒介招收会员或客户，以推荐"黑马"等方式，骗取投资者的钱财。一般来说，虚假高收益的宣传是这种陷阱的核心。对于这种"高收益"，投资者一定要高度警惕，可通过国家官方网站如证监会网站等验证网上信息的真实性，不要随意将钱转入未经核实的账户。

除此之外，还有一些不正规的"教授""老师"等值得投资者警惕。这些所谓的"老师"口才都很好，形象也不错，"表演"也很生动，常常将自己吹得天花乱坠；他们有一定的专业性，对期货不太了解的投资者很容易上当。因此，投资者应该做到 3 点，如图 10-2 所示。

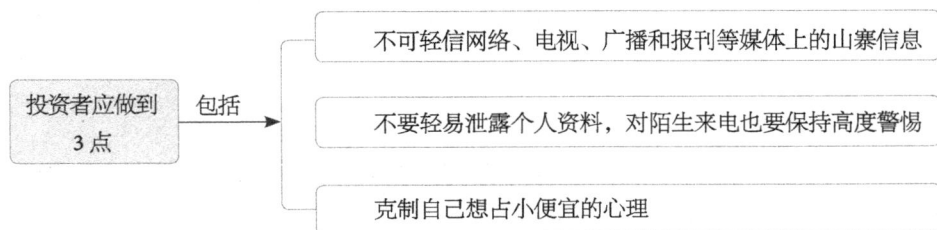

图 10-2 投资者需要警醒的几点

5. 虚假承诺陷阱

一些虚假的期货"经纪人"与投资者直接发生法律关系，他们通过口头的或者书面的协议为投资者提供诸如开户指导、投资建议、操盘等服务，与投资者开户的期货公司或营业部并没有直接的关系。他们通过收取期货机构给予的开户提成、手续费提成以及与投资者约定的投资收益提成等收入来生存。

许多小期货公司的业务员缺乏职业操守，对投资者胡乱承诺收益，并进行高风险操作。此外，受手续费提成等利益驱动，常常有一些自身不具备操盘能力的"经纪人"，无视投资人账户的盈亏情况，频繁操作，致使投资者发生重大亏损。最后盈利还好说，投资者与业务员互利互惠，但更多的结果是亏损。此时，无良的业务员干脆直接辞职"跑路"，造成投资者的损失。

俗话说"天上永远不会掉馅饼"，更何况是期货交易这种高风险的投资活动。因此，投资者在进行期货交易前，要认真阅读期货交易风险揭示书和合同条款，切勿听信他人的获利承诺。

在《期货交易管理条例》中，获利承诺是欺诈行为之一。在我国的期货市场中，因获利承诺产生了大量的纠纷。对于这类纠纷，投资者只能通过法律途径进行解决，但由于违规者通常资信水平较低，非正规的大公司，投资者往往难以获得该有的补偿，大多时候连本金都可能很难拿回。

我国期货监管的规范程度较高，只要投资者本人是自己账户的资金调拨人，资金安全是完全有保障的。但如果投资者将自己的账户委托给了其他人，就应时刻关注自己账户的盈亏情况。一旦发现账户存在过高频率的交易和大额亏损等异常情况，投资者一定要及时采取措施，以防止不必要的损失进一步扩大。

10.1.2 期货交易的常见误区

在期货投资中，投资者的一些误区往往是造成其直接损失的原因，因此，投资者应该尽快走出这些误区。

1. 期货投资不需要制定计划

如果投资者在实施交易之前没有制定周密、详细的行动计划，那么其对于应该在何时何地退出交易、这笔交易可以亏损多少或盈利多少等事项就没有明确、具体的认识。这样的交易玩的就是心跳，投资者只能跟着感觉走，这常常导致其彻底失败。对于刚接触期货的新手而言，这种现象更是多见，投资者通常跟着消息到处跑。

不能说这样的操作一定亏钱，但赚钱的概率确实不大。计划就是在交易之前，先找出买点和卖点，再进行交易。买卖点是所有投资理念的基础。如果把投资看成是一栋大厦，那么买卖点就是地基。有关投资的各种技巧、心法、理念都是建立在买卖点的基础之上的。许多在期货交易中取得成功的人都信赖一套交易计划，正如商业计划详细陈述商业活动的启动和发展一样，交易计划详细制定了期货交易的框架。交易计划在被执行的全过程中，应该根据需要而不断地发展和完善。严格遵守交易计划是成功的期货交易商的共同特征。一份不错的交易计划应该包括 3 个部分，如图 10-3 所示。

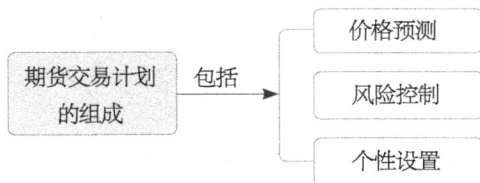

图 10-3 期货交易计划的组成

（1）**价格预测**。期货交易的收益来自做多的低买高卖，或做空的高卖低买。说起来简单，但这要求投资者对未来数周或数月的价格走向做出判断。也就是说，需要一个价格预测方法。大多数交易商依据基本面的变化或技术分析来预测价格；也有人花费大量的时间和精力试图发现新的方法和指标，用来判断关键价位。总之，对价格进行预测是期货计划中最重要的部分。

一般来说，一个优秀的期货投资者在开始时倾向于使用其感觉不错的价格预测技术和模式，然后通过实战中的成败，检验这种方法的效用，并对其进行完善。其中，最重要的是对预测方法的改进和调整，只有被证明能提高预测效果的调整才被最终保留。经过这样的过程之后，投资者最终将发展出一套能给出可靠的买卖信号并适合自己的交易模型。

（2）**风险控制**。风险控制意味着对每一个期货交易头寸都要建立止损和盈利目标。在盈利和亏损的关系上，首先盈利目标要大于可能的损失，只有这样的交易才是有利可图的。其次，盈利的次数和亏损的次数也很重要。

专家提醒
"及时止损，放胆去赢"这句话是投资期货的成功者常说的。换句话说，如果投资者总是结束开始亏钱的头寸而保留开始赚钱的头寸，其最终将赚钱。成功者的经验一再证明了这一点，他们当中有很多人甚至承认自己在价格预测方面看错多于看对，但他们看对时所赚到的钱超过看错时亏损额的总和。

假设某投资者在使用某种交易模型时错误和正确的次数各占一半，如果他把每次错误带来的损失限制在 1 万元以内，而每次正确带给他的盈利达到 2 万元，那么长此以往，这种交易必然是盈利的。一个交易头寸亏损到什么程度时应该止损，取决于多方面的因素，如图 10-4 所示。

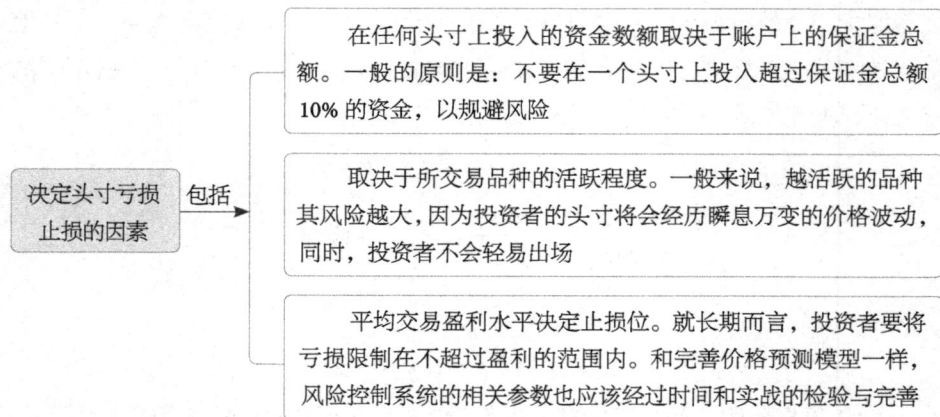

	在任何头寸上投入的资金数额取决于账户上的保证金总额。一般的原则是：不要在一个头寸上投入超过保证金总额 10% 的资金，以规避风险
决定头寸亏损止损的因素 → 包括 →	取决于所交易品种的活跃程度。一般来说，越活跃的品种其风险越大，因为投资者的头寸将会经历瞬息万变的价格波动，同时，投资者不会轻易出场
	平均交易盈利水平决定止损位。就长期而言，投资者要将亏损限制在不超过盈利的范围内。和完善价格预测模型一样，风险控制系统的相关参数也应该经过时间和实战的检验与完善

图 10-4 决定头寸亏损止损的因素

（3）**个性设置**。一些投资者看到别人的投资计划能够获得收益，便效仿使用，但其结果往往并不理想。这主要是因为每个人的性格不一样，即便是针对同一期货，使用激进或保守的策略来投资，其效果也完全不同。

交易计划的制定要因人而异，要考虑个人的经历、教育背景、风险资本和对风险的承受能力。一般交易计划都有其最适宜的人群。因此，投资者必须发展一套最适合自己使用的交易计划。这需要投资者保持耐心，严格遵守自己建立的原则，认真做好交易记录（可以提供有价值的反馈信息，是对交易计划进行评价和完善的依据），同时不忘尝试新的方法。

2. 期货投资必定能赚到大钱

有新闻报道称，某小伙准备明年结婚，正在筹办婚事。一日，他听说朋友说"投资期货能发财"，便拿着筹办婚事的钱急忙到期货公司开户交易。对于期货公司提交的文件他看都不看就签了字，期货公司的工作人员向他提示期货交易的风险他也听不进去，给他讲解期货交易知识他不愿意听，就觉得自己一定能赚到大钱，结果不到两个月就将自己用于结婚的钱彻底赔光了。

如果投资者在起步阶段就期望能够脱离基础工作，而靠几笔非常成功的交易一飞冲天，那么通常残酷的现实会将他们的愿望击得粉碎。没有经过长年累月锻炼的交易员不可能成为成功的交易员。

在所有的研究领域中，成功都需要我们不断地努力工作，并拥有过人的毅力和天赋，期货交易也不例外。从事期货投资绝非易事，所谓"期货交易是一夜暴富的捷径"，那只是别有用心的人编织出来的美丽的谎言罢了。

期货投资中不乏一夜致富的故事，有许多投资者就是听了这种故事后进入期货市场的。但期货交易中把本钱都赔光的故事也有很多，这中间，有投资者因为对市场风险认识不足而遭受重创，倾家荡产；也有投资者只是纸上富贵一时，转眼又回归赤字；甚至还有很多人只听说了"期货"二字就盲目入市，结果犯了低级错误而损失惨重。由于期货交易所实行"保证金制度"，具有典型的杠杆效应，无论市场价格发生正向变化还是反向变化，其造成的保证金浮动盈亏均是成倍增大的。

根据相关规定，投资者在开设期货交易账户之前，都必须签字确认已经阅读过《期货交易风险说明书》。一般的说明书开头就会提到："进行期货交易风险相当大，可能发生巨额损失，损失的总额可能超过您存放在期货公司的全部初始保证金及追加保证金。"因此，投资者必须认真考虑自己的经济能力是否适合进行期货交易。

期货交易收益较高，其风险度也同样较高。没有相应的知识和能力，最好不要盲目参与。投资者在决定是否进入期货市场之前，需要了解清楚期货交易的风险究竟有多大，自己是否有承受这个风险的能力。

如果是股指期货，那么其风险就更高，它适合于风险偏好和风险承受能力都较强的投资者。这意味着，如果投资者喜好承受风险或者财力雄厚，对于股指期货交易可能带来的重大损失，其不论在心理上还是资本上都具有较高的承受能力，那么股指期货才是其适合的投资品种。

3. 没有必要采取止损措施

不采取止损措施，是许多投资者常常出现的错误，错误的来源则是对期货投资的错误认识。在期货交易中启用止损措施，能够确保投资者在某笔特定的交易中清楚地控制资金的风险额度，并确认交易的亏损状况。

系统止损是个很好的交易工具，但它也不是完美无缺的，价格波动幅度限制可能正好超过保护性止损点位。大宗商品市场的大幅波动凸显使用保护性止损措施的重要性，价格波动是所有期货投资者必须面对和考虑的事实。所有投资者都必须明白，并非每一次的系统止损都是正确的，应当视情况相应地在相反方向也进行计划。

4. 畏首畏尾或孤注一掷

许多投资者抱怨"就差一步了"，但往往是这最后一步阻碍了其获利的罪魁祸首。畏首畏尾也是一种不自信的表现。这种心理的危害甚至高于过度自信，常常会形成"有胆亏、没胆赚"的局面。如果投资者手上的单子正好顺应了大势，又不是逆势而行的，就应该来一次"轻舟顺流而下"，赚个痛快。

孤注一掷这种心理是很容易出现的，其后果往往是希望彻底破灭。期货投资不是做空就是做多，这就使得投资者每次交易的成功率有50%。

50%的正确率对投资者有着极大的诱惑力，特别是对于已经亏损或是羡慕人家挣钱的投资者来说。

能否抑制住内心的念头是行为是否发生的关键，所以，循序渐进的操作是不错的避险方式。

5. 过度自信

一些投资者过于相信自己的判断，而忽略了市场上已经出现的信号，导致其错失良机或者投资失误。其实，任何投资者都会有这样的情况出现，因此，投资者在投资之前应该先设置止损点位，一旦发现市场与自己的投资判断相违背，应该果断承认错误，避免亏损加大。

过度自信会导致对大趋势的忽略，这样的投资行为从一开始就是错误的。因此，投资者对于这种错误应该更注重弥补的方法，俗话说："亡羊补牢，为时未晚。"

6. 反应过度

有些投资者对消息反应过度，导致期货价格也跟着过度涨跌。例如，投资者由于对战争的过度恐慌而大量抛售或囤积某一期货品种，使得该期货品种的价格大幅震荡，而一些投资方向错误的投资者往往会遭受巨大的损失。

7. 盲目跟风

形象效应是指一些过去走势较好的期货品种容易受到投资者的追捧。这种心理在国内期货市场的投资者身上十分常见，其中已经"死亡"的绿豆期货就是投资者过于追捧所导致的结果。

由于某些品种在市场中份额、持仓和活跃程度在投资者的心目中有较高的地位，投资者在交易过程中倾向于追逐热点，对其未来保持良好的盈利预期。但是在热点形成以后，行情往往随着投资者资金的进出而大幅波动，这将导致投资这些期货品种的风险直线上升。

8. 逆势而动或极点"杀入"

大多数投资者都喜欢低买高卖或高卖低买，但不幸的是，期货市场证明，这根本算不上一种盈利手段。企图寻找顶部和底部的投资者往往会逆势而动，使高买低卖行为成了一种害人的习惯。

> **专家提醒** 任何价格的顶部与底部都是相对应的，如果放在更长的时间周期来看，原有的顶部（底部）就不再是顶部（底部）了。也就是说，那些所谓的"极限价格"并不一定是真正的极限。

9. 对抗市场

大多数成功的投资者不会在亏损的头寸上滞留太长时间或花费太多资金，他们会设置一个较为严格的保护性止损位，当价格触及该点位时，投资者将立即斩仓，然后将资金转移到另外一笔可能获利的交易上。

在亏损的头寸上滞留较长时间并寄希望于瞬间扭亏为盈的投资者往往注定会失败。通常人们喜欢将收益或成本平均化，发生亏损时不断加仓，以拉低开仓均价。不过市场经验证明，这是一个错误的操作方式，是非常危险的行为。

> **专家提醒** 在同一时间进行多项交易也是一个错误，尤其是存在大规模损失的情况下。如果交易的损失越积越多，那么就到了清仓的时候了，即使投资者认为做其他新的交易可以弥补前期交易造成的损失。一名成功的期货投资者，需要集中精神并保持敏感。在同一时间做过多的事情绝对是错误的。

10. 不加反省

投资者如果做了一个亏损交易或遭到连败时，不应该责怪其经纪人或其他人，因为投资者自身才是决定交易成功或失败的那个人。投资者如果认为无法严格控制自己的交易，那么不妨找找产生这种感觉的原因，并应该立即做相应的改变。

11. 分析不全

投资者可以通过日线图对短期的市场趋势进行了解，但同一市场长期的周线及月线图却能提供完全不同的观察角度。在计划交易时，投资者需要很谨慎地从长期趋势图中获取更为全面的视角。投资者观察长期趋势也能保证对市场的走向有较为全面的了解。总的来说，从技术分析这个角度出发，有以下几个误区。

（1）**因小失大**。一些投资者总有类似"再跌一点就买入""再涨一点就做空"等想法，这些想法的后果总是会错过交易机会。由于技术分析对越细致的指标分析的正确率越低，例如，投资者无法通过技术分析判断某一期货在本次行情中会跌几个百分点、价格达到几元几角的会开始下跌等，所以，技术分析更注重对大局势的判断，投资者也不应该太过于计较细微的价位。

技术分析属于"大巧不工"的行为，太过于注重细节的投资者只会因小失大。但是，不计较价位不等于鼓励盲目追市，盲目追市是在价位到了趋势尽头才入市，而不计较价位是在趋势开始时入市。这两者是有着本质上的区别的。

（2）**盲目追市**。盲目追市是技术面分析中容易出现的情况，这是技术分析的片面性导致的。市场常常是不理智的，有时价格处在顶部或底部位置，但依然没有出现反转的信号。这时投资者更应该理智地看待市场，而不是光凭技术分析进行投资，毕竟，没有反转信号的出现不代表市场不会反转。

一般情况下，当市场蜂拥而至抢购某一期货时，作为明智的投资者，不应该急于跟进：要做多头时就等价格回调再买；要做空头时就等价格反弹起来再卖。

（3）**看重价格**。一些投资者只看重期货的当前价格，看不到大的趋势，这也是基本面分析中的重大误区。假如期货价格常在某一区间波动，这个区间是会根据大势而变化的。当它到达顶部时，并不代表不会突破顶部；到达底部时，也将可能跌破底部。

技术分析虽然是用来预测未来更容易出现的情况的，但不容易出现的情况也是有可能出现的。

（4）**逆势而行**。在正常情况下，投资者都明白应该顺势而行，但有时技术分析会得出与大势不相符合的结果。当技术面支持逆势而行时，一些投资者就把持不住了，想要"一鸣惊人"，但能够逆势获得收益的投资者少之又少。

在有些市场趋势不明的情况下，投资者无法辨别市场的大势，这时可以休息旁观一下。此时，对上一阶段的投资做一番总结，吸取经验教训，或者是研究下一步的交易计划等，都是不错的选择。

10.2 期货投资的风险防范

投资的风险是期货投资者需要时刻重视和防范的，因为在金融市场中风险总是存在的。投资者做好风险防范工作，能大大降低其资产受到不必要损失的概率。

10.2.1 期货投资的五大风险及相应的防范措施

期货市场自出现以来，经过不断的发展和完善，其风险也是自成一体的。众多学者与金融学家认为，期货投资交易中的风险普遍来源于委托、交易、市场和流动性这4个方面，并且还存在一些意识不到的风险类型，如图10-5所示。

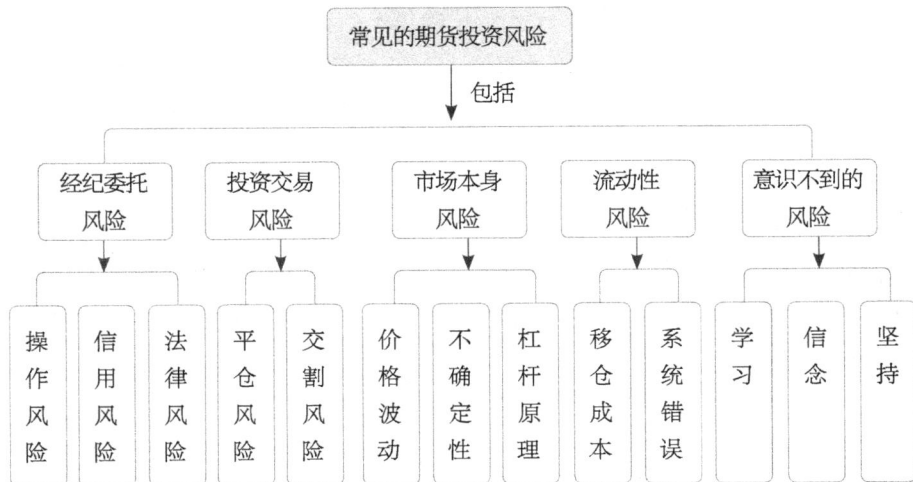

图 10-5 常见期货投资风险

下面就对图10-5所示的5种风险分别进行解析。

👉【技巧解析】经纪委托风险与防范

经纪委托风险主要是指投资者与期货经纪公司之间可能存在的风险，具体来自以下3个方面。

（1）操作风险。操作风险指的是期货交易所、期货公司、投资者等市场参与者由于缺乏内部控制、程序不健全或者执行过程中的违规操作，对价格变动反应不及时或错误预测行情、操作系统发生故障等原因造成的风险。这是一种投资者无法主动控制的风险，只能在投资中多加注意。

广而言之，操作风险是指由于操作不当而引发的风险。具体地讲，操作风险是由于错误或不完善的操作过程、系统、操作人员或外部事件造成的直接或间接的损失。

（2）信用风险。信用风险又叫违约风险，指的是期货市场中买方或卖方不履行合约而带来的风险。根据历史情况来看，许多重大的金融灾难表现为市场的失控和投资主体的信用风险。但这只是一个简单的表现形式，其本质涉及操作的问题并由此引发了风险。

（3）法律风险。由于投资者法律知识不足，在投资过程中容易遇到法律风险。合同不健全、法律解释的差异、交易对象是否具备正当的法律行为能力等法律方面的因素，都可能会对投资者造成一定的损失。

因为国家法律、法规、政策的变化，以及期货交易所交易规则的修改、紧急措施的出台等原因，致使投资者持有的未平仓合约可能无法继续持有，投资者必须承担由此导致的损失。

专家提醒　经纪委托风险主要是投资者没有挑选一家合适的期货经纪公司，导致可能形成的损失。因此，投资者在进入期货市场之前应该挑选一家更优秀的期货经纪公司。

👉【技巧解析】投资交易风险与防范

交易风险是投资者在交易过程中，由于其他原因造成的风险，包括平仓风险和交割风险。

（1）平仓风险。平仓风险指的是，期货经纪公司要在每个交易日进行结算，当投资者的保证金不足时，期货经纪公司就会强行平仓的风险。

多数投资的最大亏损金额就是入场的资金。但是在期货实际交易中，由于强行平仓制度的存在，很有可能投资者携带1万元资金入场，其亏损会达到2万元。

这种情况一旦出现，就会发生超过投资者风险承受范围的风险，因此，投资者应当随时关注自己的资金状况。

（2）交割风险。交割风险是指如果投资者在期货合约到期前不能及时完成对冲操作，就要承担交割责任，即要凑足足够的资金或实物货源进行交割的风险。

实物交割对于一般的投资者来说是不现实的，所以投资者应该极力避免这种情况的发生。对投资者来说，如果不选择实物交割，那么在临近交割期时最好不要再持有相应的期货合约。

☞【技巧解析】市场本身的风险与防范

市场本身的风险包括价格的波动、市场的不确定性、期货交易"以小博大"的特点等，这些都会使投资者面临更大的风险区间。这是一种来源于投资者自身操作的风险，如果投资者有意避险的话，那么该风险就会得到较好的控制。

投资者应根据自己承受风险的能力，选择风险高或风险低的投资方式。期货与现货的交易规则是有差异的，而这种差异性会形成一定的风险，对此不注意的投资者往往会遭受损失。

专家提醒　进行投资就会有价格的波动，市场价格波动的风险属于市场风险中的一种。在期货交易中，市场价格波动频繁，且由于实行的是保证金交易，投资者的盈利或损失都被放大了，所以市场风险是投资者面临的最大风险，投资者应当备加注意，时刻防范。

股指期货交易的"$T+0$"制度与股票现货的"$T+1$"规则使得在指数套利交易中，现货头寸当日不能对冲，导致套利成本增加甚至套利失效。在股票现货融券交易受限的情况下，很难进行"买期货、卖现货"的反向套利，致使定价效率偏低（基差风险大），影响了投资及保值效果。

👉 【技巧解析】流动性风险与防范

流动性风险指的是投资者难以及时成交的风险，其中移仓成本是最重要的流动性风险。难以及时成交，就免不了出现移仓成本。移仓成本主要由两个合约间的基差及交易成本构成。当合约间的基差变化超过正常变化区间时会产生移仓风险。

> **专家提醒** 流动性风险除了期货品种本身的流动性以外，还有来自交易过程的延迟性。致使交易延迟的原因包括交易软件、人为失误等方面。对于这种风险，投资者只能根据实际情况，选择相对更好的处理办法。

由于较远期合约的流动性太差，投资者为了成交必须在价格上做出更大的让步，这导致其交易成本更大。如果投资者事先持有期限较短的合约头寸，然后在它到期时转到下一个合约，其操作又过于复杂。投资者在应对此类风险时，可以通过选定合适的基差区间进行少量、分批移仓处理。当然，如果利用计算机自动交易技术可能会使移仓成本及误差大幅降低。对于投资机构者而言，其在具有高流动性的市场中进行交易，所能带来的收益一般会超过移仓成本，因此"滚动"保值的交易策略是机构投资者的主流策略选择。

👉 【技巧解析】意识不到的风险与对策

有人说："任何事情的最大风险就是没有意识到风险。"这句话用在期货上也比较合适。按照很多普通人的观点，期货交易的风险非常大，经常听说某人亏光了全部本金。

这些观点其实都是对期货市场、期货品种、杠杆效应以及期货交易的特点不了解所造成的。

投资者若想减少风险所带来的损失，就需要从以下几个方面入手。

（1）学习。虚心学习是提高自身水平的前提条件。值得投资者学习的地方有3点，如图10-6所示。

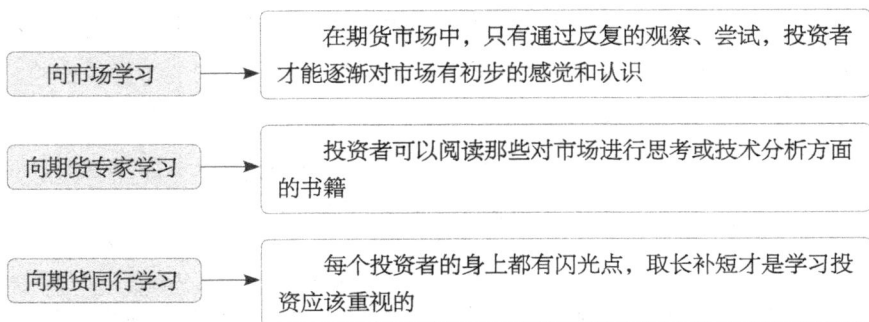

图 10-6 值得投资者学习的地方

这些方面值得投资者总结并学习，特别是向市场学习这一点很关键。

（2）坚持。在逐渐形成自己的交易原则并逐渐优化提高后，对于投资者而言，最重要的就是坚持了。例如，只以现货价格为唯一依据而介入期货市场投资失误的概率很大，那么投资者就应该始终坚持不以该方针进入市场，不要相信"成本价在何处""已经跌不了多少了"等说法。

（3）信念。期货投资者应该相信"这个市场的潜力巨大"以及"期货市场是存在机会的，做不好不是市场的问题，而是因为自己的水平有限"等。

10.2.2 期货投资的风险特征

期货投资中的风险呈现一定的特征，具体表现在 5 个方面，具体如图 10-7 所示。

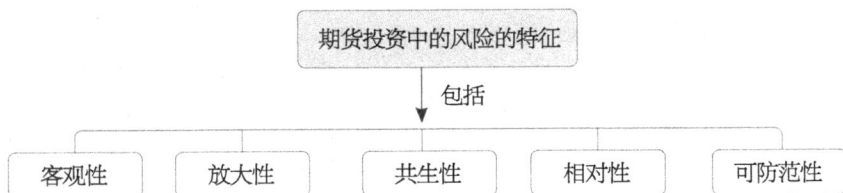

图 10-7 期货投资中的风险的特征

下面就对图 10-7 所示的 5 个方面的特征进行讲解。

1. 客观性

风险是不以人的意志为转移的，它独立于人的意识之外并客观存在的特征进行。因为无论是自然界的物质运动，还是社会发展的规律，都由事物的内部因素所决定，由超过人们主观意识所存在的客观规律所决定。

期货市场的风险同样具有客观性，这种客观性一方面体现了市场风险的共性，即在任何市场中，都存在由于不确定性因素而导致损失的可能。相关分析如图10-8所示。

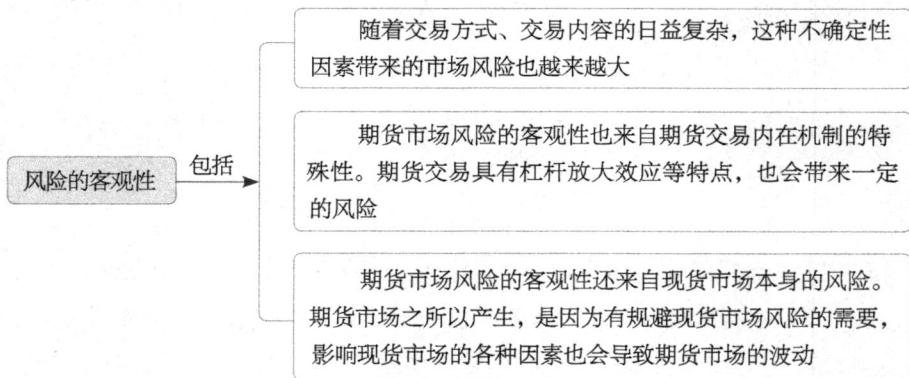

图 10-8 风险的客观性

2. 放大性

期货市场的风险与现货市场的风险相比，具有放大性的特征，这主要有两方面的原因，如图10-9所示。

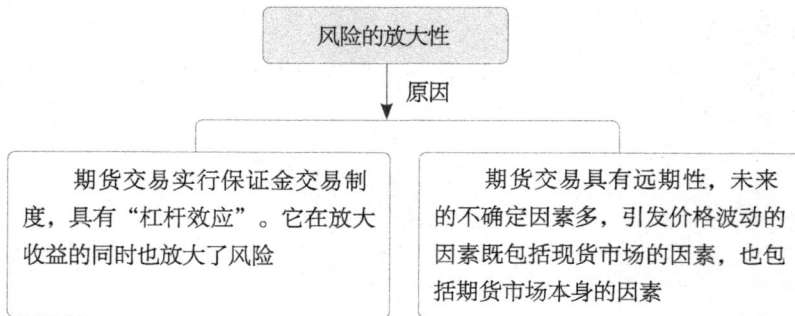

图 10-9 风险放大性的原因

3. 共生性

期货交易存在着获取高额利润的可能，即高收益与高风险并存，其表现在以下4个方面，如图10-10所示。

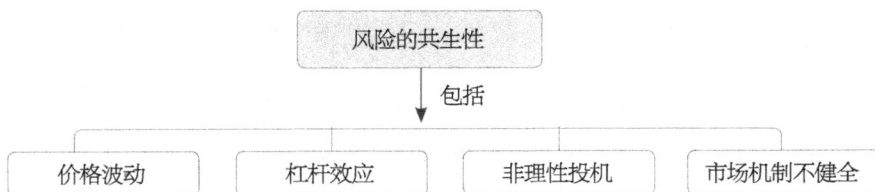

图 10-10 风险的共生性

下面就对图 10-10 中的 4 个方面一一进行讲解。

（1）**价格波动**。在期货市场上，现货价格波动会导致期货价格波动，并且期货价格具有远期性和预期性，通常会融入更多的不确定因素，加之期货市场特有的运行机制，会加剧期货价格的频繁波动及异常波动，从而产生高风险。

（2）**杠杆效应**。期货交易的杠杆效应是期货区别于其他投资工具的主要标志，也是期货市场高风险的主要原因。

（3）**非理性投机**。在风险管理制度不健全、实施不严格的情况下，投机者受利益驱使，极易利用自身的资金实力、市场地位等优势进行市场操纵等违法、违规行为。这种行为既扰乱了正常的市场交易秩序，也扭曲了价格，影响了价格发现功能的发挥，还会造成不公平竞争，给其他交易者带来较高的交易风险。

（4）**市场机制不健全**。期货市场在运行过程中，由于相关管理法规和市场机制不健全等原因，可能产生流动性风险、结算风险和交割风险等。

4. 相对性

实际收益是一种客观存在，而预期收益的评估则根据不同的交易主体、不同的交易成本、不同的客观条件而有所不同。因此，预期收益与实际收益发生偏离的风险具有一定的主观意识，具有相对性。

有时，这种相对性会让一些投资者处于极度危险的情况之中。例如，当市场处于剧烈波动上涨的情况时，对于资金充裕的投资者，针对大趋势做多是不错的选择，充足的资金可以抵御价格波动带来的风险；但是对于资金不充裕的投资者，价格的剧烈波动很容易让他们被迫斩仓。

5. 可防范性

尽管期货市场风险较大，但其却是可以控制的。从整个市场来看，期货市场风险的产生与发展符合其自身的运行规律，投资者可以根据历史资料、统计数据对期货市场的变化过程进行预测，掌握其征兆和可能产生的后果，并完善风险监管制度，采取有效措施对期货市场的风险进行控制，达到规避、分散、降低风险的目的。

对于单个投资者来说，期货市场的风险主要来自期货价格的不利变化。除此之外，初次进行股指期货交易的投资者，还可能因为对期货市场制度和规则了解不够而遭遇风险。投资者可通过认真学习相关规则而避免此类风险。

10.2.3 防范风险的注意事项

大部分期货投资者都清楚，传统和流行的期货投资方式存在着很大的风险，投资者经常出现巨额的亏损，甚至是将资金全部亏光（爆仓）。

如果说在股票投资中，是 20% 的人赚钱、60% 的人亏钱、20% 的人不赚不亏，那么，在期货投资中的情况绝对是更加残酷的：可能只有 5% 的人赚钱，而 95% 的人亏损。期货投资的风险要远远高于股票投资的风险的原因包括 3 个方面，如图 10-11 所示。

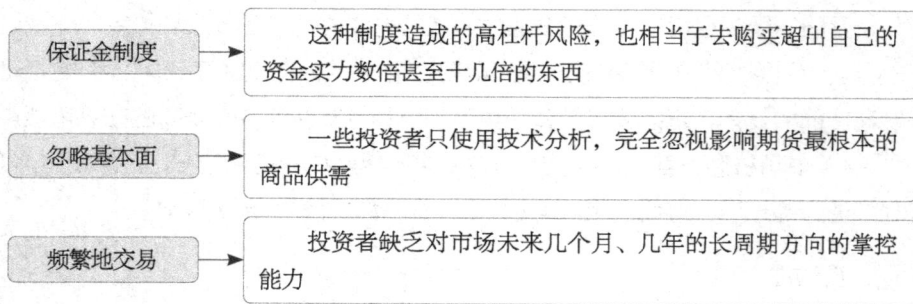

保证金制度 →	这种制度造成的高杠杆风险，也相当于去购买超出自己的资金实力数倍甚至十几倍的东西
忽略基本面 →	一些投资者只使用技术分析，完全忽视影响期货最根本的商品供需
频繁地交易 →	投资者缺乏对市场未来几个月、几年的长周期方向的掌控能力

图 10-11 造成期货高风险的原因

因此，只要投资者在进行期货投资时，没有脱离这 3 个造成高风险的原因，就永远都不可能做好期货投资的风险管理，自己的资金也将面临巨额亏损。对于这 3 点注意事项，此处给出以下建议，希望投资者真正做到有备无患。

【技巧解析】把握期货的根本——供需变化

投资者永远要记住，决定期货价格变化的根本不在于虚拟市场本身，而在于这个期货背后的基本供需变化。以商品期货为例，在实体经济中，商品的供应和需求的变化，是造成商品现货价格以及期货价格变动的根本原因：当这种商品的供应大于需求时，价格就会下跌；当这种商品的供应小于需求时，价格就会上涨。

同时，当商品价格下跌时，会影响商品的供应下降，拉低其与需求之间的差距，最后供应低于需求，价格又将重新上涨；当这种商品价格上涨时，会影响商品的供应上升，拉低其与需求之间的差距，最后供应高于需求，价格又将重新下跌。

实际上，大部分的期货投资者都没有考虑期货背后的实体经济的商品市场情况，没有研究商品的供需变化，而只是单纯地研究虚拟市场的价格图表或资金流量，所以他们对期货市场的认识永远停留在短期的表面上。

例如，对铜商品期货的投资，投资者会同时做两件事情，如图 10-12 所示。

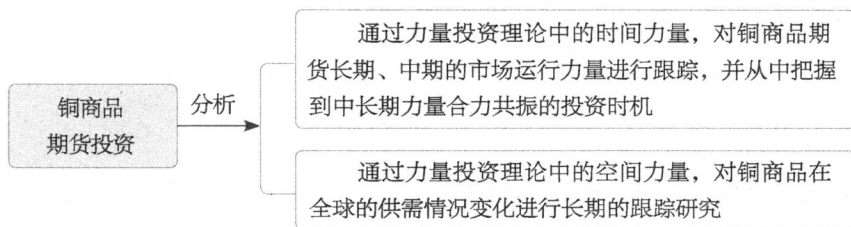

通过力量投资理论中的时间力量，对铜商品期货长期、中期的市场运行力量进行跟踪，并从中把握到中长期力量合力共振的投资时机

铜商品 → 分析
期货投资

通过力量投资理论中的空间力量，对铜商品在全球的供需情况变化进行长期的跟踪研究

图 10-12 铜商品期货投资分析

当铜的需求超过了产量的时候，就预示着铜的价格将开始进入长期的上涨；当铜的产量超过了需求的时候，就预示着铜的价格将开始进入长期的下跌。如果投资者脱离了期货背后最基本的供需变化，脱离了对这个期货品种对应的现货的跟踪研究，就相当于投资者在进行股票投资时，脱离了上市公司的业绩，两者都是不可能做到最好的投资的。

实体经济领域的发展情况，才是期货价值变化的根本动力。虚拟市场领域的情况，是期货价格变化的主要动力，投资者在使用力量投资理论（又称"凌志力量理论"，是一种以研究市场时间周期为核心的投资理论）做期货投资时，就是将实体经济的根本动力（空间力量）与虚拟市场的主要动力（时间力量）进行了结合。

专家提醒　凡是脱离了对实体经济供需研究而简单地依据虚拟市场分析的期货投资，无论资金有多少，也只能算是个小散户，不能成为专业的投资者，更不可能获得持续数年的成功。

【技巧解析】根据杠杆比例设置止损

止损的额度不能简单使用某个数字表示，而是需要根据期货的波动性和我们使用的杠杆比例进行设置。投资者应该根据力量投资理论的期货投资系统，设定在以空间力量、长期力量为基础进行中线投资时的止损价位。

通过对近年国际、国内主要的期货市场进行统计研究，得出了这样的结论：在完全依据力量投资理论的中线投资系统的基础上，当亏损资金达到投入资金的 10% 时就应该进行止损。例如，在采取 2 倍的杠杆比例下，投资者对一般商品期货、股指期货的止损额度设置为 5% 比较合适。也就是说，在期货操作中发生失败的情况下，市场价格发生 5% 的反方向波动时，投资者就应执行止损。止损时，损失的资金以 2 倍杠杆计算，也就是总资金的 10%。如果是 10 倍杠杆比例，那么当市场价格发生 1% 的反向波动时，投资者就应该进行止损了。

【技巧解析】找准市场长期的大方向

由于"$T+0$"（可以当日买卖）制度的原因，绝大部分的期货投资者都是当天买当天卖，不持有头寸过夜。当然不过夜操作也有其独有的好处。另外，还有少部分的期货投资者是做短线的，也即是持仓几天，或者是 1 周、2 周的时间，但基本上不会超过 1 个月。所以，大多数的期货投资者的眼光，都是停留在市场短期的波动上的，而完全没有看到市场中期的、长期的波动情况。

一旦市场的中长期运行发生根本的变化，这些做短线的期货投资者就会遭受巨大的灾难，出现巨额亏损或者直接爆仓亏光。做超短线和做短线，造成这些投资者的期货投资存在严重的短视性，其完全忽略了市场中长期的变化。这也是大多数的期货投资者最终亏损的重要原因。

力量投资理论的"时间力量"，将市场的运行状态分成了不同时间跨度的各种力量，而且是以中长期的力量为中线投资的根本。这与普通期货投资者的短线操作截然相反。一些有经验的投资者都清楚，我们不能说一个市场是上涨还是下跌的，而应该指定一个时间跨度。以我们的"时间力量"来说，目前这个市场，从几天、十几天来看它的力量是上涨还是下跌；从几周、十几周来看它的力量是上涨还是下跌；从几个月、十几个月来看它的力量是上涨还是下跌；从几年来看它的力量是上涨还是下跌。许多成功的投资人都教导我们要跟随长期趋势投资，但毕竟长与短是相对的，投资者要做的就是尽量将眼光放长远一点，跳出"不识庐山真面目"的局限。

投资者从不同的时间跨度来看一个市场时，就可以发现市场运行的复杂性。力量投资理论将几天、十几天来看的市场变化交给了"时间力量"的短期力量；将几周、十几周来看的市场变化交给了"时间力量"的中期力量；将几个月、十几个月来看的市场变化交给了"时间力量"的长期力量；将几年来看的市场变化交给了实体经济的"空间力量"来研究。

【技巧解析】寻找最佳的中线投资机会

力量投资理论对于期货市场的中线投资研判更加专业，此时，研究重点就是虚拟市场几个月、十几个月（长期力量），以及几周、十几周（中期力量）的运行变化情况。

与多数期货投资者的短线投资理念完全不同的是，力量投资理论通过中长期的时间跨度，而且是多周期、多力量的综合研究来分析市场。当投资者研究一个期货的虚拟市场时，所看到的是几周、十几周、几个月、十几个月、几年的市场运行状况，也就是投资者使用力量投资理论,对期货做专业中线投资时的"大方向"。寻找中线投资机会的方法可以分为两部分，如图 10-13 所示。

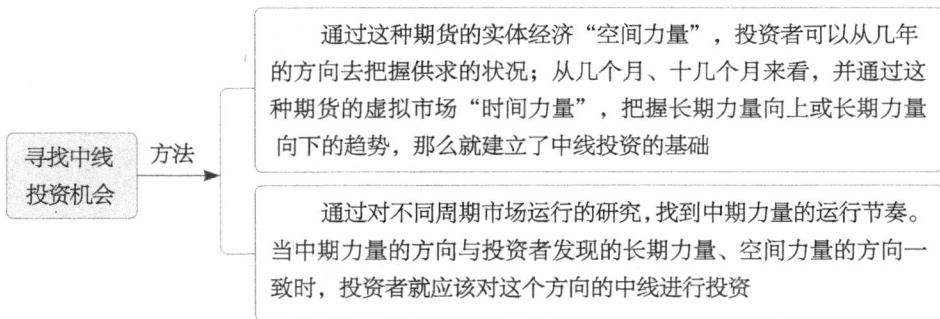

通过这种期货的实体经济"空间力量"，投资者可以从几年的方向去把握供求的状况；从几个月、十几个月来看，并通过这种期货的虚拟市场"时间力量"，把握长期力量向上或长期力量向下的趋势，那么就建立了中线投资的基础

寻找中线投资机会 → 方法 →

通过对不同周期市场运行的研究,找到中期力量的运行节奏。当中期力量的方向与投资者发现的长期力量、空间力量的方向一致时，投资者就应该对这个方向的中线进行投资

图 10-13 寻找中线投资机会的方法

假设长期力量、空间力量都是向上（上涨）的，那么当中期力量由向下转变为向上时，投资者参与市场开始进行中线做多投资就是不错的选择，如图 10-14 所示。

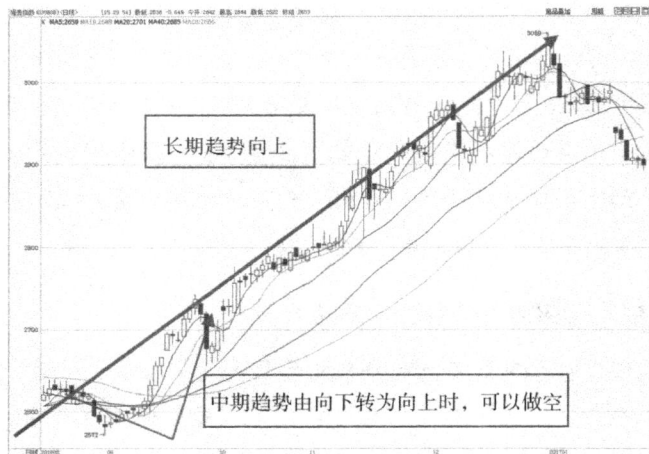

图 10-14 长期趋势向上

假设长期力量、空间力量都是向下（下跌）的，那么当中期力量由向上转变为向下时，中线做空就是不错的选择，如图 10-15 所示。

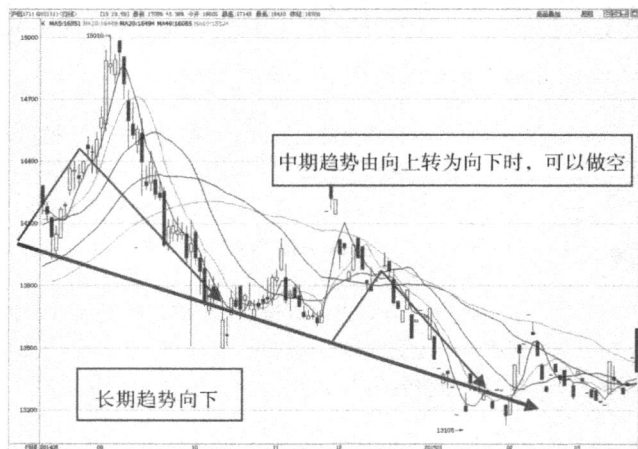

图 10-15 长期趋势向下

如果市场的中期力量与长期力量、空间力量的方向不一致，那么投资者就应该放弃这种期货，不进行操作。期货品种有很多，国内的商品期货就有近 30 种，所以，当某些期货品种不符合最佳的中线投资机会时，投资者可以在别的期货上找到这样的最佳机会。